SS-FALLSCHIRMJÄGER BATAILLON 500/600 1943-1945

Tome 1. « Capturer Tito ! »

Rüdiger W.A. Franz

Traduit de l'allemand par Paul Cherrier

HEIMDAL

Kampfauftrag: « Bewährung »
Das SS-Fallschirmjäger-Bataillon 500/600

L'édition originale de cet ouvrage est publiée en 2010 par
Pour le Mérite - Verlag für Militärgeschichte.

La présente édition est traduite de cet ouvrage

ISBN : 978-3-92381-57-7

Cet ouvrage est mis en page par le Studio « *Éditions des Soixante* »
pour le compte des *Éditions Heimdal*, Damigny 14406 Bayeux.

ISBN : 978-2- 84048-406-6 - Dépôt légal : 3e trimestre 2018

Sommaire

Constitution de l'unité, instruction au saut, premier engagement en Hongrie et l'assaut aéroporté sur Drvar

Remerciements

*« Nous devons comprendre ce qui a été,
afin de pouvoir saisir ce qui est, et envisager ce qui sera. »*

Dans cette œuvre, l'histoire du *SS-Fallschirmjäger-Bataillon 500/600* est racontée en s'appuyant sur des documents authentiques et des récits de témoins. L'auteur a cherché le plus possible à dépeindre les étapes de la constitution de ce bataillon, l'instruction des parachutistes SS et leurs engagements, ceci en se détachant des appréciations contemporaines relatives aux aspects politiques de cette époque.

En s'appuyant sur les faits, des archives et de nombreuses photographies, le lecteur pourra bâtir une idée personnelle de la situation militaire globale, des hommes et des combats qui ont été vécus par eux. Croyant fidèlement dans une cause qu'ils pensaient sincèrement juste, ces soldats ont pratiquement tout donné pour leur *Vaterland* – patrie –, à commencer par ce qu'il y a de plus précieux pour un être humain : la vie. A cette époque, ils ne se doutaient pas du tout du fait que leur *Kameradschaft*, leur fidélité et leur foi seraient abusées par leurs dirigeants, et qu'ils combattaient pour un faux idéal. Cela, ils ne l'apprendront que plus tard, par le biais des vainqueurs, lorsqu'ils auront de nouveau le droit de croire librement et qu'ils se verront « offrir » de nouveaux modèles de pensée. Quelques uns y perdront définitivement la foi, voire l'envie de vivre.

L'auteur tient à exprimer ses profonds remerciements à Harald Baumann, Zvonimir Bernwald, Martin Block, Gerd Bollermann, Clemens Ellmauthaler, Sven Fey, Ernst Föll, Thomas Gern, Christian Habisohn, Walter Hahn, Dieter Heckmann, Heinz Lange, Bodo Langer, à l'Oberstleutnant a. D. (lieutenant-colonel en retraite) Lothar Lippold, Frank Michel, Siegfried Moritz, Roland Pfeiffer, Ingmar Raband, Frank Schnöde, Jan Schüler, au Prof. Theo Seemüller, Reinhold Sellner (†), Hans Sieg (†), Heinz Stutterecker, Heinz Tippmann, Pierre Tiquet, Dieter Wilke et Franz Wittelsbach, Prince de Bavière. Sans leur appui altruiste, la rédaction de ce livre n'aurait jamais pu s'étoffer à ce point !

L'aide des anciens soldats du bataillon m'a été tout aussi précieuse, ainsi que celle de leurs familles. Il faut notamment louer la richesse du journal de marche quotidien de Leonard Schaap (†), un vétéran que j'ai bien connu, et dont le contenu du journal a constitué un pilier essentiel de cette ouvrage. Comme tous ne peuvent pas (ou n'ont pas souhaité) être nommés, je dois citer ici – représentant ainsi tous les membres anonymes du bataillon – Hermann Wabersich (†), Werner Schrödl, Gerhard Schiller (†), Heinz Jamin et Erhard Knöfel, pour leur exprimer ma sincère reconnaissance. Grâce à la mise à disposition patiente de leurs témoignages et renseignements, certains faits – restés jusque là dans l'ombre – ont pu recevoir un éclairage.

Les récits de témoins et les supports photographiques des KB – correspondants de guerre – de la Luftwaffe ainsi que de la SS-Standarte « Kurt Eggers » ont été laissés librement et gratuitement à ma disposition. Un grand merci revient à ces hommes, à leurs veuves et à leurs proches pour le soutien et la confiance, sans cesse infaillibles, qu'ils m'ont accordés.

Une contribution importante a aussi été apportée par Frau Gisela Penkwitt, Bernd Kunzmann, Rob Hannemann, Karlheinz Liegl, Georg Schlaug, Helmuth Schultz et Thomas Steinke qui, avec générosité, ont accepté que j'exploite les photos et documents précieux de leurs collections.

A mes amis Gabriela et Achim Kwasny, du Deutsches Wehrkundes Archiv, qui m'ont proposé leur aide désintéressée pour retrouver divers photos et documents, et ont aussi entrepris des recherches via internet, qui doivent également être chaleureusement remerciés.

Bien sûr, mes amis Claus Rothe et Rüdiger Warnick, qui ont inlassablement appuyé mon travail de recherche avec une infaillible générosité, grâce à leurs aptitudes et connaissances. Sans eux, de nombreuses lacunes parsèmeraient cette œuvre.

De même Walter Matthiesen (†), qui m'a fourni de multiples photos de ses archives volumineuses. Très tôt, il avait pu rassembler des photographies de personnes privées et d'anciens KB-Männer – correspondants de guerre –, ce qui serait impossible de nos jours. Sa mort prématurée m'est douloureuse, elle représente un manque difficile à combler.

Aux vétérans, connus et inconnus, et à toutes les personnes qui m'ont aidés en me confiant des album-photos, des clichés individuels, divers documents, récits et autres supports ayant appartenu à d'anciens Kriegsberichter (par exemple, l'héritage des PK-Bildberichter – reporters-photo de guerre – dénommés Etzold, Faupel, Henisch, Karnath, Könnecke, Krohmer, Kunzmann, Mielke, Möbius, Modl, Pospesch, Sahler, Schuller, Slickers, Ulrich, Westermann, etc.). Ils ont permis un enrichissement substantiel du présent ouvrage. De tels supports, très précieux, ne se trouvent plus désormais que dans les fonds d'archives nationaux ou étrangers, privés comme publics.

Avec étonnement, l'auteur a pu constater que nombre de clichés identiques existent en plusieurs lieux et fonds d'archives différents, y compris ceux issus d'albums de vétérans. Manifestement, déjà au cours de la guerre les négatifs de ces supports photographiques ont été diffusés à plusieurs services, et se sont retrouvés également répandus parmi les soldats ayant pris part aux hostilités. Très probablement ce fait s'explique-t-il aussi par ledit *« Obergefreiten-Dienstweg »* – la « petite voie hiérarchique » ; la débrouillardise –.

Une partie importante des photographies relatives à la Fallschirmjäger-Ausbildung – instruction parachutiste – provient du cercle d'anciens camarades des parachutistes de Cologne, fondé dans les Années 60. Presque tous ces hommes ont quitté cette amicale depuis un certain moment ; néanmoins, leurs images et albums me sont restés, ainsi que mon souvenir. Ces photos, qui certes ne présentent pas uniquement l'entraînement du bataillon SS en question dans cet ouvrage, ont été sélectionnées car elles sont remarquables et permettent au lecteur de se replonger aisément dans l'univers si singulier du parachutisme militaire allemand.

Soulignons que certains vétérans avaient déjà « tiré un trait » sur leur passé, et ne souhaitaient plus qu'on les replonge dans cette époque difficile. Ils ont été largement affectés par les rumeurs mensongères et les dénigrements s'étant propagés après la guerre. Néanmoins, ils ont été prêts à confier leurs connaissances, leurs souvenirs et leurs effets à un jeune *Fallschirmjäger*. A ces hommes, j'exprime un immense merci ! Sans leur soutien et le temps qu'ils m'ont accordé, ce travail n'aurait jamais pu aboutir complètement, et aurait peut-être manqué de « fibre humaine » aux yeux du lecteur.

Je tiens une nouvelle fois à rappeler que le présent livre ne représente qu'une « documentation », libre de tout jugement à caractère politique, sur l'histoire du *SS-Fallschirmjäger-Bataillon 500/600*. Au fil de ces pages, il ne sera ni vénéré, ni condamné, leur finalité étant d'offrir une description objective de l'un des chapitres de l'histoire militaire de notre nation allemande. En tous cas, au vu des « standards » et modes de vie actuels, la *Kameradschaft*, l'esprit de sacrifice, la fidélité et la bravoure avec lesquels ces hommes se sont battus, ont souffert et sont tombés, dans une situation sans issue, voire désespérée, tout cela ne cesse encore aujourd'hui de susciter l'étonnement.

Indiscutablement, cette œuvre doit condamner sans ménagement les horreurs et les peines sans fin causées par cette guerre, donner une impression au lecteur de quelles infamies les êtres humains peuvent être capables, lorsqu'ils sont transformés en brutes par la politique, l'idéologie, la propagande haineuse, l'alcool, sans oublier la confrontation quotidienne, qui au fur et mesure devient banale, aux morts et au fait de donner la mort à autrui. Qui a connu la guerre, ne peut que la condamner. Puisse ce premier volet inciter le lecteur à réfléchir.

Le premier volume traite notamment de l'opération « Rösselsprung » et de l'engagement contre Tito à Drvar, au printemps 1944. Volontairement, plusieurs césures ont été opérées dans l'ensemble de l'histoire du bataillon, de ses balbutiements jusqu'à sa disparition en 1945, car tout concentrer dans un unique ouvrage aurait été défavorable à l'aspect pratique et au prix de l'œuvre. Pour cette raison, dans le prochain volumes la suite du destin du *SS-Fallschirmjäger-Bataillon* sera présentée avec un même souci de détail, et ce jusqu'au dit *bitteres Ende* – la fin amère du printemps 1945 – et à la captivité.

Terminons cette introduction par une requête particulière : Si par hasard un lecteur possédait des récits vécus, dessins, notes, photos, divers documents ou même matériel et équipements en rapport avec ce bataillon, l'auteur le prie chaleureusement de les lui mettre à disposition par l'intermédiaire de la maison d'édition. Quoi qu'il arrive, sa propriété lui sera bien entendu restituée après examen, et une note de remerciements personnels. Cette dernière permettra ainsi de confirmer que les effets ont bien été reçus par l'auteur.

A tous les lecteurs, à mes amis parachutistes, à tous les camarades: *ein kräftiges « Glück ab »* – le « bonne chance » des parachutistes allemands – !

Rüdiger W. A. Franz

Note du traducteur

Je tiens à exprimer mes remerciements chaleureux à mon cher et fidèle ami, l'*Oberst a. D.* Hans-Joachim Krug, pour m'avoir aidé à saisir le sens de certains termes propres à l'armée allemande d'autrefois, parfois difficiles à saisir pour un Français, et auxquels les dictionnaires (même ceux réputés « pointus ») n'offrent fréquemment aucune traduction fiable, ni d'ailleurs le fourmillement d'Internet.

Je me dois bien sûr de remercier Eric Lefèvre, doué de connaissances hors pair sur le monde de l'armée allemande. Sans son aide enthousiaste et ses précieux conseils, de nombreux termes militaires auraient reçu de ma part une traduction trop vague.

Je suis très reconnaissant à Rüdiger Franz d'avoir pris le temps de m'éclairer, avec précision et rapidité, sur tous les aspects de son manuscrit m'ayant causé des difficultés.

Un immense merci à Cynthia Maron, professeure de français en Bavière, pour ses éclairages « sur mesure » et patients concernant l'orthographe et la grammaire allemandes.

Un grand merci à mes nouveaux amis serbes de Bosnie, habitants de Drvar : Jelena (conservatrice du musée de la grotte de Tito), Milan, Nemanja, Miroslav et Igor.

Pour terminer, mes respects à Paul Millet et Vernes Tatarevic pour leur aide.

Bonne lecture à nos francophones.

Paul Cherrier

Préambule

Le terme « *Waffen-SS* » continue de polariser, d'un point de vue politique de même que militaire. Bien qu'autrefois déjà le Chancelier de la RFA Konrad Adenauer eût prononcé une *Ehrenerklärung*[1] concernant les membres de cette ex-formation d'élite du Reich, déclaration officielle à laquelle le président américain de l'époque Dwight Eisenhower s'était lui-même joint, et dont un officier supérieur de l'US-Army louait avec enthousiasme les qualités militaires, pour de nombreux individus, la moindre évocation de « *Waffen-SS* » est suffisante à leurs yeux pour la maudire en bloc.

Toutefois, pour pouvoir prétendre « juger » de façon objective les actes de cette *Waffen-SS* – à la base formation armée d'un parti politique –, encore faut-il déterminer clairement pourquoi a-t-elle été engagée. Souvent, le regard de la littérature historique est biaisé, qu'il tende vers telle ou telle vision. Il n'est pas suffisamment ni sérieusement documenté, s'en tenant même aussitôt, d'emblée, à la juger et à la condamner.

Pour qu'une présentation la plus objective possible puisse être forgée dans cette œuvre, l'auteur a tenté de s'appuyer sur des documents d'archives, des récits et déclarations variés de témoins directs, des photos authentiques et une recherche bibliographique approfondie, dans le souci de reconstituer au mieux l'histoire d'une unité indéniablement très singulière de l'armée allemande : le *SS-Fallschirmjäger-Bataillon 500/600*, unique formation de parachutistes des *Waffen-SS*.

Prologue

Durant la Seconde Guerre mondiale, 7 375 800 Allemands ont trouvé la mort. Soldats sur le front, internés dans les camps de prisonniers, victimes civiles de bombardements nocturnes à la Heimat ou familles expulsées des contrées où leurs ancêtres étaient établis depuis des siècles.

A l'échelle mondiale, l'on estime que ce conflit a coûté la vie à de plus de 55 millions d'individus. Une gigantesque tragédie, une catastrophe humaine qui ne doit à aucun prix se renouveler.

La guerre, sans arrêt évoquée de façon banale, ne devrait plus être le moyen de régler des conflits par des Hommes responsables, à commencer par nos chefs d'Etat.

Krieg – la guerre –, c'est l'enfer sur Terre !

1 LES PRÉMICES

Himmler désire fonder une troupe aéroportée propre à sa *Schutz-Staffel*

Depuis la constitution de la troupe parachutiste (*Fallschirmtruppe*) de la Luftwaffe, le *Reichsführer SS* Heinrich Himmler n'a cesse de réclamer avec insistance la création d'un bataillon de *Fallschirmjäger* propre à sa SS. Déjà, en 1937, une trentaine d'hommes de la *SS-Verfügungstruppe* – plus précisément, en grande partie des officiers et aspirants de la *Standarte (Regiment) 'Germania'* – effectue une initiation au saut en parachute à l'école de saut de Stendal, à une centaine de kilomètres à l'est de Berlin. Cet enseignement se déroule du 23 mai au 17 juillet 1937. Le temps de cette instruction, les membres de la SS sont rattachés à la *3. Kompanie* du *I. Bataillon* du *Regiment 'General Göring'*.

A l'issue de l'instruction (*Sprungausbildung*), tous ont réalisé les six sauts obligatoires ; le dernier d'entre eux – un largage en masse – a d'ailleurs été effectué avec équipement et armement complet, à très faible hauteur (75-80 mètres seulement au-dessus du sol), et une fois ce dernier accompli, les hommes ont pris part à un exercice de combat (*Gefechtsübung*). Il est souvent prétendu que ce largage aurait été la toute première *Gefechtsübung* de ce genre. En réalité, auparavant déjà un petit groupe de moniteurs et autres instructeurs (appartenant au personnel d'encadrement et d'enseignement de cette école de saut de Stendal) avait expérimenté un largage avec arme et équipement, également à très faible hauteur, dans les alentours et sur le terrain d'aviation de Stendal-Borstel.

Notons que peu après, ces premiers « *SS-Fallschirmjäger* » prennent encore part à un saut de démonstration (*Schauspringen*) en présence des hautes personnalités du Reich, à l'occasion de la fête des récoltes de Bückeburg, en Basse-Saxe. Cependant, par la suite, ils ne participeront plus à d'autres largages, car le commandant en chef de l'Armée de l'air du Reich (*Oberbefehlshaber der Luftwaffe*), le Bavarois Hermann Göring, revendique pour sa Luftwaffe (et elle seule !) le droit exclusif de constituer des unités parachutistes.

Tout au long de la Seconde Guerre mondiale, le Reichsführer-SS déploiera tous ses efforts pour créer, avec sa Waffen-SS, un second pouvoir armé dans l'Etat allemand, indépendant de la Wehrmacht (à laquelle appartient la Luftwaffe). Lors de la Campagne de France du printemps 1940, les unités de la Waffen-SS se trouvent être encore intégrées aux corps de troupe de la Wehrmacht. Par la suite, vingt divisions autonomes de la Waffen-SS verront successivement le jour. Du point de vue de la Wehrmacht, cette évolution est d'abord vécue comme un affront, même si une certaine « acceptation » de son haut-commandement peut être rapidement observée, considérant certes la Waffen-SS toujours comme une sorte de « troupe de police », mais qui s'est indéniablement acquise une réputation de haute efficacité sur les champs de bataille. Suivant cette « concession » de la Wehrmacht, la Waffen-SS doit être engagée dans les territoires du *Großdeutsches Reich* où les populations de souche allemande ne représentent pas la majorité ethnique. C'est ainsi que l'*Oberster Befehlshaber der Wehrmacht*, Adolf Hitler, envisage initialement les choses.

Le chef d'état-major du Führer, Wilhelm Keitel, donnera cet exposé lors des Procès de Nuremberg en 1946, et présentera comme unanime l'amertume de la Wehrmacht face aux agissements de Himmler. En réalité, dès le début (en 1939 et 1940), des unités de la Waffen-SS ont été subordonnées au commandement de la Wehrmacht, et la coopération entre les deux a fonctionné sans difficultés. Dans la suite du conflit, la Waffen-SS, tout comme les unités *bewährt* – ayant fait leurs preuves – de la Wehrmacht (dont celles de la Luftwaffe, ou encore certaines *Panzer-Divisionen*), seront engagées en quelque sorte comme « pompiers », envoyées à la rescousse sur les points chauds, particulièrement menacés, du front.

La mise en place complexe d'une unité au caractère disciplinaire

A l'été 1943, au sein du *SS-Führungshauptamt* (*SS-FHA* – bureau supérieur d'opération de la SS), un nouveau plan voit le jour, visant à fonder un *SS-Fallschirm-Banden-Jäger-Bataillon* autonome ; un bataillon de parachutiste de la SS qui serait spécialisé dans l'intervention contre les bandes armées, lesdits partisans. Au milieu de la guerre, la situation globale et l'amplification de ces mouvements de résistance exigent la mise sur pied d'une troupe efficace, engageable très rapidement, pour n'importe quel type de combat, à tous les « points névralgiques » (*Brennpunkte*), les aires géographiques menacées par les partisans. En raison de la situation de plus en plus tendue des effectifs (principalement due à la diversité des fronts et aux pertes croissantes), des soldats appropriés pour de telles missions ne sont plus si faciles à regrouper, du moins en comparaison avec le début de la guerre. En tous cas, il subsiste toujours des *Führer* et *Unterführer* en nombre suffisant prêts à se porter volontaires pour des actions « à risques », mais alors ils viendront logiquement à manquer en d'autres lieux et unités.

Finalement, il est décidé de former un *SS Fallschirm-Banden-Jäger-Bataillon* sous la responsabilité de l'*Inspektion Infanterie* du *SS-FHA*, et ce à partir de la *Bewährungs-Abteilung* – détachement pour soldats en sursis de punition – de la Waffen-SS établi à Chlum (actuellement en République Tchèque NDT). L'ordre de constitution de ce bataillon est édicté le 6 septembre 1943. Pour l'engagement d'infanterie et le choix du corps des *Führer* – officiers – de cette unité, le personnel d'encadrement et d'instruction est puisé parmi les membres actifs de l'intégralité des formations de la Waffen-SS. Autrement dit, le commandant de bataillon, les membres de son état-major, le personnel stable réguliers permanents et d'encadrement doivent exclusivement être des soldats *Kommandierte* – mutés suivant la procédure ordinaire –, ou bien des volontaires issus d'autres unités de la Waffen-SS ; des hommes n'étant pas en sursis de punition.

En revanche, les *Schützen-Kompanien* – compagnies de fusiliers-voltigeurs – doivent quant à elles être sans exception composées de dits *Bewährungs-Schützen* (ou *B-Schützen*) ; des fantassins « mis à l'épreuve », en réhabilitation. En principe, les futures missions de combat du bataillon devront exclusivement être accomplies par ces hommes « réhabilités », tandis que *Führer*, *Unterführer* et membres du personnel-cadre susnommés devront théoriquement rester à leur *Standort* (garnison), sans prendre part aux actions armées sur place. Suivant le règlement fixé, les pertes devront être re-complétées en puisant parmi les détenus des camps disciplinaires. Plus précisément, le camp pénitentiaire central (*Zentrales Strafvollzugslager*) de la SS et de la police de Danzig-Matzkau se présente comme un nid de recrutement tout trouvé pour assurer les re-complètements nécessaires.

Des SS condamnés peuvent ainsi saisir l'opportunité d'une « mise à l'épreuve » par un engagement au feu, afin de pouvoir être réhabilités par la suite. Néanmoins, il ne doit s'agir que de membres de la SS incarcérés pour des délits sans gravité, des fautes disciplinaires commises en service, de menues infractions au règlement. A titre d'exemple, pour mauvaise volonté ou retard dans l'obéissance à un ordre, pour ne pas s'être levé de suite au moment fixé, pour s'être présenté en retard ou avec une tenue négligée au service (*Dienst*), pour dépassement du temps accordé au quartier libre ou à une permission (si pas excessif). D'autres ont également pu être punis d'emprisonnement pour tenue non conforme au règlement durant ou en dehors du service, mensonge à leurs supérieurs, attitude insolente face à un supérieur ou même face à un camarade, attitude déplacée en public, participation à des rixes ou bagarres, jeu de hasard avec argent, ébriété, critiques proférées à l'encontre des dirigeants politiques et/ou militaires (!), etc.

Dès 1937, une trentaine de membres de la *SS-Verfügungstruppe*, qui a précédé la Waffen-SS, prend volontairement part à une initiation au parachutisme à l'école de saut de Stendal.
Un groupe restreint… dont les rangs ne grossiront pas au cours des années suivantes. Ici, certains de ces hommes, attendant de monter dans l'avion, tiennent déjà le mousqueton de la SOA dans leur main gauche.

Soulignons cependant que les membres de la SS ayant commis des crimes, qu'il ait pu s'agir du vol d'un camarade, de déprédations, de pillage, de viol, de menace avec utilisation d'arme, de refus catégorique d'obéissance aux ordres, de désertion, de lâcheté face à l'ennemi, de divulgation d'informations secrètes relatives au *Dienst* (équivalent à une trahison), etc., ceux-là sont expressément chassés de la Waffen-SS, internés en camp de concentration ou alors envoyés dans des « formations spéciales », où ils trouveront une fin misérable. Le code d'honneur de Himmler (*Himmlers Ehrencodex*) impose dans la SS des peines draconiennes, voire cruelles et sans pitié.

Après la guerre, le dernier commandant du bataillon de parachutistes SS, le *SS-Sturmbannführer* Siegfried Milius, s'exprimera quant aux conceptions de Heinrich Himmler de l'honneur et du châtiment :

« *Les dits* B-Soldaten *étaient des hommes contraints de servir dans des unités spéciales suite à une peine disciplinaire, pour ainsi être mis à l'épreuve et se voir retirer leur punition. Ils servaient uniquement dans des unités ayant reçu des missions de combat particulièrement ardues (dans le cadre de sections de* Pioniere – *sapeurs – ou, comme ici, des* Fallschirmjäger*). D'expérience personnelle, nous savons que personne n'est en mesure de porter un quelconque jugement sur ces hommes. Pour des délits les plus minimes, Himmler avait sous la main tout un panel de peines draconiennes. Naturellement, ces dernières se sont encore endurcies au fur et à mesure de l'évolution du conflit. Autant la troupe, en temps de paix, considérait avec un certain consentement l'application de l'autorité punitive comme un geste de sélection, autant elle comprenait fort mal ces punitions en temps de guerre surtout, s'il s'agissait d'expressions critiques envers la politique. De là, pas étonnant que des groupes « de résistance » assez conséquents aient vu le jour au sein de la Waffen-SS, groupes qu'il n'est pas question d'évoquer ici. Les excès manifestes dans l'exercice de l'autorité punitive ont été vécus comme une « pureté négative » et rejetés.*

Si ces hommes, sur le front, une fois accomplies les missions ardues qui leur incombaient, s'en sortaient vivants, alors ils pouvaient se voir remettre leur ancien grade. En revanche, ils ne pouvaient plus en aucun cas devenir chefs de troupe (Führer), *c'est-à-dire assurer un commandement dans une unité SS « normale ». Suite à la perte de nombreux SS-Fallschirmjäger lors de la bataille « contre Tito », il ne restait plus que 15% de soldats en sursis de punition dans les rangs du* SS-Fallschirmjäger-Bataillon 500/600. *En outre, l'*Ersatz *est largement venu compenser ces pertes en adjoignant des éléments SS « normaux », ce qui a entraîné que, par la suite, il n'a plus été question d'une unité de « mise à l'épreuve » concernant le bataillon. En Allemagne, en 1940, le taux de criminalité atteignait 3% ([2]), et moins de 1% dans la Waffen-SS. Notons encore que pour ce qui est des soldats « mis à l'épreuve », il ne s'agissait pas de militaires condamnés pour des actes criminels, mais pour des délits commis au sein de la troupe qui ne pouvaient pas pour autant être réglés en affaires simplement « disciplinaires » par les supérieurs de l'unité, et qui, par conséquent, devaient être traités par les tribunaux militaires* (Truppengerichte). »

Il ne faut pas perdre des yeux ce qui suit : L'intention originelle du *SS-FHA*, à savoir la constitution d'un bataillon de parachutistes uniquement composé de soldats ordinaires mutés (*kommandiert*) aptes au combat, n'a pas pu être concrétisée. Pour cette raison, en mars/avril 1944, il a devra être lu à haute voix un *geheim Kommando* – ordre secret – face au corps d'officiers et de sous-officiers de différentes *A-* et *E-Einheiten* (unités d'instructions et de dépôt) de la Waffen-SS. Dans cet ordre, le Reichsführer-SS, Heinrich Himmler, priera de vive voix les *Führer* (officiers), *Unterführer* (sous-officiers) et *Mannschaften* (hommes de troupe) de se porter volontaires pour rejoindre le Fallschirmjäger-Bataillon. Notons que c'est en raison du caractère prioritaire de cette disposition du printemps 1944 que les *Führer* Fritz Leifheit, Joachim Marcus, Werner Droste, Hans-Joachim ('Hajo') Draeger et bien d'autres (gradés ou non) arriveront vers la fin de mai ou au début de juin

Photographie rare. Les membres de la SS, portant le modèle d'essai du « Knochensack » – sac à os, surnom de la combinaison de saut – caractérisé par deux fermetures frontales à glissière, ont participé dès 1937 à un cours au saut en parachute. De gauche à droite : E.A. Krag, Hofele, K. Rybka (que nous retrouverons), Petsch, Huth, A. Mäder, Manz et Dost.

1944, donc à peu près au moment de l'engagement du bataillon sur Drvar, auprès de la compagnie d'instruction de campagne (*Feldausbildung-Kompanie*) du bataillon, unité établie à Kraljevo, en Serbie occupée. Les chefs instruits là-bas, et plus tard à Pápa (en Hongrie occidentale) dans les rangs de l'école de saut n° 3 (*Fallschirmschule 3*) de la Luftwaffe, ne seront à ce moment-là plus des hommes « mis à l'épreuve », mais de simples volontaires (*Freiwillige*) issus d'autres unités de la Waffen-SS. Avec l'incorporation de ces derniers et aussi d'éléments de dépôt (*Ersatz*) dans le bataillon, à l'automne 1944, ce dernier comptera quatre fois plus de volontaires ordinaires que de *B-Schützen*.

Portrait d'un *Bewährungs-Schütze* anonyme. Leur uniforme est pourvu de pattes de col noir, sans les fameuses « Sig-Runen » (runes SS) gris clair. En raison de leur condamnation au motif de diverses fautes disciplinaires, le port de décorations ou de distinctions honorifiques leur est lui-aussi défendu.

Questions relatives aux *Bewährungs-Schützen*

Au camp d'application des peines de Matzkau, près de Dantzig, le traitement des détenus est basé sur un très large panel de chicanes, au caractère nettement déshonorant. C'est pourquoi, à la fin de l'année 1943, de nombreux condamnés voient dans ce nouveau bataillon de parachutistes, tout juste en cours de constitution, une opportunité d'échapper au quotidien fort déplaisant du camp, et de pouvoir recouvrer la liberté en « faisant leurs preuves » au combat... s'ils parvenaient, bien entendu, à rester en vie. Toutefois, la seule perspective d'une réhabilitation est une motivation suffisante à leurs yeux, quelle que soit l'ampleur de la tâche à venir.

D'ailleurs, dès le printemps 1943, le *Hauptamt SS-Gericht*[9] ordonne de vérifier l'aptitude à servir sur le front d'environ 600 condamnés du *Strafvollzugslager* de la SS et de la police de Dantzig Matzkau, sur la Baltique.

L'idée initiale d'intégrer des hommes dans lesdits « *Verlorene Haufen* » (des « enfants perdus », expression se référant à une troupe spéciale de Lansquenets remontant aux batailles de la Renaissance, qui servait d'avant-garde combattant de façon éparpillée, non intégrée à l'ordre de bataille, à l'avant des premières lignes, ce qui équivalait ni plus ni moins pour ses membres à une condamnation à mort NDT), autrement dit des candidats à une mort certaine au combat, pour leur donner « l'opportunité » de tomber sous les balles ennemies et, ainsi, pouvoir échapper à une incarcération pour toute la durée de leur condamnation, a été écartée en raison de l'évolution de la guerre et d'autres préoccupations.

Ces conceptions de Heinrich Himmler remontent même dès l'année 1941. Un peu plus tard, dans un courrier du **26 juin 1942** notifié comme « secret » émanant du *Reichsführer-SS, Hauptamt SS-Gericht* adressé au *SS-Richter* – juge SS – auprès du Reichsführer-SS et chef de la police allemande, le *SS-Obersturmbannführer* Bender, on peut lire :

« *Motif : Mise sur pied d'un* 'VH' ('Verlorener Haufen' NDA) *au sein du détachement de « mise à l'épreuve »* (Bewährungs-Abteilung) *de la Waffen-SS.*

Relation : Courrier du journal de marche (Tgb.) Nr. 254/41 geh. *du 13. 12. 1941 et journal de marche Nr. 67/42 du 3. 6. 1942.*

Conformément à l'écrit précédemment cité du 13. 12. 1941, le Reichsführer-SS s'est déclaré en accord par principe avec l'arrêté présent IIIb 320/2 du 12. 11. 41. Suivant la référence à l'écrit du 3. 6. 42, le Reichsführer-SS envisage désormais de constituer un 'VH' au sein du détachement de « mise à l'épreuve », dans lequel l'opportunité doit être offerte aux condamnés de tomber face à l'ennemi pour éviter une peine d'incarcération jusqu'à terme. Ce 'VH' devrait recruter des hommes qui, du moins pour la plus grande partie d'entre eux, ont été déclarés « indignes de servir » (wehrunwürdig). *Le Reichsführer-SS désirerait encore discuter des détails concernant l'application de cet arrêté avec le chef d'état-major, le* SS-Gruppenführer *Jüttner* (chef du *SS-FHA* à partir de janvier 1943 NDT).

Il est admis ici que cet arrêté n'a pas encore pris effet ; pour cette raison a été adoptée la position suivante :

D'après les considérations actuelles, la mise sur pied d'un tel 'VH' *s'oppose à l'essence et à la finalité du détachement de « mise à l'épreuve ». D'après l'ordre du* Reichsführer-SS, SS-Führungsamt, *édicté sous la référence Org. Tgb. Nr. 4764/41 du 31. 10. 41, les membres du détachement de « mise à l'épreuve » sont parés de la désignation de service* « Schütze » *– fusilier –, et leur temps de service est comptabilisé comme* Wehrdienst *– service militaire –. Toutefois, la condition est que les condamnés affectés au détachement de « mise à l'épreuve » soient « dignes de servir », le service militaire étant un engagement sur l'honneur. Attention, rompre avec ce principe impliquerait le danger que le service militaire dans le détachement de « mise à l'épreuve »* (Bewährungs-Abteilung) *puisse être considéré comme étant de moins bonne qualité que dans les autres corps de troupe. Or, il faudrait éviter cela, pour ne pas saper le sens de l'honneur des condamnés affectés à la* Bewährungs-Abteilung. *Rappelons clairement que le terme* 'Verlorener Haufen' *– « enfants perdus » –, comme ont pu le montrer certaines expériences passées, a donné lieu à de fausses représentations et à des rumeurs désavantageuses, péjoratives, au détriment de la SS dans son ensemble (à titre d'exemple, qu'un homme y étant affecté sera forcément envoyé dans un champ de mines pour y être « perdu »).*

Du reste, au vu des considérations présentes, le décret adopté par le Reichsführer-SS, sous le n°4 de l'écrit du 13. 12. 41 relatif à la section IV N° 1 a de l'arrêt présent IIIb 320/2 du 12. 11. 41, peut être considéré comme suffisant pour engager des condamnés « indignes de servir » qui ne sont pas dignes d'une grâce résiliable pour un rétablissement provisoire de leur « dignité à servir », mais qui le sont pour sacrifier leur vie à la préservation de la communauté nationale* (Volksgemeinschaft).

Ainsi, il est prié au Reichsführer-SS, au cas où il n'y aurait aucune réserve à opposer à ces considérations, de parvenir à une concertation pour aboutir in fine sur une prise de décision dans le sens des éléments évoqués ci-dessus, quant à cette question de la formation d'un 'VH' au sein du groupe de « mise à l'épreuve » [...] ».

Les va-et-vient de courriers administratifs quant au statut et à l'affectation des fusiliers « mis à l'épreuve » (*Bewährungs-Schützen*) se poursuivent. Plus d'un an après, dans une note du **31 juillet 1943** du ***Hauptsturmführer* Dr. Wehser**, collaborateur au *SS-Hauptgericht* – haut-tribunal SS –, il est évoqué :

« *1) De l'*Abteilung Brandt [4], *j'ai reçu la liste du 10. 2. 1943 annexée à l'écrit du 12. 2. 43, avec la courte mention « peuvent être admis au*

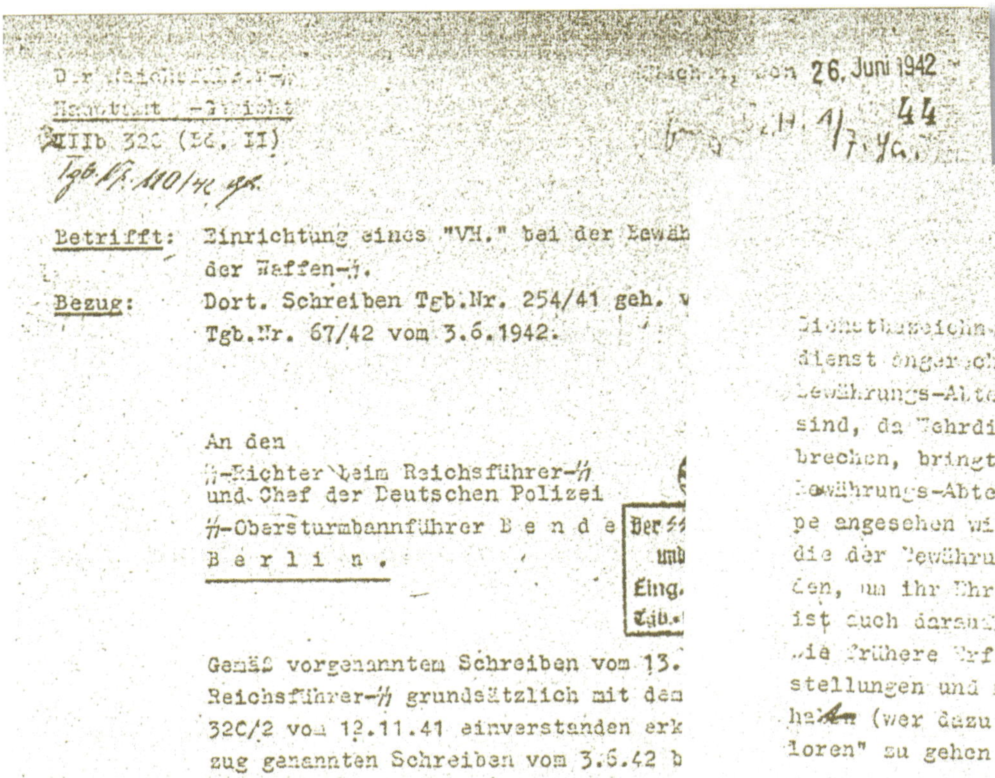

Der Reichsführer-SS ... den 26. Juni 1942
Hauptamt SS-Gericht
IIIb 320 (26. II) 44
Tgb.Nr. 110/42 geh.

Betrifft: Einrichtung eines "VH." bei der Bewäh...
der Waffen-SS.
Bezug: Dort. Schreiben Tgb.Nr. 254/41 geh. v...
Tgb.Nr. 67/42 vom 3.6.1942.

An den
SS-Richter beim Reichsführer-SS
und Chef der Deutschen Polizei
SS-Obersturmbannführer B e n d e ...
B e r l i n .

Gemäß vorgenanntem Schreiben vom 13. ...
Reichsführer-SS grundsätzlich mit dem ...
320/2 vom 12.11.41 einverstanden erk...
zug genannten Schreiben vom 3.6.42 b...
führer-SS nunmehr bei der Bewährungs-...
einzurichten, in dem Verurteilten Ge...
den sollte, zur Vermeidung einer St...
dem Feinde zu fallen, in dem also M...
men sollten, die zumindestens zum g...
dig sind. Die Einzelheiten der Durch...
nung wollte der Reichsführer-SS noch ...
bes, SS-Gruppenführer Jüttner, erörte...

Es wird hier angenommen, daß diese ...
bindlich ist, weshalb dazu wie folg...
wird:

Hiesigen Erachtens steht die Einric...
"VH" dem Sinn und Zweck der Bewähru...
Nach dem Befehl des Reichsführers-SS ...
Org.Tgb.Nr. 4754/41 geh. vom 31.10. ...
rung der hiesige Erlaß IIIb 320/2 v...
ist, haben die Angehörigen der Bew...

NS 7/368

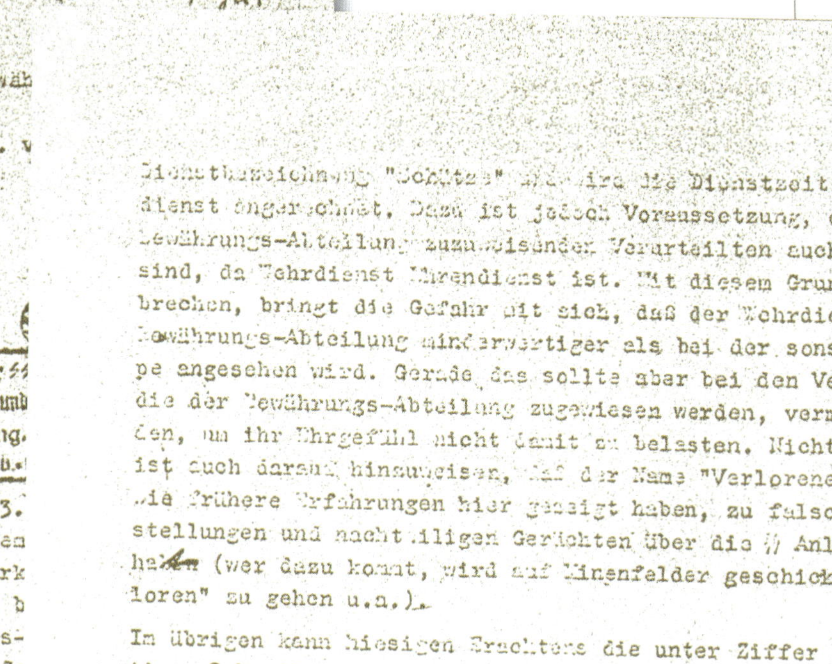

... Dienstbezeichnung "Schütze" ... Dienstzeit ...
dienst angerechnet. Dazu ist jedoch Voraussetzung, d...
Bewährungs-Abteilung zuzuweisenden Verurteilten auch ...
sind, da Wehrdienst Ehrendienst ist. Mit diesem Grun...
brechen, bringt die Gefahr mit sich, daß der Wehrdie...
Bewährungs-Abteilung minderwertiger als bei der sons...
pe angesehen wird. Gerade das sollte aber bei den Ve...
die der Bewährungs-Abteilung zugewiesen werden, verm...
den, um ihr Ehrgefühl nicht damit zu belasten. Nicht ...
ist auch darauf hinzuweisen, daß der Name "Verlorene ...
wie frühere Erfahrungen hier gezeigt haben, zu falsc...
stellungen und nachteiligen Gerüchten über die SS Anl...
haben (wer dazu kommt, wird auf Minenfelder geschick...
loren" zu gehen u.a.).

Im übrigen kann hiesigen Erachtens die unter Ziffer 4 ...
tigen Schreibens vom 13.12.41 zu Abschnitt IV Ziffer ...
sigen Erlasses IIIb 320/2 vom 12.11.41 getroffene An...
Reichsführers-SS als ausreichend angesehen werden, um ...
digen Verurteilten, die einer widerruflichen Begnadig...
fängnis unter einstweiliger Wiederzuerkennung der Weh...
keit nicht würdig sind, so einzusetzen, daß sie ihr L...
Sicherung der Volksgemeinschaft hingeben.

Es wird daher, falls dortseits Bedenken dagegen nicht ...
ben sind, gebeten, dem Reichsführer-SS im Sinne der vo...
Ausführungen zu der Frage der Einrichtung eines "VH." b...
währungs-Abteilung Vortrag zu halten und eine Entsche...
Reichsführers-SS dazu herbeizuführen.

Der Chef des Hauptamtes SS-
i.A.
SS-Sturmbannführer

Feldkommandostelle, den 31.7.1943.

ermerk.

le Liste vom 10.2.1943 nebst dem Schreiben vom 12.2.43 habe ich
on der Abteilung Brandt mit ~~dem kurzen Vermerk~~ "können zum Fall-
chirm-Banden-Jäger-Batl." be
a mir SS-Ostubaf. Burmeister
ünchen am 8.5. sagte, daß nu
en vorgesehenen Sondereinsat
er nicht wieder ins Strafla
ls unverantwortlich betracht
ewährungsmöglichkeit zu erwe
en), habe ich zunächst mit
rnst angefragt.

elefongespräch am 31.7.1943

-Ostubaf. Burmeister erklär
Sondereinsatz tauglich w
ort ausgebildet würden.
llung der für den Sonde
rbeten.
ür den Sondereinsatz ni
Bewährungsabteilung nach
nicht bei den Fronteinh
ie Fallschirm-Banden-Jä
ubaf. Burmeister bat
Klarstellung, ob der S
rden sollte,
er ob er dem RSHA weite
ng stellen soll,
Hinweis bei RFSS auf di
nner tauglich gewesen i
m Fallschirm-Banden-Jäg
der Fallschirm-Banden-
hauptamtes noch immer n
t, um bei der Zurverfüg
ie Bewährungsabteilung

um Vortrag.

Lfd.Nr.	Name	Vorname	geb.	ehem. Dienstgr.:	Im Lager seit:	Straftat:
46.	Korpal	Hugo	25. 1.09	Wm.	14.4.42	Mil.Ungeh.
47.	Merz	Karl	5. 6.14	Ogefr.	12. 9.42	Unerl.Entf.
48.	Messner	Emil	2.12.10	Owm.	11. 9.42	Ungeh. u. Plünder
49.	Wimmer	Martin	10.11.11	Scharf.	14. 4.42	Mil.Ungeh. u.a.
50.	Wolff	Ernst	18. 1.20	Schtz.	13. 7.42	Unerl. Entf.
51.	Mück	Albert	16. 4.21	Rttf.	19. 7.42	Mil. Diebstahl
52.	Mühlbauer	Josef	1. 8.05	Obwm.	23. 6.42	Körperv.i.Amt
53.	Schneider	Max	13. 5.10	Obwm.	22. 8.42	Mil. Diebst.
54.	Schrameck	Franz	8. 1.22	Schtz.	21.3. 42	Mil.Diebst. a.u.
55.	Schröter	Gerhard	5. 2.12	Obwm.	22.10.42	Wachverf. u.a.
56.	Prellwitz	Paul	19. 3.16	Oschtz.	17. 3.42	Notzucht.
57.	Kliehm	Ernst	29.11.09	Scharf.	30. 9.42	Geh. verw. u.a.
58.	Braunshausen	Josef	23. 2.20	Schtz.	19. 3.42	Wachverg. Mil.Di
59.	Guse	Paul	4.12.13	Rttf.	12. 9.42	Betrug
60.	Krupbauer	Rudolf	15. 3.20	Uwm.	3. 9.42	Wachverg.u.Wids.
61.	Ruber	Franz	30. 9.12	Ass-Anw.	29. 8.42	Erpressg. Hehler
62.	Veldhuizen	Fritz	28.12.15	Strm.	13. 7.42	Wachverg.
6	Khilan	Franz	13. 8.18	Uwm.	1. 9.42	Plünderung
64	Dammer	Herm.	9. 2.20	Schtz.	19. 3.42	Betrug
6	Kammermeier	Karl	20. 7.17	Rttf.	9. 6.42	Betr. u.a.
6.	Stuwe	Arthur	3. 3.12	Rwm.	19. 5.42	Fortg. Bestechg.
67.	Zubek	Anton	31. 7.18	Schtz.	20.10.42	Unerl.Entf.
68.	Lochinger	Erich	2.10.15	Obwm. 5	24. 6.42	Mil. Diebst.
69.	Tietze	Walter	27. 6.21	Strm.	22. 4.42	Unerl. Entf.
70.	Wiedenhöfer	Adolf	1. 9.14	Uscha.	5.12.42	Kam. Diebstahl
71.	Kähr	Hans	20.12.12.	Schtz.	8.10.42	Unterschlgg.
72.	Eberle	Karl	20. 2.20	Wm. X	4. 8.42	Plünderung
73.	Körting	Kurt	5. 2.18	Schtz.2	19. 7.42	Unerl.Entf.
74.	Berg	Anton	28. 1.11	Sgwm.	14. 7.42	Betrug.
75.	Wagner	Kurt	23. 3.12	Strm.	18.12.42	Beleidigung
76.	Wildemann	Arthur	28. 9.16	Wm.	5. 8.42	Hehlerei
77.	Jeske	Alexander	27. 2.08	Schtz.	10. 9.41	Mil. Ungehorsam
78.	Kiekl	Johann	24. 7.21	Strm.	25.11.42	Plünderung
79.	Matejka	Armin	29. 5.23	Schtz.	11.12.42	Mil. Diebstahl
80.	Bohne	Johannes	26.10.09	Obwm.	3.11.42	Mil.Diebstahl
81	Heyne	Gerhard	27.10.13	Scharf.	19. 3.42	Mil-Unterschl.u.
8	Kartschewsky	Hubert	16. 1.21	Uscha.	21.10.42	Falschbeurkdg.
83	Stöger	Wilhelm	26. 2.22	Rttf.	24. 6.42	Mil. Unterschlag
8	Krafft	Erhard	22.10.21	Schtz.	23. 5.42	Betrug u.a.
85.	v.d. Laar	Bernd	30. 4.10	Schtz.	24. 6.42	Unerl. Entf.
86.	Heyhauser	Werner	30. 1.19	Rttf.	27. 8.42	Tätl.Angriff Vor
87.	Wiedemann	Erwin	13. 1.20	Strm.	11. 1.43	Kam. Diebst.
88.	Hayn	Josef	27.11.22	Str. X	25. 7.42	Geh. verw.
89.	Luther	Ewald	9. 5.15	Pol.Anw.	12. 9.42	Kam. Diebst.
90.	Rink	Sieggfried	20.11.17	Uscha.	2.12.42	Mil. Diebst.
91.	Bartusch	Fritz	19. 1.23	Rttf.	25. 8.42	Unerl. Entf.
92.	Kramann	Paul	18.11.14	Owm.	13. 4.42	Kam. Diebst.
93.	Hübner	Martin	18. 7.18	Obwm.	12. 9.42	Unterg. Mißhdlg.
94.	Steinlage	Johann	23. 9.06	Schtz.	29.10.42	Unerl. Entf.
95.	Zinkl	Leopold	29.7. 19	Rttf.	23. 7.42	Kam. Diebst.
96.	Beckers	Mathias	18. 1.12	Obwm.	12. 1.43	Plünderung
97.	Vierke	Willi	12. 7.18	Strm.	20.10.42	Unerl. Entfern.
98.	Jackl	Theodor	3. 2.08	Strm.	6. 8.42	Verl.d.Anzeigepf
99.	Zimmermann	Willi	19. 9.20	Uscha.	17.11.42	Dienstah u.a.
00.	Hanke Paul	Paul	12. 6.22	Str.	19. 9.42	Unerlaubte Entfe

Fallschirm-Banden-Jäger-Batl. ». *A l'occasion des assises de juges de Munich du 8. 5., le* SS-Ostubaf. *Burmeister m'a déclaré que seule une fraction des 100 hommes de cette liste serait apte à l'engagement spécial* (Sondereinsatz) *prévu, mais que les autres ne seraient pas pour autant renvoyés au* Straflager *– camp punitif – (on aurait tenu pour irresponsable le fait d'avoir éveillé l'espoir d'une possible réhabilitation parmi ces hommes, et finalement de ne pas du tout la leur concéder). J'ai tout d'abord sondé auprès du* SS-Ostubaf. *Ernst par le courrier du 15. 7. 43.*

2) Conversation téléphonique ce 31. 7. 1943 avec le SS-Ostubaf. *Burmeister : Le* SS-Ostubaf. *Burmeister m'a expliqué que, sur les 100 hommes en question, 31 seraient aptes pour l'engagement spécial, qu'ils seraient placés entre les mains du* RSHA *et qu'ils y seraient instruits.*

Il y a de cela huit jours, le RSHA *s'était prononcé comme prêt à compléter ces effectifs.*

Les hommes inaptes à l'engagement spécial seraient intégralement transférés au détachement de « mise à l'épreuve » (Bewährungs-Abteilung, *ou* B. A.) *stationné à Chlum* [5]. *Dans la mesure où ils ne servent pas déjà dans des unités de la* B. A. *combattant sur le front, ils seraient placés sans délai à disposition du* Fallschirm-Banden-Jäger-Batl.

Le SS-Ostubaf. *Burmeister demande :*

a) de clarifier si le Sondereinsatz *devrait soit être absolument interrompu, soit s'il doit mettre à disposition du* RSHA *d'autres hommes pour ce même* Sondereinsatz.

b) des précisions auprès du RF-SS [Reichsführer-SS] *quant au fait que seule une fraction des hommes est apte à cet engagement. Or, cela devrait se produire*

Ci-dessus.
Plünderung : pillage.
Diebst : vol.
Kam. Diebst : vol aux dépens d'un camarade.
Mil. Diebst : vol de matériel militaire.

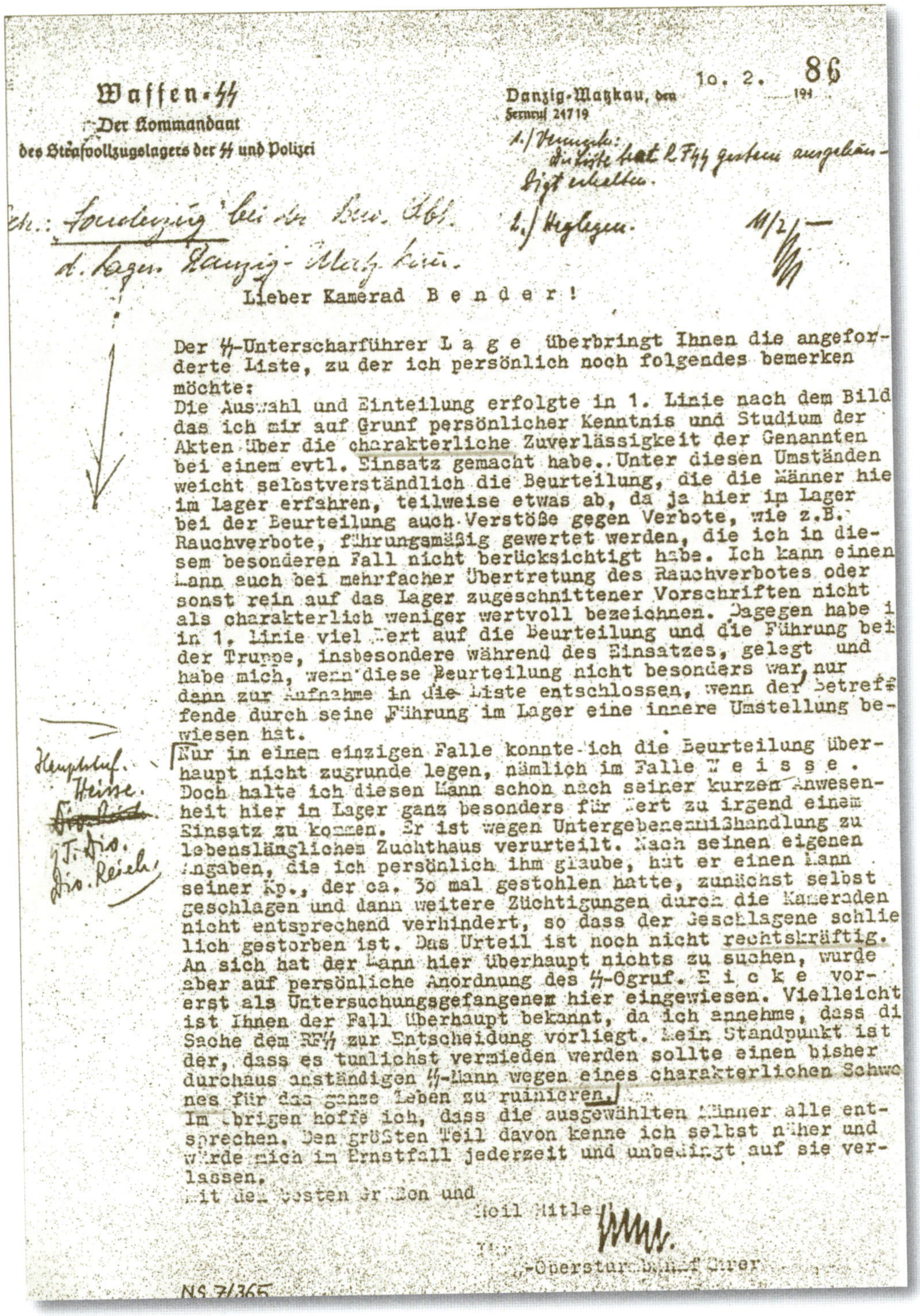
Waffen-SS
Der Kommandant
des Strafvollzugslagers der SS und Polizei

Danzig-Matzkau, den 10. 2. 194
Fernruf 24719

86

Lieber Kamerad B e n d e r !

Der SS-Unterscharführer L a g e überbringt Ihnen die angeforderte Liste, zu der ich persönlich noch folgendes bemerken möchte:
Die Auswahl und Einteilung erfolgte in 1. Linie nach dem Bild das ich mir auf Grunf persönlicher Kenntnis und Studium der Akten über die charakterliche Zuverlässigkeit der Genannten bei einem evtl. Einsatz gemacht habe. Unter diesen Umständen weicht selbstverständlich die Beurteilung, die die Männer hier im Lager erfahren, teilweise etwas ab, da ja hier im Lager bei der Beurteilung auch Verstöße gegen Verbote, wie z.B. Rauchverbote, führungsmäßig gewertet werden, die ich in diesem besonderen Fall nicht berücksichtigt habe. Ich kann einen Mann auch bei mehrfacher Übertretung des Rauchverbotes oder sonst rein auf das Lager zugeschnittener Vorschriften nicht als charakterlich weniger wertvoll bezeichnen. Dagegen habe ich in 1. Linie viel Wert auf die Beurteilung und die Führung bei der Truppe, insbesondere während des Einsatzes, gelegt und habe mich, wenn diese Beurteilung nicht besonders war, nur dann zur Aufnahme in die Liste entschlossen, wenn der Betreffende durch seine Führung im Lager eine innere Umstellung bewiesen hat.
Nur in einem einzigen Falle konnte ich die Beurteilung überhaupt nicht zugrunde legen, nämlich im Falle W e i s s e . Doch halte ich diesen Mann schon nach seiner kurzen Anwesenheit hier im Lager ganz besonders für Wert zu irgend einem Einsatz zu kommen. Er ist wegen Untergebenenmißhandlung zu lebenslänglichem Zuchthaus verurteilt. Nach seinen eigenen Angaben, die ich persönlich ihm glaube, hat er einen Mann seiner Kp., der ca. 30 mal gestohlen hatte, zunächst selbst geschlagen und dann weitere Züchtigungen durch die Kameraden nicht entsprechend verhindert, so dass der Geschlagene schliesslich gestorben ist. Das Urteil ist noch nicht rechtskräftig. An sich hat der Mann hier überhaupt nichts zu suchen, wurde aber auf persönliche Anordnung des SS-Ogruf. E i c k e vorerst als Untersuchungsgefangener hier eingewiesen. Vielleicht ist Ihnen der Fall überhaupt bekannt, da ich annehme, dass die Sache dem RFSS zur Entscheidung vorliegt. Mein Standpunkt ist der, dass es tunlichst vermieden werden sollte einen bisher durchaus anständigen SS-Mann wegen eines charakterlichen Schwächens für das ganze Leben zu ruinieren.
Im übrigen hoffe ich, dass die ausgewählten Männer alle entsprechen. Den grössten Teil davon kenne ich selbst näher und würde mich im Ernstfall jederzeit und unbedingt auf sie verlassen.
Mit den besten Grüßen und
Heil Hitler!
SS-Obersturmbannführer

NS 7/365

de façon croissante dans le cas du Fallschirm-Banden-Jäger-Batl..

Concernant le Fallschirm-Banden-Jäger-Bataillon, *il n'existerait toujours aucun ordre du* Führungshauptamt (SS-FHA). *Là, il aurait rappelé de façon réitérée de ne pas trop prendre de retard concernant cette mise à disposition des éléments « mis à l'épreuve » pour la* Bewährungs-Abteilung. »

Dans l'optique de cette sélection de futurs *Bewährungs-Schützen*, le commandant du camp d'application des peines de la SS et de la police de Dantzig-Matzkau, le ***SS- Obersturmbannführer* Lücke**, s'exprimait dans un courrier du **10 février 1943** au *SS-Richter* – juge SS – auprès du Reichsführer-SS, le *SS-Obersturmbannführer* Bender, quant aux prescriptions formulées spécialement pour les détenus de ce camp : « [...] *Le choix et la répartition* [des détenus] *s'est effectuée en tout premier lieu d'après l'image que je me suis faite de la fiabilité morale (des traits de leur personnalité) des hommes nommés en cas d'engagement, et ce d'une part d'après mes stricts constats personnels, d'autre part après étude des dossiers individuels. Dans ces circonstances, évidemment le jugement dont les hommes font l'expérience, dans le camp, est quelque peu divergent, car ici il s'agit aussi d'estimer des hommes ayant commis des infractions à certaines règles, comme par ex. une interdiction de fumer* (Rauchverbot), *du point de vue de leur comportement, ce que j'ai choisi de ne pas prendre en compte dans ce cas particulier. Effectivement, même en cas d'infraction répétée à l'interdiction de fumer, ou aux prescriptions établies spécialement au sein du camp, je ne peux pas caractériser un homme comme étant foncièrement d'une personnalité « de moindre valeur ».*

A l'inverse, j'ai accordé en tout premier lieu beaucoup d'importance à l'appréciation et au comportement au sein de la troupe, particulièrement durant l'engagement passé et, suivant cela, j'ai pris la décision d'ajouter tel ou tel homme sur la liste, si ces appréciations n'ont pas de caractère particulier, et en constatant s'il a fait preuve d'un changement intérieur quant à son comportement dans l'enceinte du camp. »

Toutefois, il existe aussi des cas très compliqués, pour lesquels le commandant du camp, le *SS-Ostubaf.* Lücke s'avoue clairement dépassé. Dans le même document, il est ainsi question de l'ancien *SS-Hauptsturmführer* Weisse :

« Uniquement dans un cas, je ne suis pas parvenu à trouver une base pour dégager une appréciation : il s'agit du cas Weisse. Pourtant, peu après sa courte présence au camp, chez cet homme j'accordais bien une réelle et nette aptitude à prendre part à un quelconque engagement à venir. En raison de mauvais traitements infligés à un subordonné, il a été condamné à vie au pénitencier. D'après son propre témoignage qu'à titre personnel je crois vrai, un homme de sa Kp. [compagnie] *avait déjà volé une trentaine de fois. Weisse l'a d'abord frappé lui-même, puis d'autres corrections ont été infligées à ce récidiviste par ses camarades, ce qu'il n'a pas empêché comme il aurait réglementairement dû le faire, et au bout du compte l'homme est décédé. La condamnation n'est pas encore définitive. En tant que tel, Weisse n'a rien à faire ici, mais sur décision personnelle du* SS-Ogruf. *Eicke, il a été placé au camp « en détention provisoire ». Peut-être l'affaire Weisse est-elle bien connue de vous, car je suppose qu'une décision, pour un pareil cas, reste du ressort du* RF-SS [Himmler]. *Mon point de vue est qu'il doit être au maximum évité de ruiner définitivement la vie*

A gauche.
Le *SS-Sturmbannführer d.R.* Herbert Gilhofer, le tout premier *Kommandeur* (Kdr.) du *SS-Fallschirmjäger-Bataillon 500.*

Ci-contre.
Le deuxième commandant du bataillon, le *SS-Hauptsturmführer* Kurt Rybka.

d'un membre de la SS droit et honnête, tout cela à cause d'« un porc dérangé » [6] *qui n'avait rien voulu entendre ».*

Au courrier que le *SS-Unterscharführer* Lage doit remettre est indexée la liste de noms des prisonniers du camp réclamés et triés en personne par le commandant du camp Lücke.

Un autre document (voir archive pages 12-13) du *Reichsführer-SS, Hauptamt SS-Gericht* (haute juridiction SS), adressé au *SS-Richter* l'*Ostubaf.* Bender et daté du **25 février 1943**, énonce :

« *Motif : Contrôle et affectation à la troupe d'environ 600 prisonniers condamnés du camp d'application des peines de la SS et de la police de Dantzig-Matzkau vers une formation ou une unité spéciale de la Waffen-SS, dans la perspective d'une opportunité de « mise à l'épreuve ».*

Relation : Courrier référencé dans le Tgb. (journal quotidien) Nr. 312/42 g. (geheim : *secret) du 5. 2. 1943.*

[...]

Cher camarade Bender !

Quant à votre écrit susmentionné, j'indique que le contrôle et l'affectation d'environ 600 prisonniers du camp disciplinaire de la SS et de la police de Dantzig-Matzkau, vers une formation ou une unité spéciale de la Waffen-SS, dans la perspective d'une opportunité de « mise à l'épreuve » a bien été entamée ici, eut égard au cours actuel de la guerre à l'Est, qui rend nécessaire un engagement croissant de toutes les forces disponibles, offrant par là une opportunité toute trouvée de Bewährung *– mise à l'épreuve, en réhabilitation –. Pour un renvoi auprès de la troupe sont uniquement retenus les condamnés qui n'ont pas été exclus de la SS et de la police, c'est-à-dire qui n'ont pas été frappés d'une dite* SS-Ehrenstrafe *– peine infâmante du code de la SS –, ni renvoyés de la police. Ceux-ci devraient être reconduits soit vers leur troupe d'origine, soit dans une unité différente, conformément aux dispositions énumérées dans la partie A II (3) de l'arrêté présent IIIb 320/2 du 12. 11. 41 en relation avec les conditions préalablement déterminées dans la partie A I (1 dernière phrase) et (2) (à des fins de comparaison, se référer aux pages 139 et 140 du recueil d'ordonnances du 30. 10. 42), stipulant qu'une réduction de peine est à mettre en œuvre, plus courte que celle édictée par les hommes de loi* [...] ».

A l'issue de la clarification de questions qui restaient en suspens, les procédures juridiques complexes internes à la SS et les préparatifs d'ordre organisationnel conduisent enfin à la prise de mesures concrètes.

La nouvelle unité prend forme

Au moment de l'écrit envoyé à Bender, donc en février 1943, n'étaient connus ni la formation, ni le cadre d'engagement dans lequel ces *Strafgefangenen* – condamnés – allaient devoir combattre plus tard. Ce n'est qu'à la fin de l'été 1943 que la constitution d'un *SS-Fallschirm-Banden-Jäger-Bataillon* prend clairement forme.

Néanmoins, il subsiste des problèmes « d'ordre individuel » dans la sélection au cas par cas des futurs *Fallschirmjäger* car, dès l'été 1943, le *SS-Richter* auprès du *Reichsführer-SS* informe le *Hauptamt SS-Gericht* du fait que seule une petite partie des détenus choisis pour le *Fallschirmjäger-Bataillon* remplissent les exigences physiques dûment requises pour le *Sprungeinsatz* – engagement parachutiste –. Mais Himmler insiste nettement sur sa décision, autrement dit de conduire dans un premier temps tous les détenus disponibles des *SS-Straflager* de Danztig-Matzkau et de Chlum vers le centre de constitution du nouveau bataillon pour, dans un second temps, les incorporer comme *Bewährungs-Schützen* – fusiliers-voltigeurs « en réhabilitation » – au sein des différentes compagnies de fusiliers-voltigeurs-parachutistes.

Sur ce point, il existe un courrier du *SS-Hauptsturmführer* Dr. Wehser, adressé au *SS-Ostubaf.* Burmeister, *Hauptamt SS-Gericht*, du **9 août 1943** :

« *Après consultation, le* Reichsführer-SS *a expliqué que le* Sondereinsatz Beneschau [7] *doit subsister et que, sur demande, pour compléter les hommes mis à disposition du* Reichssicherheitshauptamt – RSHA, département supérieur de sécurité du Reich – *pour ce* Sondereinsatz, *d'autres détenus appropriés pourront venir s'ajouter. Il est demandé à cet effet de préciser les impulsions requises.*

A cette occasion, j'ai instruit le Reichsführer-SS *quant au fait que seule une fraction des hommes – déjà scrupuleusement choisis – se révèle être apte pour ce* Sondereinsatz, *et que les mêmes constats seront sûrement faits lors de la constitution du* Fallschirmjäger-Banden-Btl. *Encore une fois, le Reichsführer-SS reste avec fermeté sur sa décision, à savoir que l'ensemble des condamnés disponibles et transférés à la* Bewährungseinheit – *unité de mise à épreuve – soient tout d'abord affectés au* Fallschirmjäger-Banden-Btl. »

Pas même quatre semaines plus tard, le **6 septembre 1943**, le *SS-Führungshauptamt* (*SS-FHA*) annonce la formation d'un *SS-Fallschirmjäger-Bataillon* (disposition constitutive de la nouvelle unité : I/7592 g.[eheim] v.[om] 06.09.43). Ce bataillon est prévu pour prendre part aux combats de type anti-partisan, auprès de la *Bewährungsabteilung* – détachement de « mise à l'épreuve » – de la Waffen-SS à Chlum, dans le Protectorat de Bohême-Moravie [8]. Le commandant de cette nouvelle unité est désigné en la personne du *SS-Sturmbannführer d. R.* (de Réserve) Herbert Gilhofer.

Le *SS-Fallschirmjäger-Banden-Bataillon* doit être structuré comme suit :

-Un ***Bataillonsstab*** (état-major bataillonnaire) comprenant un échelon de transmissions, un échelon d'agents de liaison-motocyclistes et un troisième échelon de liaison ; une dite ***Abteilung III***, qui est un groupe « juridictionnel » comprenant un juriste, à savoir le *SS-Hstuf.* Dr. Alfred Leschinger, ainsi que des éléments dactylographiques (*Schreibkräfte*, dont la tâche consiste à assurer l'administration et la tenue des actes relatifs aux *Bewährungs-Schützen*) ; une ***Versorgungskompanie*** – compagnie des services – divisée en trois *Staffel* (échelons) : une *Staffel* d'approvisionnement, une *Staffel* médicale et de soins dentaires, et une troisième comprenant des réparateurs/ dépanneurs de véhicules automobiles.

-Trois ***Schützen-Kompanien*** – compagnies de fusiliers-voltigeurs – et aussi une ***schwere Kompanie*** – compagnie lourde, d'armes collectives –, cette dernière s'articulant autour d'une section de mortiers (quatre *schwere Granatwerfer* de 81,4 mm), d'une section de pièces d'artillerie légère (quatre *Fallschirm-Leichtgeschütze-7,5-cm* – pièces légères aéroportées de calibre 75 mm), d'une section de *Flammenwerfer* – lance-flammes – et enfin d'une quatrième section de *sMG* – mitrailleuses –.

-Une ***Feldersatz-Kompanie*** – compagnie de recomplètement – stationnée à Kraljevo.

Concernant le personnel d'encadrement du bataillon, qui est ordinaire et *nicht vorbestraft* – au casier judiciaire vierge –, en l'état du 15 décembre 1943 l'unité prévue de recomplètement des effectifs est le ***SS-Panzer-Grenadier-Ausbildungs- und Ersatz-Bataillon 35*** (*SS-Pz.-Gren.-Ausb.u.E.-Batl. 35).* Pour ce qui est des *Bewährungs-Schützen*, leur unité de recomplètement est la ***Bewährungs-Abteilung Chlum***, détachement de « mise à l'épreuve » de la Waffen-SS stationné à Chlum, la ville où est installé le *SS-Truppenübungsplatz « Böhmen »*, centre d'instruction et de manœuvres de la SS « Bohême ».

Le *SS-Hauptsturmführer* Josef Obermaier, né le 8 janvier 1914 à Oesteringen (dans le Bade), tombera le 25 mai 1944 à Drvar (SS-Nr. 232.946). Photo prise à Kraljevo durant l'instruction au saut.

Constitution de l'unité et instruction d'infanterie

Chlum, de septembre à décembre 1943

La mise sur pied du bataillon s'effectue selon des critères quelque peu différents de ceux en vigueur dans une unité « ordinaire ». Il est intéressant de présenter les récits vécus de quelques anciens membres de ce bataillon, pour dépeindre la situation singulière en cette fin de l'année 1943. Ici, il s'agit sans exception de témoignages de *Kommandierte*, c'est-à-dire des soldats non condamnés mutés « ordinairement », et de *Freiwillige* – volontaires –. Ces hommes proviennent de différentes unités de la Waffen-SS et doivent former le *Rahmenpersonal* – personnel d'encadrement – du nouveau bataillon.

Aux tout premiers jours d'octobre 1943, une quarantaine de soldats issus de la *7. Kompanie* de la *SS-Nachrichten-Ausbildungs- und Ersatz-Abteilung 1 « Nürnberg »* – 1er groupe des transmissions SS d'instruction et de dépôt „Nuremberg" –, ainsi que quelques sous-officiers et hommes de troupe pro-

venant d'autres compagnies de cette même *Abteilung* se mettent en marche pour participer, à Chlum, à la constitution du bataillon de parachutistes SS. Parmi ces nouveaux arrivants, deux sous-officiers sont *SS-Oberscharführer* – adjudant – et deux autres sont *SS-Unterscharführer* – sergent –. Notons que l'un d'eux, un dénommé Lohmann, porte déjà le *Fallschirmschützen-Abzeichen* – insigne de fusilier-voltigeur-parachutiste breveté –. Entonnant d'ores et déjà – avec entrain – le chant des *Fallschirmjäger*, la colonne quitte sa caserne nurembergeoise pour rejoindre la gare, en marchant.

Tous sont de bonne humeur, fiers de devenir bientôt des parachutistes. Le fameux air de ces derniers, *Rot scheint die Sonne*, résonne gaiement en ce petit matin automnal. Le trajet en train doit d'abord les conduire jusqu'à Prague dans un wagon réservé pour eux, en passant par la petite bourgade bavaroise de Marktredwitz dans le Fichtelgebirge [9], Eger (Egra, dans l'actuelle République Tchèque) et Pilsen (Plzeň, à 80 kilomètres au sud-ouest de Prague).

Leonard Schaap, qui durant tout son temps de service au sein du *Nachrichtenzug* – section de transmissions – du bataillon, rédigera son *Tagebuch* – journal de marche quotidien – personnel, relate ses premières impressions alors qu'il se trouve ici en route pour sa nouvelle unité.

« Peu après 6 heures, nous partons « en balade » dans un train de voyageurs tchèque, en direction du sud, et en parlant avec une curiosité croissante du « monde » des Fallschirmjäger. *Où peut donc bien se nicher ce nouveau* SS-Fallschirmjäger-Bataillon, *jusque-là si mystérieux ? Quelles impressions cela procure-t-il de sauter d'une « Ju » [avion de trans-*

Le *SS-Sturmbannführer der Reserve* (*d.R.*) Gilhofer, portant un manteau caoutchouté, entouré de ses camarades (photo de groupe dont est issu le cliché de la page 15).

Le commandant de la *1. Kompanie* de *B-Schützen*: le *SS-Obersturmführer* Fritz Leifheit, né le 22 mars 1920 à Hühnerfeld, dans la Sarre (SS-Nr. 421.076).

Portrait de studio du *SS-Untersturmführer* Hermann Wabersich.

port Junkers 52] et d'être retenu, dans les airs, aux suspentes d'un parachute, avec l'ample coupole de soie au-dessus de sa tête? Sans arrêt, nous guettons les vastes prairies sans arbres, au-dessus desquelles, d'après notre vision « experte » des choses, on ne peut que sauter en parachute. Nos Unterführer *– sous-officiers – s'enferment dans un silence mystérieux.*

Dans le bled paumé d'Olbramowitz[10]*, on peut lire notre première déception sur nos visages, lorsque notre groupe doit être transbordé dans un « express local » datant de la nuit des temps et qui, avec nous dedans, se met alors à pétarader, à carillonner, à siffler… un grand fracas. Toutes les deux minutes, nous marquons un arrêt dans une nouvelle station dans laquelle, avec méthode malgré la présence de deux voies seulement, dans une manœuvre atteignant la demi-heure, le petit train passe d'une voie à une autre avant que tel ou tel wagon soit accroché ou décroché. Lorsque, suivant les ordres venus d'en haut, nous descendons enfin de ce vieux coucou, nous nous imaginons être arrivés au bout du monde. «* Truppenübungsplatz Böhmen *» – centre d'instruction et de manœuvres « Bohême » – est lisible ça et là, sur des panneaux bordant les routes ; ça promet.*

Durant une courte pause-déjeuner à l'auberge « Böhmischer Löwe » – Lion de Bohême – de Seltschan[11]*, quelques* Feldgrauen *isolés portant des pattes de col noires nous confient les premiers détails quant à notre future unité. Pour nous, les jeunes bleus inexpérimentés, rapidement nos oreilles sifflent en entendant non seulement parler de «* Strafeinheit *» – unité disciplinaire –, de bataillon d'hommes « en réhabilitation », d'un transfert à venir, et de bien d'autres choses. Par ailleurs, une fois cette pause terminée, cela ne nous semble pas trop du genre parachutiste de devoir crapahuter encore six kilomètres supplémentaires sous un soleil de plomb, avec nos lourds* Tornister *– havresacs –, sur les routes de Bohême. Puis, nous devons nous installer dans une maison vide, nichée dans un village lui-aussi désert. Visiblement, à cause des tourments de la guerre, les habitants de naguère ont dû être déplacés.* [Il ne se trouvait aucune caserne dans cette zone, pour regrouper les soldats allemands. La population tchèque des lieux avait donc été évacuée de force, sans pouvoir s'y opposer, pour être envoyée vers un nouveau territoire. Ainsi les *Landser* se sont-ils établis dans leurs maisons désertées.[NDA]]

A Groß-Knowitz[12]*, un* Spieß *– adjudant de compagnie – tout ce qu'il y'a de plus typique nous accueille, avec son volumineux carnet de service glissé entre le deuxième et le quatrième bouton du haut de sa vareuse. Dans un joyeux* Sächsisch *(dialecte saxon), il nous éclaire un peu sur la section de transmissions du futur* SS-Fallschirmjäger-Bataillon.

Néanmoins, l'allocution de « bienvenue » du commandant de bataillon, le SS-Sturmbannführer *Gilhofer, est moins sympathique. Ce supérieur se révèle très étonné quand, en réponse à sa première question (à savoir qui parmi nous n'avait encore jamais été jusque-là* vorbestraft *– ayant déjà subi une condamnation –), toutes nos mains se sont levées.*

Avec franchise, sans aucun détour, nous apprenons le caractère « spécial » du bataillon, ainsi qu'un prochain transfert pour la Serbie. Une déception officielle – et unanime – pour nous, les petits nouveaux, car cela équivaut sûrement à rédiger d'emblée notre testament… il faudrait combattre là-bas aux côtés d'une bande de gars « louches », peut-être même malintentionnés ! Le premier à se prémunir face à cet inquiétant « tas de brigands » est l'un des quatre Unterführer *qui, prétendant soudain souffrir d'une diphtérie, déguerpit comme l'éclair.*

*Pour ne rien arranger, au lieu de prendre l'avion, de sauter avec l'ample voilure de parachute, au cours des jours suivants nous sautillons, par ci-par là, dans les champs tchèques : l'*Exerzieren *– les exercices – d'infanterie le plus banal, un clin d'œil désagréable à nos premiers temps passés dans l'armée, écoulés depuis peu, et que nous croyions être de l'histoire ancienne. Il faut assurer le service de garde, assister à divers cours, et même aucun enseignement au* Funken *– radiotélégraphie – ne nous est dispensé. Alors que nous appartenons aux renseignements et transmissions, il n'y a pas l'ombre d'un appareil radio pour nous ici. Néanmoins, nous jouissons d'une maigre consolation : nous allons bientôt partir pour la Serbie où, si tout va bien, nous recevrons là-bas l'instruction tant souhaitée pour devenir Fallschirmjäger. ».*

Un autre membre du personnel d'encadrement du nouveau bataillon, Karl Pichler, qui deviendra plus tard *SS-Oberscharführer* et *Spieß* de la *4. Kompanie*, restitue son vécu dans les mêmes temps :

*« Début octobre 1943, je me propose avec trois autres camarades et l'*Obersturmführer *Fischer pour être transféré du* Gebirgsjäger-Ausbildungs- und Ersatz-Bataillon 6 (Geb.Jg-Ausb.u.E.-Batl. 6) *de la division « Nord », à Salzbourg-Hallein, vers les parachutistes de la Waffen-SS, qui viennent juste d'avoir été créés.*

A la base, nous sommes quatre Unterscharführer *souhaitant retourner auprès de notre ancienne unité, la division « Das Reich ». Hélas, malgré plusieurs tentatives, nous ne parvenons pas à nous extirper des « masses » de l'*Ersatz*, car à l'arrière on manque justement d'instructeurs. En plus, cet été là [1943] tout un bataillon de Musulmans est arrivé à Hallein pour y être instruit, or malgré la présence de quelques interprètes, personne n'est parvenu* *à se comprendre. Bref, pour notre part, la coupe est vraiment pleine...* Sans doute s'agit-il de Bosniaques musulmans de la division des *Waffen-SS* « Handschar » [NDT]

Un jour, l'un des Schreiber *– secrétaire de combat – du bureau du bataillon m'annonce qu'un ordre serait arrivé de « tout là-haut », stipulant que les hommes qui se porteraient volontaires pour les Fallschirmjäger ne seraient pas retenus ici, dans l'*Ersatz, *et que leurs commandants sont priés à les y transférer, si tel était leur souhait.*

D'après la liste qui nous est présentée par la suite, curieusement nous notons qu'il n'est pas recherché d'officiers et de sous-officiers pour le front, simplement des hommes de grade subalterne pour le service intérieur. Toutefois, pas un seul d'entre nous n'a envie de jouer au fourrier ou encore à l'armurier (Waffenwart), *nous décidons par conséquent de nous faire enregistrer comme futurs* Fallschirmwarte *(chargés de l'entretien des parachutes), dans l'espoir bien résolu d'échapper à la routine d'Hallein, et de pouvoir sauter au moins une fois en parachute.*

*Le **7 octobre 1943**, nous nous mettons en marche, quittant l'Ostmark et, trois jours plus tard, nous arrivons à Chlum, près de Seltschan. Nous commençons par nous annoncer au bureau du bataillon, auprès d'un* Spieß *dénommé Hennecke, je crois, bref un nom dans ce genre-là. Plus tard, lors des combats pour le QG de Tito, cet adjudant de compagnie sera blessé (à la tête) et, quelques mois après, il tombera dans le secteur de Kaunas, en Lituanie. Après avoir enregistré nos données personnelles, il nous déclare, en nous pointant du doigt :* « Fallschirmwart 1., 2., 3. *et* 4. Kompanie ». *J'objecte alors que je n'ai encore jamais vu de ma vie un parachute de près (j'espère ainsi pouvoir obtenir, peut-être, une place encore disponible comme sous-officier des troupes), ce à quoi le* Spieß *répond : « Rassure-toi, moi non-plus je n'ai encore jamais posé les yeux de près sur un parachute ».*

Je me dis : « Eh bien, mais dans quel pétrin viens-tu de mettre les pieds ? ». Alors que nous voulons quitter le bureau, nous remarquons par la fenêtre une compagnie de soldats marchant devant la bâtisse. Pendant ce court instant, impossible néanmoins de déterminer l'arme à laquelle ils appartiennent. Nous notons juste qu'ils portent des pattes de col toutes noires, dépourvues des habituelles runes SS argentées. Pas non plus d'insignes de grade, ni de distinctions, aucun d'entre eux ne peut être caractérisé comme chef. La chose me paraît bizarre, je demande donc au Spieß *qui peuvent bien être ces curieux soldats...*

Il répond simplement que ce sont les futurs Fallschirmjäger. Et cette curieuse tenue sans attributs, je désire savoir si c'est en raison d'un éventuel maintien du secret... Le Spieß *est clair : non, cela n'a*

Gilhoher (à gauche) à l'entrée d'un abri en bois baptisé « Else », du nom d'une jeune femme, avec ses camarades officiers le *Hstuf.* Liebermann, l'*Ostuf.* Dr. Herbert von Ehrfeldt et l'*Ustuf.* Krüger. L'homme visible à droite n'appartient pas aux *Waffen-SS*.

Les conceptions du *Reichsführer SS Himmler* quant à l'aptitude requise pour devenir *Fallschirmjäger* – chasseur-parachutiste.

Tous les *Bewährungs-Schützen* ne sont pas aptes au saut en parachute. Comme nous l'avons vu, dès le 9 août 1943, le *SS-Richter beim Reichsführer-SS* a transmis au *Hauptamt SS-Gericht* que seule une petite fraction des détenus sélectionnés s'avèrerait physiquement apte à intégrer un bataillon de *Fallschirmjäger*. Mais ce constat ne dérange pas Heinrich Himmler.

A l'origine, de hautes performances physiques et psychiques étaient requises pour pouvoir intégrer les *Fallschirmjäger*. Comme, au cours de la guerre, les personnels remplissant ces conditions ne sont plus disponibles dans des proportions suffisantes parmi l'*Ersatz*, au vu des lourdes pertes, croissantes, touchant la *Fallschirmtruppe*, le seuil de tolérance des examens médicaux d'aptitude au saut est constamment rabaissé. Or, c'est précisément s'agissant des *Bewährungs-Schützen* de la SS que l'on se montrera plus que généreux ! Dans l'ordonnance écrite de la Waffen-SS du début 1944, on peut lire des choses très étonnantes concernant l'aptitude au saut en parachute :

1. *L'aptitude pour devenir* Fallschirmschütze *est conditionnée à un emploi sans limite dans le cadre du service dans l'infanterie. Suivant la « Directive d'évaluation des capacités au service armé lors des inspections médicales à l'engagement » du 12 août 1942, et en tenant compte de la nouvelle instruction établie par décret le 21 janvier 1944 par le chef du* SS-Führungsamt, Az. *[Aktenzeichen] : 49a – hö., la condition primordiale est d'être* kriegsverwendungsfähig – k.v. *; apte au service armé.*

La conception morale de celui qui se présente comme volontaire pour la Fallschirmtruppe *est à cerner de façon urgente. Elle compense des limites corporelles de petite ampleur.*

2. *Au-delà du qualificatif « k.v. », les exigences suivantes sont à remplir pour les* Fallschirmschützen *:*

a) Taille : de 160 à 185 cm.

b) L'âge maximal des sous-officiers et hommes de troupe est fixé à 30 ans révolus, pour les officiers jusqu'à 35 ans révolus, les dépassements ne sont tolérées que dans des cas exceptionnels.

c) En cas de blessure à la colonne vertébrale, un examen médical minutieux est requis. Une blessure du corps vertébral entraîne l'inaptitude.

d) Le dérèglement de l'appareil de l'équilibre (mal de l'air) entraîne l'inaptitude.

e) Des commotions ou contusions cérébrales requièrent absolument un examen médical détaillé et, suivant les cas, spécialisé.

f) A chaque œil, et sans lunettes de correction, au moins la moitié des facultés visuelles doit être présente, et qui doit pouvoir être compensée intégralement à l'aide de verres.

g) En cas de prothèse dentaire amovible, la fonction masticatoire, sans mordre, ne doit pas être considérablement entravée pour recueillir la ration ordinaire.

h) Le bégaiement entraîne l'inaptitude.

i) Les hernies de toute sorte entraînent l'inaptitude.

j) Le port des effets d'habillement particuliers aux parachutistes ne doit pas être entravé par un anévrisme au cordon spermatique, une tumeur des testicules ou encore une déformation de la cage thoracique.

3. *L'établissement d'un certificat* fliegerärztlich *– de la médecine de vol – n'est pas obligatoire. »*

Naturellement, ces conceptions de la direction SS quant aux aptitudes à remplir pour devenir membre de la *Fallschirmtruppe* ne peuvent pas s'aligner sur celles du commandement des troupes. En outre, jusque là suffisamment d'hommes « utilisables » sont disponibles et un ample tri peut encore être opéré, une sélection dans le cadre de laquelle les *Truppenärzte* – médecins chef de service de corps – procureront une aide non négligeable.

Le Dr. Joseph Goebbels, *Reichspropaganda-Minister*, reçoit à la Chancellerie du Reich plusieurs soldats de la Waffen-SS s'étant particulièrement distingués durant la bataille de Kharkov, en 1943. Sur cette photo, Goebbels serre la main de Hermann Wabersich, à ce moment-là encore *SS-Sturmmann*, futur cadre et officier du *SS-Fallschirmjäger-Bataillon*, et le félicite pour sa conduite courageuse sur le front.

rien à voir avec le secret. Tous les soldats portant un tel uniforme sont des B-Schützen *: des fusiliers appartenant à une unité disciplinaire de « mise à l'épreuve », en « réhabilitation ».*

A ce moment précis, je pense que nous, les quatre nouveaux sous-officiers, avons dû avoir un air des plus ridicules. Des « B-Schützen *», une unité « de mise à l'épreuve »... Franchement, mais où venons nous de débarquer ? Troublé, je m'en vais demander peu après à l'*Ostuf. *Fischer si, de son côté, il avait été mis au parfum : lui-aussi tombe clairement des nues, lorsque je lui raconte cela. Alors, Fischer et nous, les quatre* Uschas*, allons nous présenter sur-le-champ au rapport auprès du* Sturmbannführer *Gilhofer, pour lui expliquer que nous désirons retourner dans nos anciennes unités, auprès de la Das Reich.*

Mais là, nous sommes bien reçus ! A peine avons-nous fermé la bouche, il nous indique sèchement la porte. Droit comme un « i », le commandant nous flanque dehors, nous renvoyant au bureau du bataillon. Il affirme qu'il n'est responsable de rien dans tout ça, qu'il doit juste obéir à un ordre donné, ce qui est aussi valable pour nous. A l'issue de cette franche mise au point, nous pouvons disposer. Nous sommes devenus des Fallschirmjäger.

*Au cours des premiers jours, nous n'avons rien à faire. L'*Ostuf. *Fischer est devenu* Adjutant *– officier adjudant-major du bataillon –. Etant une vieille connaissance, je dois effectuer pour lui quelques déplacements de service* (Dienstreisen). *Autrement, nous sommes tous, nous et ceux qui nous rejoignent peu à peu, dans la catégorie* z.b.V. *(*zur besonderen Verwendung *– d'emploi particulier). Au départ, nous ne disposons même pas d'une* Feldpostnummer *– secteur postal, numéro de poste aux armées –. Notre adresse, c'est « Groß Knowitz über Seltschan bei Beneschau ». Plus tard néanmoins, il nous sera attribué le numéro de Feldpost 15814 A.*

Nous nous étions imaginés tout autrement la constitution d'un bataillon de parachutistes. Ici, il n'y a aucune instruction appropriée pour les futurs sautants. Le fonctionnement d'un parachute ne nous est même pas expliqué, pas non plus le moindre contact avec un avion. »

Le *SS-Sturmmann* Wabersich (au premier plan à droite) avec quelques camarades, hôtes « privilégiés » du couple Goebbels à la Chancellerie. Au milieu, *Frau* Magda Goebbels avec trois de leurs enfants.

NOTES

1. Adenauer avait ainsi réfuté l'accusation qui pesait, depuis 1945, sur tous les anciens membres de la Waffen-SS ; à savoir, d'avoir tous appartenu à une organisation criminelle. Adenauer a donc permis aux anciens soldats de la Waffen-SS n'ayant pas commis de crimes de guerre, de recouvrer individuellement leur honneur – il n'en reste pas moins que, même en ce début du XXIe siècle, de nombreux Allemands rejettent toujours les vétérans cette formation militaire NDA/NDT.
2. Hélas, Siegfried Milius ne précise pas de quelle catégorie de référence il est question dans ce pourcentage... 3% de tous les Allemands ? Des membres de la Wehrmacht ? NDT.
3. Département responsable de la formulation des lois et codes de la SS, établi à la Karlstraße de Munich.
4. Bureau de travail juridictionnel de la SS et de la police appartenant au RSHA.
5. Dans l'actuelle Tchéquie, en tchèque Všestary, à une centaine de kilomètres à l'est de Prague.
6. Allusion au voleur récidiviste décédé sous les coups de ses camarades.
7. « Engagement spécial Beneschau », du nom allemand de la ville tchèque (Benešov) où cette formation spéciale est établie, à une cinquantaine de kilomètres au sud-est de Prague NDT.
8. Actuelle Moravie du Sud, en Tchéquie. Ce protectorat comprend les territoires de la République de Tchécoslovaquie dépecée en 1938-1939 qui, outre la fondation d'une Slovaquie fasciste, n'ont pas été annexés directement par le Reich et les Etats limitrophes NDT.
9. Massif montagneux situé aux actuels confins de la Bohême et de la Bavière.
10. A une quinzaine de kilomètres à l'est de Seltschan.
11. Ou Sedlčani, actuellement petite ville tchèque localisée à une cinquantaine de kilomètres au sud de Prague.
12. En tchèque Kňovičky, à quelques kilomètres au nord de Seltschan.

2 L'HABILLEMENT, L'ÉQUIPEMENT ET L'ARMEMENT

Le très prisé *Fallschirmschützen-Abzeichen* insigne de fusilier-parachutiste breveté.

Brevet de parachutiste du Heer et *Bandenkampf-abzeichen.*

Sur ce *Fallschirmjäger*, on distingue nettement les effets d'équipement constituant son paquetage de combat: « musette à pain » (*Brotbeutel*) à laquelle est accroché un bidon individuel (*Feldflasche*), toile de tente (*Zeltbahn*) roulée et attachée au ceinturon au moyen d'une ou deux courroies de cuir ou de coton filé, bêche pliante (*Klappspaten*) rangée dans son étui de cuir ou de carton compressé, ainsi qu'une baïonnette (*Seitengewehr*) modèle 84/98 (courte). Pas de masque à gaz, de marmite individuelle ni de sac à dos. Afin de pouvoir garder les mains libres, il porte en bandoulière son Karabiner 98k, fusil standard de l'armée allemande.

A l'encontre de l'assertion retrouvée dans différentes publications, comme quoi seuls des insignes du *Heer* (Armée de terre) ont été attribués, il convient de compléter : pour les hommes de la Waffen-SS, des insignes de la Luftwaffe, l'arme assurant la formation, ont aussi été établis. En effet, en raison de l'évolution de la guerre, les imprimés correspondant aux *Fallschirmschützen-Abzeichen* (aussi désigné plus simplement comme *Springer-Abzeichen*) du Heer ne sont pas toujours disponibles ou n'ont pas pu être demandés. Le cas échéant, le *SS-Fallschirmjäger* recevra le *Fallschirmschützen-Abzeichen der Luftwaffe* – insigne de fusilier-voltigeur parachutiste de l'Armée de l'air – ; pour preuve, cet insigne se retrouve sur des photos du temps de l'*Oscha.* Walter Hummel et d'autres soldats de la SS.

L'établissement d'insignes de fusilier-voltigeur parachutiste émanant de deux armes différentes (Armées de l'air et de terre) s'explique aussi par les relations personnelles très tendues entre le Reichsmarschall commandant en chef de la Luftwaffe, Hermann Göring, et le Reichsführer SS Heinrich Himmler. Ces deux Bavarois se méfient l'un de l'autre, briguant les faveurs d'Adolf Hitler. Après l'opération spéciale de « sauvetage » du Duce au Gran Sasso, ces rivalités entre Göring et Himmler se sont encore accentuées, ce qui a conduit plus tard au fait qu'après l'engagement contre Tito sur Drvar, une centaine d'insignes de fusilier-parachutiste breveté du *Heer* seront remis aux officiers, sous-officiers et membres de la *Stabskompanie* du *SS-Fallschirmjäger-Bataillon* y ayant pris part, devant se substituer aux insignes de la « Luftwaffe du gros Göring ».

Le motif de cette mesure inhabituelle est à chercher dans les propos désobligeants de Göring quant au fait que, justement, des membres de la SS (après leur engagement si coûteux, et au final infructueux contre Tito) portent l'insigne de « sa » Luftwaffe. Himmler sera tellement exaspéré qu'il ordonnera la remise de *Fallschirmschützen-Abzeichen* du *Heer* à ses parachutistes SS survivants de Bosnie qui n'en auront pas encore reçus.

La *Sonderbekleidung* (effets particuliers aux parachutistes) portée par les parachutistes SS

Jusqu'à leur transfert à destination de Mataruschka-Banja, les membres du *SS-Fallschirmjäger-Bataillon* sont vêtus de leur habituelle *Felduniform* – tenue de campagne –. Cependant, notons bien encore une fois que les *B-Schützen* ne portent aucun attribut sur leur patte de col SS, simplement une patte noire rectangulaire de chaque côté du col, celle de droite étant dépourvue des fameuses runes tissées « SS » en fil gris clair ou tout autre attribut de patte de col. En outre, ces fusiliers « mis à l'épreuve » ne sont autorisés à porter aucun insigne de grade ou de qualification, ni même de décoration. Dans un premier temps, c'est-à-dire principalement en Bohème, les différents commandements sont occupés temporairement par d'anciens *SS-Führer* et *-Unterführer* (officiers et sous-officiers SS) dégradés, au sein de la troupe en cours de constitution. Pour eux, le signe distinctif de leur *Dienststellung* – fonction – consiste simplement en une barre rectangulaire horizontale (*Balken*) pour un commandant de groupe (*Gruppenführer, Grp.-Fhr*), deux pour un commandant de section (*Zugführer, Zug-Fhr*) et trois pour un commandant de compagnie (*Kompanieführer, Kp.-Fhr*). Ces *Balken* (barres, ou bandes de galon) sont cousus au bas de la manche, sur l'extérieur. Cependant, avec l'arrivée progressive de personnels d'encadrement *nicht vorbestraft* – non condamnés –, leurs commandements seront repris par ces derniers, membres ordinaires de la SS, à l'exception toutefois des *Schützen-Kompanien* – compagnies de fusiliers-voltigeurs –, où tout reste inchangé (c'est-à-dire entièrement constituées de *B-Schützen*).

Avec leur transfert pour l'instruction au saut en parachute à Kraljevo, les hommes reçoivent en supplément une « *Fallschirmjäger-Hose* » – **pantalon de saut** – en drap de couleur *feldgrau* (« gris de campagne »). Elle comporte des parties doublées de toile de *Drillich* – tissu croisé – et/ou de soie artificielle, et aussi deux poches de cuisse à ouverture oblique et une petite poche gousset de montre, plus deux poches de derrière, l'une d'elles (aux dimensions plus modestes) servant d'ailleurs à loger le *Verbandpäckchen* – paquet de pansement – sur le pantalon de saut du modèle de 1938. Sur le modèle suivant, de 1940, les deux poches de derrière ont les mêmes dimensions.

Toutes ces poches sont pourvues de rabats, ceux du devant ferment au moyen de boutons-pression, ceux de derrière grâce à des boutons ordinaires en matière synthétique (plastique ou bakélite). A hau-

Un groupe d'*Unterführer* – sous-officiers des Waffen-SS – durant un cours. Le troisième à gauche est le *Spieß* – adjudant de compagnie – de la *4. (schwere) Kompanie* du bataillon : l'*Oscha.* Karl Pichler. A l'exception de l'homme au milieu, tous portent la combinaison de saut bariolée « *Splitter* et des brodequins de saut. Pour presque tous ces hommes, seule leur coiffure (la *Feldmütze neuer Art*, mais la *Schirmmütze* pour celui au centre) permettent de certifier leur appartenance aux *Waffen-SS*.

teur de chaque genou se trouve une ouverture verticale latérale suivant la couture extérieure du pantalon, qui ferme grâce à trois (puis deux) boutons-pression.

Sa finalité est de permettre au sautant de retirer rapidement la genouillère rembourrée (celle du premier modèle, portée sous le pantalon NDT) une fois l'atterrissage accompli. En outre, sur la jambe droite du pantalon se trouve à l'extérieur une longue poche à rabat fermée par deux boutons-pression (au niveau de l'ouverture latérale décrite juste avant), elle sert à placer le fameux *Fallschirm-Kappmesser* – couteau à lame rétractable – (13), qui est habituellement rattaché par précaution à une dragonne. Les ouvertures du bas de jambe de ce pantalon de saut peuvent être resserrées (légèrement au dessus de la cheville) au moyen de rubans coulissants, permettant de porter le pantalon par-dessus les *Springerstiefel* – brodequins de saut –, sur le principe d'une *Überfallhose* – pantalon assez ample et bouffant –.

Un autre effet incontournable de la *Sonderbekleidung* des parachutistes allemands est, bien entendu, le dit « *Knochensack* » – sac à os –, surnom donné à la **combinaison de saut** des *Fallschirmjäger* de la Luftwaffe. Cette combinaison est portée par-dessus la vareuse de campagne en drap. Il en existe plusieurs modèles successifs: les plus anciens sont en coton croisé serré et imperméable vert chiné (modèles d'essai à deux fermetures à glissière frontales et modèle de 1938), celui de 1940 (dit transitoire) est imprimé vert ou gris chiné et présente quelques améliorations « de confort », comportant toujours une fermeture à glissière frontale (quoique plus courte par rapport au modèle de 1938) et connaît déjà quelques variantes aux bariolures *Splitter* – « éclats » –.

Cependant, dans le dernier modèle de « Knochensack », celui de 1942, le principe d'enfiler la combinaison par les jambes est abandonné et la fermeture à glissière du devant est totalement remplacée par une rangée de cinq boutons en matière plastique. Les combinaisons de ce modèle de 1942 sont bariolées de motifs *Splitter*, et aussi (à partir de la mi-1944) de motifs *Sumpftarn* (« marécage ») offrant un meilleur effet de camouflage grâce à des contours imprimés plus ou moins diffus. Les pans de ce *Knochensack* du dernier modèle peuvent être boutonnés autour du haut des cuisses lors du saut, là-aussi grâce à des boutons-pression. Ses deux poches de poitrine, avec leur ouverture oblique, tout comme celles des hanches (ouverture horizontale), sont pourvues de fermetures à glissière et de rabats. Sur le côté droit de cette blouse du modèle de 1942, légèrement en arrière sur le haut de la cuisse, est cousu un dispositif permettant de loger une *Signalpistole* – pistolet lance-fusées – ou une *Kampfpistole* – pistolet de combat – et, sur le côté gauche, une patte permettant de maintenir le manche du *Spaten* – bêche portative –. Notons qu'en règle générale, le *Spaten* (qu'il s'agisse du modèle droit plus ancien ou celui, pliant, du modèle de 1939 dit *Klappspaten*) est simplement placé dans son étui en cuir, porté au côté gauche du ceinturon (voire, en situation de combat, simplement glissé derrière le ceinturon, comme les grenades à manche, pour un accès rapide).

Sur la poitrine, la combinaison de saut portée par les parachutistes SS peut être parée ou non de l'emblème de souveraineté de la Luftwaffe, en revanche aucun signe distinctif SS, pas même un aigle SS cousu sur le haut de la manche gauche, comme c'est le cas sur la vareuse en drap.

Remarquons qu'une variante spéciale de cette combinaison, aux bariolures dit « *Erbsen* » – petit pois –, motif à l'effet de camouflage très efficace réservé à la Waffen-SS, a belle et bien existé. Attention cependant, car il n'est pas possible d'attester qu'elle ait été portée par les *SS-Fallschirmjäger* à la fin de la guerre.

En tous cas, aucun cliché n'existe à ce jour et les anciens soldats du bataillon interrogés à ce sujet n'en ont aucun souvenir. De telles combinaisons aux bariolures « *Erbsen* » en vente sur les bourses militaires ou aux enchères doivent donc être considérées avec beaucoup de méfiance, a fortiori si elles sont présentées comme ayant appartenu à des *SS-Fallschirmjäger*...

Les « diables verts » de la SS sont coiffés du *Springerhelm* – **casque de saut** – en acier, qui est le casque réglementaire des parachutistes de la Luftwaffe modèle 1938 (dérivé des modèles d'essai de 1936/37), caractérisé par son couvre-nuque quasi-inexistant.

La plupart du temps, la bombe est encore ornée de l'emblème de souveraineté de la Luftwaffe (de nombreux *SS-Fallschirmjäger* choisiront de le retirer NDT). En revanche, elle ne comporte aucune *Sig-Runen* – runes SS –. A des fins de camouflage, l'on y retrouve des réalisations diverses : couvre-casque, bariolures peintes sur la bombe, grillage ou encore filet. Notons par contre que les autres coiffures, notamment le bonnet dit « Schiffchen » ou la casquette modèle 1943 en drap de laine (l'*Einheitsfeldmütze*), portent quant à elle l'aigle SS et le *Totenkopf* (tête de mort), comme dans les autres unités de la Waffen-SS.

Aux pieds, à l'image de leurs homologues de la Luftwaffe, les parachutistes SS enfilent les dits *Springerstiefel* – **brodequins de saut** –, plus précisément ceux du deuxième modèle de *Fallschirmschützen-Stiefel* de la Luftwaffe, conçu en 1941. Une fois que ces brodequins sont trop usés et que des effets similaires ne sont plus disponibles en réserve, le *SS-Fallschirmjäger* portera alors de simples brodequins de marche cloutés (du modèle général), accompagnés de guêtrons en toile de *Drillich* ou en *Segeltuch* – toile à voile – grise ou verte, enfilés autour des chevilles. C'est l'alternative courante aux fameux brodequins de saut. Notons qu'en 1944-45, à des fins d'économie, les bottes de marche en cuir – devenues quasiment emblématiques du soldat allemand – surnommées « *Knobelbecher* » (cornets à dés) ne sont quasiment plus distribuées.

Dans la mesure où ils sont à disposition de l'intendance, on trouve également les lourds *Bergstiefel* – **brodequins de montagne** – des *Gebirgsjäger* de l'Armée de terre (chasseurs alpins de l'armée allemande), dotés d'un ferrage renforcé aux semelles (principalement au moyen de clous « ailes de mouches » et de clous à tête bombée). Très pratiques et robustes en terrain montagneux, rocheux et accidenté, ils sont très appréciés des soldats et sont d'ailleurs souvent retrouvés sur les clichés pris sur Drvar à la fin du mois de mai 1944.

Pour conclure sur l'habillement, notons que les soldats du *SS-Fallschirmjäger-Bataillon* portent, presque jusqu'à la toute fin du conflit, la *Sonderbekleidung* des parachutistes de la Luftwaffe. Dans les dernières semaines de la guerre, au printemps 1945, alors que le manque explose de toutes parts, d'autres effets très divers seront enfilés, ceux qui d'une façon ou d'une autre ont fait leurs preuves, et avant tout ceux qui resteront encore disponibles en ces temps de pénurie croissante et irrémédiable.

A ce moment là, le règlement vestimentaire aura clairement et largement laissé place à l'*Unordnung* – au désordre –, le *SS-Fallschirmjäger* d'avril 1945 portera donc fréquemment une tenue et un équipement des plus hétéroclites.

Au passage, les membres de la *Stabskompanie* – compagnie de commandement – du bataillon, tout comme ses *Führer* et *Unterführer*, portent au bas de la manche gauche de leur *Feldbluse* – vareuse à quatre poches – un *Ärmelstreifen* – une **bande de manche** – en drap brodé portant l'inscription « SS-Fallschirmjäger ». Attention, seule une fraction des soldats du bataillon recevra cette bande de manche. En effet, à cause des lourdes pertes, notamment au sein des compagnies de fusiliers-voltigeurs, et des re-complètements fréquents de personnels qui auront lieu, ces élégants *Ärmelstreifen* « SS-Fallschirmjäger » ne seront pas disponibles en quantité suffisante pour tous les hommes du bataillon. En 1944/45, la pénurie générale de matériels est croissante dans le domaine de

Sur les pages 25, 27 et 28 nous trouvons des cartes de fusilier-voltigeur parachutiste *(Fallschirmschützen-Scheine)* délivrées à trois soldats de la *Waffen-SS*. Tout d'abord, le *SS-Ustuf.* Walter Scheu, Si ces imprimés sont bien tamponnés et parafés par l'administration SS, ils proviennent de la Luftwaffe, comme l'atteste en tête l'emblème de souveraineté de l'Armée de l'air (*Hoheitszeichen der Luftwaffe*).

Fallschirmschützenschein
Nr. 194/44
für SS-Ustuf. Walter Scheu
(Dienstgrad, Vor- und Zuname)
geboren: 22.11.1920
Diensteintritt: 17.4.40
Truppenteil: SS-Fallsch. Jg. Ausb. Ko.
Inhaber ist befördert:
SS-Brigadeführer und Generalmajor der Waffen-SS
(Eigenhändige Unterschrift, Vor- u. Zuname)
Berlin, den 25. Juli 1944
(Ort) (Datum)

l'habillement, a fortiori pour de tels attributs sans utilité pratique, si bien qu'il sera simplement renoncé à certains signes extérieurs, jugés dorénavant quelque peu superflus (Pour plus de précisions sur cette question non tranchée des bandes de manche des *SS-Fallschirmjäger*, voir *Les parachutistes allemands,* Tome III, de K. Veltzé aux éditions Heimdal, page 147 NDT).

Bewaffnung – armement – et Ausrüstung – équipement
individuels des « diables verts » de la Waffen-SS

Outre l'habillement décrit plus haut des *Fallschirmjäger* de la Luftwaffe, toujours à l'image de ces derniers par rapport aux autres formations des *Waffen-SS*, les parachutistes de la *Waffen-SS* jouissent également d'un statut particulier concernant l'armement et l'équipement, dont il sera présenté ici un panorama succinct.

Parmi les outils incontournables du parachutiste allemand, il existe le *Flieger-Kappmesser* – **couteau d'aviateur à lame rétractable** – du modèle de 1937, également appelé *Fallschirm-* ou *Fallschirmjäger-Kappmesser* – couteau de chasseur-parachutiste –, bien qu'au départ il concerne le personnel volant. Sa première version n'est pas démontable, contrairement à la seconde, ce qui facilite le nettoyage et l'éventuel changement d'une lame cassée ou trop usée. Il est doté de plaquettes en bois, toutes les parties métalliques sont blanches, en acier *blank belassen* – chauffées à blanc –.

Sur une variante postérieure à 1941, tous les éléments métalliques de la monture ainsi que la lame présentent un brunissage *tiefblau* – bleu intense –. Les fabricants de ce *Kappmesser* sont principalement des firmes rhénanes de Solingen: Weyersberg, SMF (Solinger Metallwarenfabrik Stocker & Co, RB-Nr. (14) 0/0561/0019), Paul Weyersberg (RB-Nr. 0/0561/0020), Anton Wingen (RB-Nr. 0/0878/0018) et Alexander Coppel (« ALCOSO »).

Ce couteau, manipulable d'une seule main, sert avant tout à sectionner les suspentes, voire le harnais du parachute, en cas d'atterrissage « compliqué » en terrain boisé, immergé, etc. Le dégorgeoir du couteau, appelée en allemand *Dorn* ou encore *Aufreiber*, peut s'avérer fort utile au moment du conditionnement du parachute pour enfiler (lover) les suspentes dans les passants prévus sur le sac à voile. En fait, la lame tout comme le dégorgeoir peuvent servir d'outil, mais aussi d'arme, en cas notamment de *Nahkampf* – combat rapproché –... quoique la bêche individuelle sera certainement privilégiée dans ce terrible cas de figure.

Comme au sein des parachutistes de la Luftwaffe, normalement chaque homme du bataillon est armé d'une *Pistole* – pistolet – automatique de calibre 9 mm. Il s'agit communément des pistolets allemands réputés fiables de modèle Lüger P.08, Walther P.38 et aussi du pistolet belge modèle GP 35 d'Herstal. Lors du saut en situation d'opération, ils emportent avec eux une MP.38 ou 40 (pistolet-mitrailleur Schmeißer approvisionné par un chargeur de 32 cartouches de 9 mm parabellum), bien que l'on trouve fréquemment le plus simple Karabiner 98k (K. 98k) à verrou, conçu par Mauser, en coup-par-coup et à lame-chargeurs de cinq cartouches de calibre 7,92 mm[15].

Fallschirmschützenschein

Nr. 197/44

für SS-Schtz. Johann Linde
(Dienstgrad, Vor- und Zuname)

geboren: 23.7.1926

Diensteintritt: 31.1.1944

Truppenteil: SS-Fallsch. Jg.Ausb.Kp.

Inhaber ist befördert:

am: zum: am: zum: am: zum:

SS-Brigadeführer und Generalmajor der Waffen-SS
(Ausstellende Dienststelle)

(Eigenhänd. Unterschrift, Vor- u. Zuname)

Berlin, den 15. Aug. 1944
(Ort) (Datum)

Lager-Nr. 826 Verlag und Druck: Heß, Braunschweig-München-Berlin 2080 42

La carte de fusilier-voltigeur parachutiste du très jeune *SS-Schütze* Hans Linde.

Page précédente. « *Wache schieben* » – monter la garde –, même ici. Ce *SS-Fallschirmjäger*, le *SS-Sturmmann* Werner Bartels, porte autour du cou le fameux *Patronentragegurt* (ici, une version en toile bariolée « éclats »), sangle porte-cartouches spécialement conçue pour les parachutistes pour contenir les lames-chargeurs du Karabiner 98k. Elle remplace les *lederne Patronentaschen* – cartouchières du modèle général en cuir – glissées au ceinturon, qui n'auraient fait que gêner le sautant une fois son harnais et son parachute enfilés.

Restons sur le *Karabiner* – fusil/mousqueton –, dont une version spéciale a été développée, destinée aux unités spéciales et à des engagements bien déterminés, comme les coups de main aéroportés : il s'agit du Gew.[ehr] 33/40. Conservant le principe du K.98k, il est caractérisé par une crosse repliable. Un système de charnière au niveau de la poignée de la crosse permet de pivoter cette dernière vers le garde-main, après avoir manipulé un petit verrou à vis monté sur la droite de l'arme. Une variante postérieure, elle aussi basée sur le K.98k, permet de désolidariser l'arme en deux parties distinctes: d'un côté le canon avec le fût, de l'autre la crosse, comprenant aussi le bloc-culasse. L'assemblage des deux éléments s'effectue au moyen d'une sorte de système de fixation de baïonnette, plus un levier de verrouillage au niveau de la poignée de crosse. Ces fusils courts « d'essai », fabriqués à petit nombre d'exemplaires, ne joueront aucun rôle dans la dotation des *SS-Fallschirmjäger*.

Toutefois, ils peuvent être à disposition pour des opérations ciblées, de type coup de main, et ce pas que pour les parachutistes. Ainsi, les Waffen-SS dits « *Friedenthaler* » d'Otto Skorzeny l'emploient, de même que d'autres armes spéciales, pour des missions délicates sur les arrières des lignes ennemies. En cas de saut nocturne en parachute, ces armes peuvent rapidement être assemblées, voire équipées de lunettes.

Le pistolet-mitrailleur *erbeutet* – de prise –, rustique et simple d'emploi, de type Sten britannique est occasionnellement employé, équipé d'un *Schalldämpfer* – silencieux –, où encore sa copie de fabrication allemande (la MP.3008, dit « *Neumünstergerät* » ou encore « *Volksmaschinenpistole* »). L'armement des unités de commandos britanniques (qui, dès le début de la guerre, ont conduit des actions brillantes contre le Reich) sert de modèle, avec leurs dagues et armes à silencieux.

A l'image de l'armement d'essai et autres armes spéciales citées plus haut qui ne jouent aucun rôle (ou un rôle dérisoire) dans la dotation du *SS-Fallschirmjäger-Bataillon*, le rare *Fallschirmjägegewehr 42* (FG.42) ; fusil de chasseur-parachutiste modèle 1942. Il n'est manifestement pas en dotation parmi les « diables verts » de la Waffen-SS. Notons que même au sein des divisions de *Fallschirmjäger* de la Luftwaffe, ce FG.42 n'est livré à la troupe qu'épisodiquement jusqu'à la fin de la guerre.

C'est clairement le Karabiner 98k qui reste l'arme d'épaule standard des *SS-Fallschirmjäger*, un fusil très fiable et robuste malgré une cadence de tir réduite. La puissance de feu de l'unité est donc largement rehaussée grâce aux armes collectives

Et, pour finir, la carte *(Fallschirmschützen-Schein)* délivrée au *SS-Oscha.* Walter Hummel.

Page suivante.
Les *Fallschirmjäger* de la Luftwaffe doivent, comme leurs homologues de la Waffen-SS, effectuer le service de planton à Kraljevo ou sur d'autres terrains d'aviation et infrastructures militaires des Balkans. *SS-* et *Luftwaffen-Fallschirmjäger* se partagent donc cette *Wache* ; un devoir que le soldat assimile fréquemment à une corvée. La sentinelle photographiée ici porte un pistolet-mitrailleur, selon toute vraisemblance une MP-40 (du moins possède-t-il un porte-chargeurs prévu pour les munitions de cette arme), un pistolet P.08 dans son étui en cuir et une grenade à manche glissée sous son ceinturon.

de catégorie MG (F.M. et mitrailleuses) et individuelles de catégorie MP (pistolet-mitrailleurs), qui sont automatiques.

A la fin de l'année 1944 apparaît le redoutable StG.44, véritable fusil d'assaut automatique individuel, qui contribuera très nettement à augmenter la puissance de feu des groupes de fantassins. Autrement, le K. 98k sert pratiquement d'arme de référence pour les *Scharfschützen* – tireurs d'élite embusqués – grâce au montage d'un *Zielfernrohr* – lunette à fusil –, dont il existe plusieurs types. A la toute fin du conflit, le K. 98k ne sert guère plus que d'arme de précision dans de nombreuses unités. A des fins similaires, la troupe recevra également le Karabiner 43 (mis au point par Walther) à fonctionnement semi-automatique (issu directement du Gewehr 41 NDT) qui peut être pourvu d'un *Zielfernrohr*, dont il existe aussi plusieurs modèles aux grossissements différents.

Après la reprise de l'unique *SS-Fallschirmjäger-Bataillon* (devenu le «600») par les *Jagdverbände* – « formations de chasse » – du *SS-Obersturmbannführer* Otto Skorzeny le 10 novembre 1944, les hommes du bataillon (jusque-là pas extraordinairement bien lotis en matière d'armement) recevront eux-aussi les armes et équipements les plus actuels et performants, et ce directement des stocks des « *Friedenthaler* ».

Le parc de véhicules du *SS-Fallschirmjäger-Bataillon*, lui-aussi, connaîtra un renouveau essentiel au moment de cette reprise en main par Skorzeny, en vue de redonner une mobilité suffisante au bataillon, mobilité sensiblement diminuée suite aux engagements intenses et variés des mois précédents.

A la toute fin de la guerre, certains parachutistes SS subordonnés aux *Jagdverbände* et autres unités de Skorzeny pour des missions spéciales se verront même distribuer quelques exemplaires du rare Sturmgewehr 1945 (StG.45), fusil d'assaut présentant une amélioration du StG. 44 par l'ajout d'une lunette de visée pour l'engagement de jour et, pour les actions spéciales dans l'obscurité ou en cas de conditions brumeuses, un *Nachtsichtgerät* – dispositif de vision nocturne – équipe ces lunettes ; une véritable innovation technique. Des munitions spéciales et des charges explosives de « plastic » seront aussi à disposition. Encore une fois, la majorité des *SS-Fallschirmjäger* n'aura aucun accès à ces armes novatrices (déjà très rares dans les autres formations, même d'élite).

En cas de combat défensif dans leurs propres positions, ou bien dans le cadre d'irruption dans les lignes ennemies, les *SS-Fallschirmjäger* utilisent les « légendaires » *Stielhandgranaten 24* – grenade à manche modèle 1924 – et les *Eierhandgranaten 39* – grenade à main ovoïde modèle 1939 –, retrou-

(suite page 32)

Ci-dessus.
Instruction à l'emploi du mortier *(8,14-cm-Granatwerfer).* Il s'agit sur ces photos d'un mortier standard, et non pas de la version « légère », avec son tube-canon raccourci, conçue spécialement pour la *Fallschirmtruppe.*

Ci-contre et ci-dessous.
Exercice au mortier de 81,4 mm mais, cette fois, dans sa version « légère » des troupes aéroportées. La longueur de son tube-canon (*Rohr*) est nettement raccourcie, ce qui par contre implique une réduction de la portée de l'arme. L'équipe de pièce (*Granatwerfer-Trupp)* a rapidement installé son mortier raccourci, prêt à l'emploi.

Page suivante, en haut.
Instruction à l'emploi du Maschinengewehr. Ici, trois *SS-Fallschirmjäger* se familiarisant avec un très puissant MG.42, surpassant techniquement tous ses homologues. Il est disposé sur un affût (*Lafette*), passant ainsi de la catégorie de fusil-mitrailleur (lMG) à celle de mitrailleuse (sMG).

Page suivante, en bas.
Des *SS-Fallschirmjäger* – le chef de pièce (*Geschützführer*) et les servants qu'il commande – ouvrent le feu avec un Fallschirm-Leichtgeschütz – *LG-7,5-cm*, pièce d'artillerie légère aéroportée.

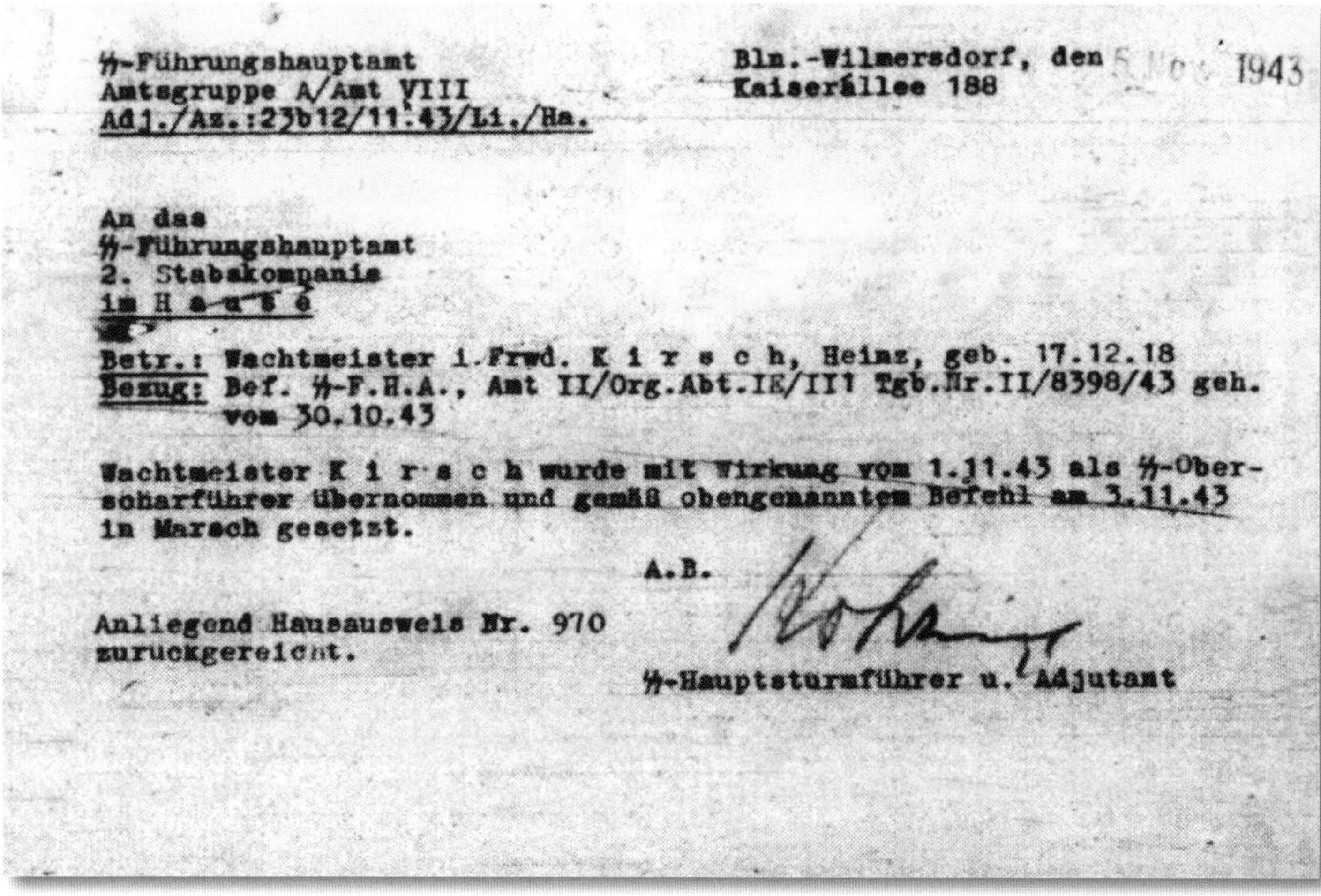

ϟϟ-Führungshauptamt
Amtsgruppe A/Amt VIII
Adj./Az.:23b12/11.43/Li./Ha.

Bln.-Wilmersdorf, den [illegible] 1943
Kaiserallee 188

An das
ϟϟ-Führungshauptamt
2. Stabskompanie
im H a u s e

Betr.: Wachtmeister i.Frwd. K i r s c h, Heinz, geb. 17.12.18
Bezug: Bef. ϟϟ-F.H.A., Amt II/Org.Abt.IE/II1 Tgb.Nr.II/8398/43 geh. vom 30.10.43

Wachtmeister K i r s c h wurde mit Wirkung vom 1.11.43 als ϟϟ-Oberscharführer übernommen und gemäß obengenanntem Befehl am 3.11.43 in Marsch gesetzt.

A.B.

Anliegend Hausausweis Nr. 970 zurückgereicht.

ϟϟ-Hauptsturmführer u. Adjutant

Ci-dessus. Acte de nomination de Heinz Kirsch au grade de *SS-Oberscharführer*, en novembre 1943, par équivalence de celui de *Wachtmeister* (adjudant) qu'il possédait dans la Wehrmacht, au moment de son entrée dans les *Waffen-SS*.

Page suivante. Ce même Heinz Kirsch entre le 4 novembre 1943 au *SS-Lazarett* – hôpital militaire SS – de Berlin. Peut-être fait-il parti de ces cadres réceptifs aux préjugés qui, une fois découverte la nature disciplinaire du *SS-Fallschirmjäger-Bataillon*, se sont déclarés malades pour ne pas rester auprès des *B-Schützen*.

vées abondamment dans toute la Wehrmacht et la *Waffen-SS*.

Pour faire sauter des embrasures et autres accès verrouillés de bunkers, ou encore venir à bout de véhicules fortement blindés, les « diables verts SS » peuvent également employer lesdites *geballte Ladungen* – charges concentrées –, formées à partir de corps de grenades liés ensemble. Certes un expédient « provisoire », mais qui procure l'effet de destruction souhaité.

Poignard, baïonnette, pistolet, et même (pas moins efficace) bêche portative caractérisent le combat *Mann gegen Mann* – au corps-à-corps –, et ce d'autant plus dans des tranchées étroites ou à l'intérieur de bâtiments.

Les armes collectives et d'appui

Les *MG-Schützen* – servants de fusil-mitrailleur – sont en charge de l'arme collective automatique, qui peut être le MG.34 ou, bien plus puissant et d'emploi plus aisé, le MG.42. Au moment du saut, y compris en engagement direct, les mitrailleurs-parachutistes sautent en général avec ces *Maschinengewehre 34* et *42* (autrement dit, sans les placer dans les conteneurs prévus à cet effet).

Les autres armes (notamment explosifs, grenades, munitions) et matériels lourds (appareils-radio, équipement sanitaire), de même que l'indispensable ravitaillement, sont chargés dans des conteneurs métalliques ou en bois spéciaux, largués au moyen de *Lastenschirme* – parachutes à matériel.

Dans ces conteneurs est aussi rangé le mortier spécialement conçu pour la *Fallschirmtruppe*: le *kurzer 8-cm-Granatwerfer 42* – mortier de 80 mm –, avec son canon d'une longueur raccourcie (74 cm) et un poids total de 26 kg, donc bien plus faible que le mortier de 80 mm dans sa version générale. Les parachutistes du *schwerer Granatwerfer-Zug* – section de mortiers lourds – peuvent employer aisément ces armes, y compris dans des situations et terrains difficiles.

Autre arme encombrante et lourde : le *leichter Flammenwerfer 41* – lance-flammes léger modèle 1941 –, pouvant être porté et manié par un seul homme, et pouvant cracher dix à douze jets de flammes, avec une portée maximale de 30 mètres.

Le *mittlerer Flammenwerfer* – lance-flammes moyen –, atteignant une portée de 60 mètres, doit quant à lui être transporté à l'aide d'un *Karren* – charriot –, étant donnés son poids et ses dimensions.

Notons qu'il n'appartient pas à la dotation normale du *Flammenwerfer-Zug* – section de lance-flammes – ou *-Trupp* – groupe de lance-flammes – du *SS-Fallschirmjäger-Bataillon*. Ce lance-flammes doit d'abord être requis auprès des *Pioniere* – sapeurs – pour ensuite être acheminé jusqu'au lieu où son emploi se révèle nécessaire.

La *schwere Panzerbüchse 41 – 2,8-cm-sPzB.41*, fusil antichar lourd modèle 1941 de calibre 28 mm – est aussi en usage, quoiqu'en petit nombre. Classé parmi les fusils, ce qui est contestable vu sa masse (le tube à lui seul pèse 37 kg), il en existe également une version pour les troupes aéroportées.

Pour le combat antichar, les *Fallschirmjäger* sont dotés à partir du printemps de l'année 1944 des dites *Panzerfäuste*, de redoutables armes individuelles à charge creuse « jetables », autrement dit ne servant qu'une seule fois.

Il existe également le *Raketenpanzerbüchse 54*, plus connu sous le surnom de *Panzerschreck*, qui est un lance-roquettes sans recul inspiré du bazooka américain, également appelé familièrement « *Ofenrohr* » – tuyau de poêle – étant donnée son apparence.

Avec ces deux armes, des succès prometteurs peuvent être escomptés contre des blindés de plus en plus puissants.

Ayant elles-aussi des qualités perforantes, les *Tellerminen* – mines plates antichars – à pression et des *Hafthohlladungen* – charges magnétiques creuses – sont employées, comme les mines magnétiques antichar à charge creuse (HHL3 et HHL3.5) fabriquées jusqu'à l'introduction des *Panzerfäuste*, du début à la mi-1944.

Des grenades à main antichar, distribuées aux troupes terrestres de la Luftwaffe, lesdites *Hafthohlladungen Luftwaffe* – HH (L) – ont été en usage assez bref parmi les parachutistes de la Luftwaffe, sur le front de l'Est.

Cependant, en raison d'un manque de fiabilité dans leur manipulation, elles ont été rapidement retirées et n'entreront jamais en dotation parmi la Waffen-SS.

Pour clore ce panorama sur l'armement, il convient d'évoquer le *Leichtgeschütz LG 1*, ou *7,5-cm-LG 40*, pièce d'artillerie légère de 75 mm conçue notamment par la firme Rheinmetall, une arme en usage dans les *SS-Fallschirmjäger*. Cette version de « canon d'infanterie » a été développée tout spécialement pour la *Fallschirmtruppe*.

Doté de deux pneus de caoutchouc, son affût est en alliage métallique léger, permettant à la pièce de n'atteindre qu'un poids total de 175 kg. Le *LG.40* peut être désassemblé en cinq parties, largables par conteneurs.

En outre, des pièces d'artillerie légères de 100 mm sont aussi en usage parmi les parachutistes allemands (suivant le même principe).

Le *LG.40* tire des *Sprenggranaten* – obus explosifs – de 75 mm, ainsi que des obus de catégorie *Hohlladung* – charge (creuse) perforante – pesant 5 kg, pour une utilisation anti-blindage. Ces obus sont semi-encartouchés.

Le principal inconvénient de cette pièce sans recul est le fort dégagement vers l'arrière de gaz de propulsion au moment du tir, ce qui trahit son emplacement, permettant à l'adversaire de repérer immédiatement où se trouve la pièce d'artillerie légère. Autrement dit, cette faiblesse rend un rapide *Stellungswechsel* – changement de position – absolument indispensable de la part de l'équipe de pièce (quatre hommes).

NOTES

1. Plus exactement *Flieger-Kappmesser*, destiné aux aviateurs aussi bien qu'aux parachutistes NDT.
2. *Reichsbetrieb-Nummer* : numéro de code d'entreprise du Reich, en vigueur à partir de la fin de 1942.
3. Pour les lame-chargeurs du *Karabiner 98k*, il existe un effet d'équipement spécifique aux parachutistes, que l'on retrouve au sein du SS Fallschirmjäger-Bataillon : la sangle porte-cartouches *(Patronentragegurt)* en remplacement des cartouchières en cuir du modèle général NDT.

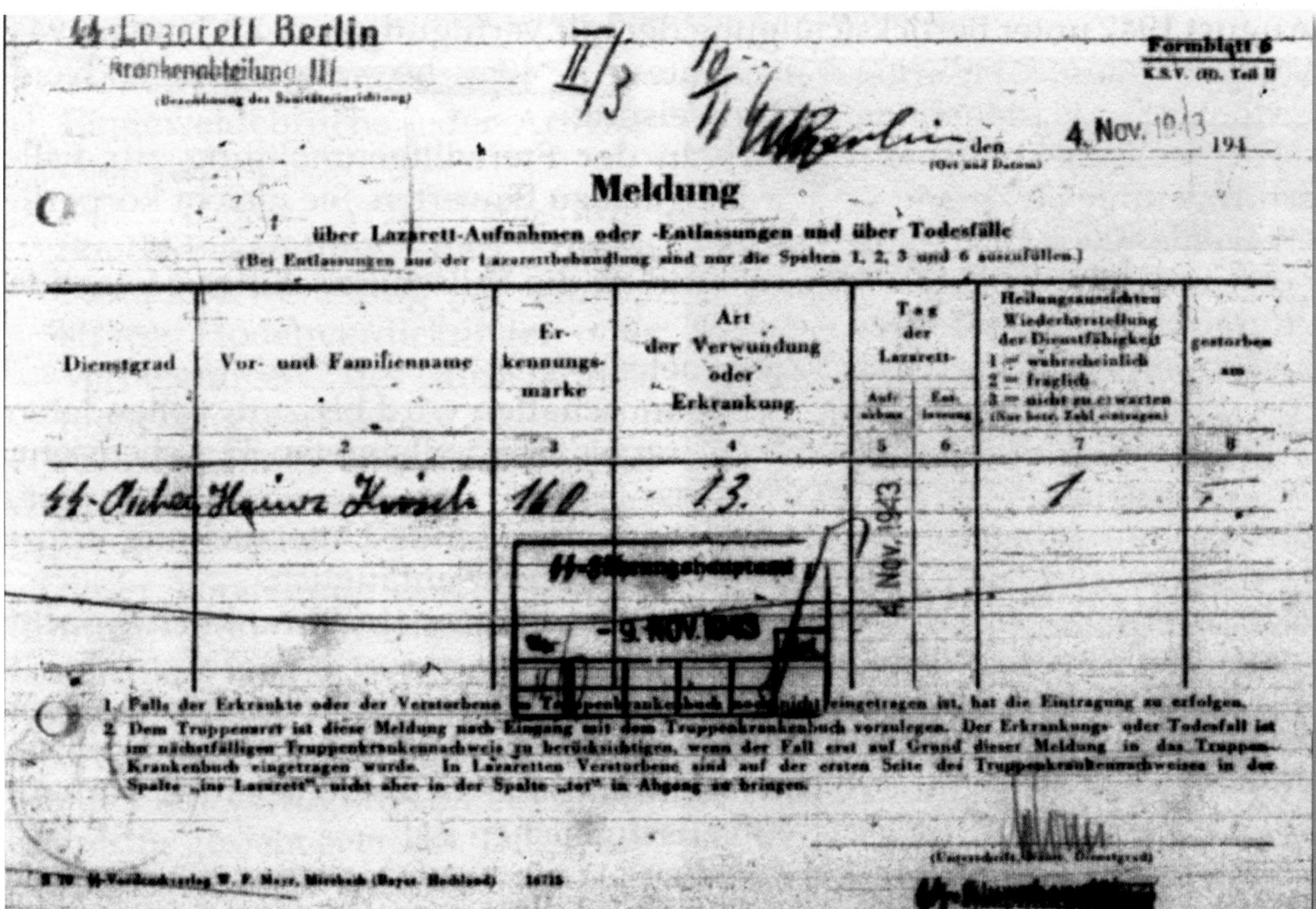

Lazarett Berlin
Krankenabteilung III

Formblatt 6
K.S.V. (H.) Teil II

Berlin den 4. Nov. 1943

Meldung

über Lazarett-Aufnahmen oder -Entlassungen und über Todesfälle
(Bei Entlassungen aus der Lazarettbehandlung sind nur die Spalten 1, 2, 3 und 6 auszufüllen.)

Dienstgrad	Vor- und Familienname	Erkennungsmarke	Art der Verwundung oder Erkrankung	Tag der Lazarett- Aufnahme	Tag der Lazarett- Entlassung	Heilungsaussichten Wiederherstellung der Dienstfähigkeit 1 = wahrscheinlich 2 = fraglich 3 = nicht zu erwarten	gestorben am
1	2	3	4	5	6	7	8
SS-Ober[illegible]	Heinz [illegible]	160	13.	4. Nov. 1943		1	

– 9. NOV. 1943

1. Falls der Erkrankte oder der Verstorbene im Truppenkrankenbuch noch nicht eingetragen ist, hat die Eintragung zu erfolgen.
2. Dem Truppenarzt ist diese Meldung nach Eingang mit dem Truppenkrankenbuch vorzulegen. Der Erkrankungs- oder Todesfall ist im nächstfälligen Truppenkrankennachweis zu berücksichtigen, wenn der Fall erst auf Grund dieser Meldung in das Truppenkrankenbuch eingetragen wurde. In Lazaretten Verstorbene sind auf der ersten Seite des Truppenkrankennachweises in der Spalte „ins Lazarett", nicht aber in der Spalte „tot" in Abgang zu bringen.

(Unterschrift, Name, Dienstgrad)

3 TRANSFERT POUR KRALJEVO ET *SPRUNGAUSBILDUNG**

*** INSTRUCTION AU SAUT**

Une fois l'instruction d'infanterie (plus précisément, de fusilier-voltigeur) terminée, le bataillon quitte Chlum à la fin de novembre 1943, afin d'entamer des instructions supplémentaires, et aussi pour être initié au combat anti-partisan à Mataruschka Banja (Mataruška Banja), située en Serbie occupée, à quelques kilomètres de Kraljevo, au sud de Belgrade. L'instruction pratique au saut en parachute doit être effectuée à la *Fallschirmspringerschule III* – école de saut n° 3 – de la Luftwaffe établie dans cette ville serbe, où jadis les rois de Serbie étaient couronnés. A l'origine, cette *Fallschirmspringerschule III* était installée à Braunschweig, dans le nord de l'Allemagne. Puis, elle a cessé son activité d'instruction là-bas et, à la fin de l'automne 1943, elle a dû déménager pour Kraljevo. Le directeur de cette école est l'*Oberstleutnant* Hoffmann. Les *Ausbilder* – instructeurs, moniteurs – sont tous des *Fallschirmjäger* hautement expérimentés de la Luftwaffe, des « *alte Hasen* » ; des vieux lièvres, ou vieux briscards. Les « diables verts SS » effectueront principalement leurs sauts depuis des Junkers 52 (Ju 52) et des Heinkel 111 (He 111), mais également depuis des Savoya italiens et autres appareils de prise. Leur parachute de référence est le R.Z. 20 (R.Z. étant l'abréviation de *Rückenfallschirm mit Zwangsauslösung* ; parachute de saut dorsal hémisphérique à ouverture automatique). Le premier *Sprung* – saut – est effectué à environ 600 mètres de hauteur, avec des armes factices en bois. Néanmoins, pour les sauts postérieurs, la hauteur de largage diminue progressivement, à chaque fois d'une centaine de mètres environ. Ainsi, pour leur dernier saut, les *SS-Fallschirmjäger* s'élanceront dans le vide à une centaine de mètres seulement au dessus du sol (!), et ce d'autant plus *kriegsmäßig* – en situation de combat –, avec armes et munitions réelles. Dans le cadre de ce saut, il s'agit d'être très rapide, car alors qu'ils sont encore dans les airs, les sautants du bataillon doivent pulvériser à balles réelles des *Pappkameraden* – « camarade de carton », surnom des figuratifs de combattants – placés juste en dessous d'eux, avec leurs fusils et pistolet-mitrailleurs. Un exercice visant à les préparer en cas de mauvaise surprise avant même d'avoir posé les pieds au sol.

Une fois effectués leurs six sauts obligatoires (*Pflichtsprünge*), les élèves peuvent se voir remettre le *Fallschirmschützen-Abzeichen* – insigne de fusilier-voltigeur parachutiste breveté –. La remise de ces insignes est conduite par le *SS-FHA – Inspektion Infanterie*, cependant seuls les membres du bataillon non condamnés (*nicht vorbestraft*), placés dans une position normale, peuvent y prétendre, en aucun cas les *B-Schützen*. D'après les informations rassemblées jusqu'à aujourd'hui, environ 200 insignes du *Heer* (avec les diplômes correspondants) ont été attribués aux soldats du *SS-Fallschirmjäger-Bataillon*, chiffre qui n'est pas non plus certifié.

La *Fallschirmschule III* ne stationnera que pour un laps de temps limité en Serbie occupée. Dès juillet 1944, elle sera transférée en Hongrie, près de la petite ville de Pápa, au sud-ouest de Budapest. Toutefois, en raison de l'évolution du conflit, peu après son arrivée là-bas, elle sera de nouveau déplacée, pour être finalement dissoute un peu plus tard. Le personnel d'instruction retournera en Allemagne, pour y être incorporé dans différentes unités de l'*Ersatz*.

Notons par ailleurs, que les *SS-Fallschirmjäger* formés dans cette école seront constamment jugés par leurs camarades parachutistes de la Luftwaffe comme de remarquables éléments.

Laissons de nouveau la parole à Leo Schaap, membre du *Nachrichtenzug* (section de transmissions) du bataillon.

« *En m'annonçant au bureau* (Geschäftszimmer) *du bataillon le* ***2 novembre 1943****, on me fait part d'une nouvelle prometteuse : notre* Nachrichtenzug *partira en détachement précurseur dès le lendemain matin pour rejoindre notre nouveau quartier serbe. L'*Adjutant *du bataillon, un certain* Obersturmbannführer *Fischer, nous informe sans détours quant aux dangers du voyage, à travers ce territoire aux mains des partisans serbes. Ça donne la chair de poule à certains d'entre nous, tandis que d'autres se voient déjà parader avec l'*EK *– la croix de fer – au retour de leur « voyage ».*

Lourdement chargés avec (en plus de l'équipement habituel) cette fois notre fusil, au soir du ***3 novembre****, nous quittons Seltschan en micheline pour rejoindre Beneschau* [1]*, dont la salle d'attente [de la gare] nous accueille pour notre repos nocturne. Au matin, le trajet reprend en train sur l'une des « grandes lignes » tchèques. Dans le wagon réservé pour notre groupe, la ville de Tabor*[2] *est traversée puis, vers midi, une pause est effectuée à Budweis*[3]*. Quelques uns d'entre nous en profitent pour s'accorder un petit détour par le centre-ville. En fin d'après-midi, nous remontons dans le train et, vers minuit, nous arrivons au* Franz-Josef-Bahnhof *– gare François-Joseph de Vienne –. Dans le foyer du soldat* (Soldatenheim) *le plus proche, nous sombrons peu après dans un sommeil réparateur.*

*Pour nous, les 40 radiotélégraphistes du bataillon, c'est l'*Oberscharführer *Schniedermann qui devient notre commandant de section* (Zugführer)*. Un fonctionnaire des transmissions d'un certain âge, sympathique, avec lequel nous nous entendons très bien. En outre, peu auparavant, dans le Protectorat de Bohême-Moravie se sont joints à nous deux* Unterscharführer *– sergents SS – dénommés Bastian et Willms, un binôme qui nous semble être « hors » plutôt qu' « en » service. Nous passons quatre journées merveilleuses à Vienne. Bien évidemment, au cours de cette brève période, notre* Nachrichtenzug

Durant l'instruction au sol dans la salle d'un centre d'entraînement, suspendu dans le vide à son harnais de parachute (sans la voilure, remplacée par un système de poulie sur rail), un élève s'exerce à la posture requise lors du saut, sous les yeux attentifs du moniteur et de plusieurs camarades. Ayant eux-aussi enfilé leur harnais, ces derniers bordent le tapis d'entraînement, qui a été installé afin qu'une chute inopinée ne soit pas ressentie trop douloureusement.

Ci-dessus. Ces deux futurs parachutistes de la SS (Heinz Jamin à droite) portent avec fierté les *Sig-Runen* – runes SS – sur la patte de col droite de leur vareuse. Le camarade de Jamin porte sur sa poche de poitrine un insigne de performances sportives de la *Hitlerjugend*.

Le *SS-Hauptscharführer* Walter Hummel, né le 29 octobre 1917. D'abord membre du *SS-Regiment « Deutschland »*, vers la fin de la guerre il rejoint le *SS-Fallschirmjäger-Bataillon 500/600*. Notons ses décorations: rubans de l'EK.2 et de la médaille des combats de l'hiver 1941/42 à l'Est, l'EK.1, l'insigne d'assaut, celui des blessés et celui de de fusilier-voltigeur parachutiste de la Luftwaffe breveté sont fixés sur la poche gauche de sa vareuse.

se scinde en plusieurs « groupes d'intérêt ». Pour ma part, du matin au soir, j'arpente la ville en compagnie de mon camarade Jochen Killisch. Ce bon temps s'écoule trop vite, c'est donc l'amertume qui règne lorsque, le ***7 novembre*** *à 19 heures, nous devons quitter la métropole de l'Ostmark* [nom de l'Autriche sous le IIIe Reich NDT] *pour gagner Belgrade, en Serbie occupée, dans un train de permissionnaires. Peu d'entre nous veillent quand, aux alentours de minuit, Budapest est traversée. Avant que les derniers de notre groupe ne se réveillent, nous avons déjà atteint Ujridek (Neusatz)*[4]*, une petite cité frontalière hongroise propre et calme. Une fois passée la frontière, en cette claire matinée de novembre 1943, le petit bout de Croatie que notre train traverse à grand fracas tranche nettement avec la Hongrie si prolifique et féconde.*

Des deux côtés de cette importante ligne ferroviaire, les arbres des espaces boisés bordant la voie ferrée ont été débités afin de dégager la vue et, ainsi, de se prémunir contre toute possible attaque-surprise des partisans. De petits bunkers ont même été bâtis. Les restes de wagons calcinés sont d'autres signes de l'instabilité de la région. Nous longeons aussi des mats télégraphiques « ornés » de partisans pris peu auparavant « en flagrant délit ».

En gare de Semlin[5]*, marquant cette fois la frontière serbo-croate, nos gros fumeurs peuvent bientôt s'acheter des cigarettes avec leurs dinars*[6]*, changés deux heures auparavant. Je dois bien m'avouer déçu en entrant dans la*

La série de photographies de cette page et des suivantes est prise à Kraljevo, durant l'instruction, devant le dépôt d'intendance du bataillon.

capitale de Serbie, Belgrade. La matinée qui débute est arrosée d'une pluie continue, donnant à cette ville pourtant très en vue une apparence grisâtre et sale. Dans les rues, des Serbes criards vantent inlassablement leurs liqueurs, alcools, cigarettes et grappes de raisin. Hélas, les prix sont beaucoup trop élevés, même quasi exorbitants pour nous, qui ne sommes que de petits nouveaux dans ce monde singulier des Balkans.

Dès la fin d'après-midi, nous regrimpons dans le train qui doit nous rapprocher de notre destination, Kraljevo. Dorénavant, on se familiarise avec les coutumes et modes de vie « méridionaux ». Quelques restes épars de toile sur les banquettes du wagon attestent de la présence – jadis ! – de sièges confortablement rembourrés. Du carton a remplacé de nombreuses vitres aux fenêtres, devenues visiblement denrée rare. Quand-même, une douche nous procure le plus grand confort : la pluie ininterrompue s'infiltre par les multiples trous parsemant le plafond du wagon. Rapidement, nous remédions à ces efforts d'hygiène de la part des Serbes à notre encontre – mais non désirés par nous ! – en déployant nos Zeltbahnen *– toile de tente/poncho –. La plupart des usagers du train ne sont pas des experts en propreté, néanmoins ils chantent et bavardent sans arrêt, réchauffant l'atmosphère. Durant la suite du trajet, pas la moindre manifestation des partisans serbes tant craints – auxquels d'ailleurs, au cours de mon séjour de six mois en plein cœur de la Serbie, je ne serai pas une seule fois confronté –.*

Pour accompagner la vareuse à quatre poches en drap (à cinq boutons sur le devant), à l'image de Heinz Jamin le soldat porte souvent le pantalon de forme fuseau et, si disponibles, des brodequins de *Gebirgsjäger* – chasseurs de montagne –, qui s'avèrent pratiques dans l'environnement escarpé, rocailleux, caractérisant les Balkans.

Arrivés dans la petite bourgade de Lapovo[7], apparemment aujourd'hui il n'est pas possible de continuer. On nous informe que Kraljevo n'est cependant plus très éloignée et que le prochain train ne partirait qu'au lendemain matin. Alors, quoi de mieux, dans un premier temps, que de dépenser nos quelques dinars en nous offrant un petit verre ? Puis, nous désirons dormir au moins quelques heures... Tout à coup, nous sommes tirés de ce sommeil par Schniedermann. Serait-ce les partisans ? Non : le Generalfeldmarschall *von Weichs[8] souhaiterait se rendre à Kraljevo, dans sa voiture-salon, en nous prenant comme escorte.*

Nous réservons un deuxième wagon, puis notre attelage ferroviaire démarre dans un sacré boucan. Fantomatique, les paysages serbes défilent sous nos yeux. Postés partout le long de la voie ferrée, les gardes ferroviaires se réchauffent autour de feux de camp. Le ***9 novembre****, vers 9 heures du matin, nous*

Jamin (au milieu) accompagné d'un camarade visible sur d'autres photos et (à droite) d'Edwin Geyer. Ils ne portent que le pantalon de forme fuseau (*Keilhose*) et de lourds brodequins ferrés de montagne, sur le haut desquels sont retroussées leurs chaussettes. Pour le moment, aucun pantalon de saut (*Springerhose*) ni de brodequins de saut (Springerstiefel). Autrement dit, visiblement leur instruction au parachutisme n'est pas encore achevée, peut-être même n'a-t-elle pas débuté... Toujours est-il que le très prisé *Fallschirmschützenabzeichen* n'est visible sur aucun d'eux.

Portrait du *SS-Sturmmann* Heinz Jamin, appartenant aux transmissions du bataillon, coiffé du casque de saut de la Luftwaffe modèle 1938 (présentant des améliorations au modèle d'essai de 1936) et portant une combinaison de saut bariolée (au motif adopté en 1940 par la Luftwaffe). Heinz Jamin est né le 22 octobre 1926 dans le Palatinat, et sera blessé à Drvar le 25 mai 1944. Une fois guéri, il rejoindra le *SS-Fallschirmjäger-Bataillon 600* le 20 octobre, quelques jours avant son 18e anniversaire ! Il recevra l'EK.2, l'insigne d'assaut, l'insigne de parachutiste breveté et l'insigne des blessés.

atteignons exténués Kraljevo. Dans toute la section, personne n'en sait davantage, on dépose donc tout d'abord notre barda à la gare (sous surveillance, bien entendu), pour nous rendre au Wehrmachtsheim *– foyer de l'armée – non loin de là, où nous sombrons dans le sommeil des justes.*

On ne peut pas vraiment dire que nous ayons pu dormir, puisque vers 10 heures nous sommes de nouveau sur pied. En chemin pour la gare, nous pouvons dresser nos premières impressions d'une « typique » bourgade de la campagne serbe. C'est jour de marché. Les gens déambulent, serrés comme des sardines, autour de la grande statue équestre dominant les lieux. Presque toute la population de sexe masculin porte des vêtements du même genre : casquettes marron foncé et autres, manifestement issues d'uniformes. Bien qu'ayant enfilé plusieurs pantalons, par endroits leurs postérieurs sont toujours visibles qui, toutefois, ne se démarquent pas beaucoup de la couleur marron foncé de leurs habits en loques.

C'est la guerre totale, et ici elle est encore plus poussée qu'en Allemagne, avec de larges économies de tissu et de savon ! Les pieds sont presque toujours chaussés de souliers à la poulaine [chaussure longue relevée]. *De leur côté, les femmes sont vêtues de tenues bien plus diversifiées, quoique tout aussi négligées.*

Vociférations et clameurs ininterrompues rendent le moindre mot quasi inaudible. Pêle-mêle, sans aucun ordre et alignement, la foule de commerçants est postée sur la place. Tout s'y vend, de la montre suisse aux boutons craqués, du pain aux fruits à la pomme à moitié pourrie, de la liqueur de cerise au Slibowitz [spiritueux slave sec, proche de la rakia NDT] *et du smoking digne de tailleurs londoniens aux lamentables haillons rapiécés de pantalons. Evidemment, chaque article – de qualité ou non – atteint des prix de luxe ! La plupart des* Landser *– troufions – ne peuvent que jeter un coup d'œil intéressé sur ces produits. Des Tsiganes, rôdant ici et là, aident quelques uns des nôtres à porter leur paquetage.*

*Une fois à l'*Ortskommandantur *– bureau du commandant de cantonnement –, nous sommes salués chaleureusement par l'*Untersturmführer *Schubert, arrivé à Kraljevo quelques jours auparavant. Puis, nous montons dans un énorme diesel, pour le moment unique véhicule disponible, qui nous conduit jusqu'à la petite bourgade thermale de Mataruschka Banja, située à sept kilomètres* [de Kraljevo], *provisoirement la Heimat de notre bataillon.*

Paisible, elle est nichée au milieu des montagnes serbes. Des jardins dépourvus de tout entretien attestent qu'ici, il y a un bon moment, la splendeur avait dû régner.

Les villas donnent une idée de l'allégresse des saisons d'été d'autrefois, et de l'activité passée de l'imposant hôtel dénommé 'Zica' (Žiča NDA), *d'une belle allure architecturale. Comme nous sommes curieux et intéressés, le propriétaire de l'établissement – un homme gros et sympathique – fournit quelques explications.*

Le grand comptoir argenté est couvert de poussière, et le battant de la porte d'entrée, que nous faisons aussitôt fonctionner, ne restitue plus tous les sons. 1940 a été la dernière saison forte. En 1942, les bandes de Mihailowitsch [général nationaliste serbe, un royaliste combattant au départ les forces de l'Axe NDT] *ont occupé la localité ; quelques vil-*

las incendiées et des impacts de projectiles sur les façades témoignent encore de leur expulsion par les Jäger *– chasseurs – des nôtres.*

Notre Nachrichtenzug *cantonne dans la villa dénommée 'Schabkowusch'.*

*Dans un premier temps, c'est l'occupation habituelle des lieux, les différents camarades occupent leur chambre. Comme compagnons « de chambrée », je me retrouve avec deux anciens de la section, Willi Schmitt, un Berlinois de 32 ans, et un Prussien de l'Est du même âge, Edwin Strumski, un type vif et alerte. En outre, Jochen Killisch de Gelsenkirchen (Ruhr), Walter Schneider de Mannheim et Walter Streckfuß (*Mittlerdeutscher *– du centre de l'Allemagne) partagent la même pièce. Nous sommes tombés sur un cantonnement agréable, doté d'un balcon et d'une belle vue. Dans la seconde chambre, nos supérieurs Willms, Bastian et Schniedermann s'installent en remuant pas mal.*

Rapidement, les bistrots du village sont « inspectés », nous y remarquons que le vin et le slibowitz sont certes goûteux, mais onéreux. Nous ne sommes pas seuls ici ; une compagnie de la garde nationale serbe[9] *est chargée du maintien de l'ordre. Face à leurs carabines « préhistoriques » dépourvues de sûreté, avec lesquelles ils ouvrent le feu à la première alerte, nous avons interdiction de sortir dans les rues de nuit.*

Quelques jours plus tard, nous déplorons notre premier blesse, et ce pas à cause des partisans. Notre camarade Heinz Fresdorf, sans arrêt étourdi, portait son pistolet dans sa poche de pantalon et s'est malencontreusement tiré une balle dans le

Heinz Jamin, de la *Stabskompanie* du bataillon, posant devant la baraque servant de dépôt de l'habillement (*Kammerbarracke* est inscrit en caractères gothiques au dessus de l'entrée du bâtiment). Cette compagnie de commandement est constituée d'hommes de la SS mutés ou s'étant portés volontaires pour intégrer le *SS-Fallschirmjäger-Bataillon*, et non pas de *B-Schützen*. Elle regroupe des officiers (*Führer*) et des sous-officiers (*Unterführer*), des instructeurs (*Ausbilder*), des personnels de l'administration, des spécialistes comme les téléphonistes ou les opérateurs-radio, etc.

Ci-dessous.
Devant la même bâtisse, l'*Unterscharführer* ayant fonction de fourrier entouré de ses hommes – qui l'assistent au dépôt d'intendance – connaît déjà les possibilités de « ses » stocks et, sans doute pour cette raison, s'autorise une tenue nettement décontractée. A gauche pose Werner Krüter et, à droite, Edwin Geyer.

La vie à Kraljevo ne suit pas strictement et exclusivement le *Dienstplan* – tableau de service –. Même le sol des plus rocailleux (ici, peut-être les galets tapissant le lit majeur de la Morava) offre toujours l'occasion de briser un peu la routine, qui plus est en agréable compagnie ! Les trois autres *Waffen-SS* visibles à droite, plus en retrait, conservent quant à eux une attitude beaucoup plus sérieuse!

genou – cependant avec une certaine dose de chance – ; il est transporté au Lazarett *– hôpital militaire – de Kraljevo.*

En deux semaines, nous faisons le ménage, amenons du mobilier dans nos logements, remettons en état les poêles, etc. A Ribnica également, un village situé près de Kraljevo, des cantonnements supplémentaires sont préparés, car pour accueillir le bataillon au complet, Mataruschka Banja s'avère être une localité trop petite. On y travaille assez dur, et une nuit sur deux le sommeil de chaque homme est encore réduit avec la mise en place d'un tour de garde de quatre heures. Chaque soir, nous pouvons néanmoins nous décrasser dans les bains du village, alimentés par des sources d'eau chaude sulfureuse. Le ***23 novembre****, tout est prêt. Nous en sommes dès lors à peaufiner les détails de notre futur « domaine ». Les jardins des villas sont remis en ordre, les bassins des poissons rouges curés, et nous refaisons une beauté aux réfectoires. Impatients, nous attendons nos Kameraden, qui doivent arriver d'un jour à l'autre. Nous ne les connaissons d'ailleurs pas plus que ça, ces* B-Schützen *si mystérieux et desquels nous serons, par la suite, si agréablement surpris.*

Au soir du ***25 novembre****, il pleut. Nous sommes assis dans nos* Stuben *– chambrées –, dorénavant si confortables et chaudes, en nous accordant quelques distractions : discussions,* Skat *– jeu de cartes allemand –, échecs, lecture, et que sais-je encore. Subitement, ce calme est interrompu, froidement, par des bruits de moteurs. Devant l'hôtel 'Zica' déboulent les premiers* Kradmelder *– agent de transmissions motocycliste – et Volkswagen. Ils apportent une nouvelle : le premier convoi ferroviaire du bataillon vient d'arriver à Kraljevo, et établira ses quartiers cette nuit ici-même, à Mataruschka Banja. Nous aussi, les membres du* Nachrichtenzug*, nous recevons le renfort de quelques « retardataires ». L'un d'eux s'avère être l'*Uscha. *Herbert Müller, tombé malade en pays tchèque (à Chlum). Nous ne connaissons pas encore la personnalité si « imposante » qui s'éveillera de cet Hanovrien.*

En raison de violents rhumatismes, notre commandant de section, le très apprécié Oberscharführer *Schniedermann, est devenu entièrement inapte au service. Dès lors invalide, il n'est plus que promené ça et là, et doit bientôt nous quitter. Or Müller, qui est le* Dienstältester *– le plus ancien dans le grade – de la section, reprend son commandement le* ***26 novembre****. Nous prenons acte de son premier « sermon » avec un sentiment assez désagréable : « Vous n'êtes encore aucuns soldats, pas même des recrues. A Nuremberg, vous n'avez fait que vous balader.* Ich *– moi ; or ce «* ich *», il insiste très nettement dessus –, je vais tout d'abord m'occuper à fond de votre éducation ! ». Et ce ne sont pas des paroles en l'air ; dès l'après-midi, nous crapahutons dans les champs de maïs bordant le village, et embrassons de très près la « sainte terre de Serbie ».*

Une autre nouveauté ce jour-là : nous allons être inspectés médicalement, pour déterminer l'aptitude de chacun au saut en parachute. Parmi notre section de cinquante hommes des transmissions, dix sont déclarés inaptes au saut. Nous nous sentons extrêmement fiers lorsque, juste après, nous percevons notre habillement de saut, n'en finissant pas de nous étonner mutuellement, une fois que nous les avons enfilés, après avoir surmonté toutes sortes de menues difficultés.

A 22 heures : au lit. A 4 heures du matin en ce ***27 novembre*** *commençant, tout le monde est déjà réveillé. En fait, notre section de transmissions doit débuter son instruction au saut en parachute* (Sprungausbildung), *ensemble avec les soldats de la* 2. Kompanie. *Comme l'*Uscha. *Müller n'a pas la moindre bribe de connaissance quant au parachutisme, son « éducation » tant crainte nous sera épargnée – Dieu merci – pour quelques temps. A 6 heures, deux camions nous emmènent jusqu'au terrain d'aviation de Kraljevo. Aux tout premiers rayons de l'aube, nous mettons pied à terre face aux vastes hangars. Là, nous sommes accueillis par le commandant de la* 2. Schülerkompanie *– compagnie d'enseignement – et affectés aux commandants respectifs de section et de groupe. Mon moniteur est l'*Unteroffizier *– sergent – Wertelberger, un Bavarois, calme représentant de sa ville de Munich. Au cours de cet enseignement qui n'est pas des plus faciles, il nous épargnera tout de même quelques courbatures. On commence avec ladite instruction au sol* (Bodenausbildung) *et le pliage et rangement du parachute* (Fallschirmpacken), *s'étalant sur dix jours. Nous sautons d'avions en bois et depuis l'orifice situé sous le fuselage du He 111*[10], *apprenons à chuter en effectuant des roulades avant et arrière, nous brandillons à la voilure d'exercice et, en guise de « repos physique », nous nous torturons ensuite l'esprit aux quatre étapes du conditionnement du parachute (pliage de la voilure, rangement dans le sac à voile, etc.). Toute cette histoire se répète chaque jour, six heures durant. A la fin, l'*Uscha. *Mül-*

Le *Generalfeldmarschall* von Weichs avec des membres de son état-major sur un bateau. Notez le volumineux porte-documents (*Akten-Tasche*) posé sur une bouée de sauvetage. Von Weichs est le commandant en chef pour la zone d'opérations du sud-est de l'Europe *(OB-Südost)*.

Membres de la section de transmissions (*Fernmeldezug*) de la compagnie de commandement (*Stabskompanie*) occupés à l'entretien et la maintenance des câbles téléphoniques. On reconnaît Helmut Meier (assis à gauche), Werner Krüter (2e à gauche) et, au premier plan portant son *Schiffchen*, Heinz Jamin. Vu l'aspect de la végétation et la tenue décontractée des hommes, ce cliché a dû être pris au printemps de 1944.

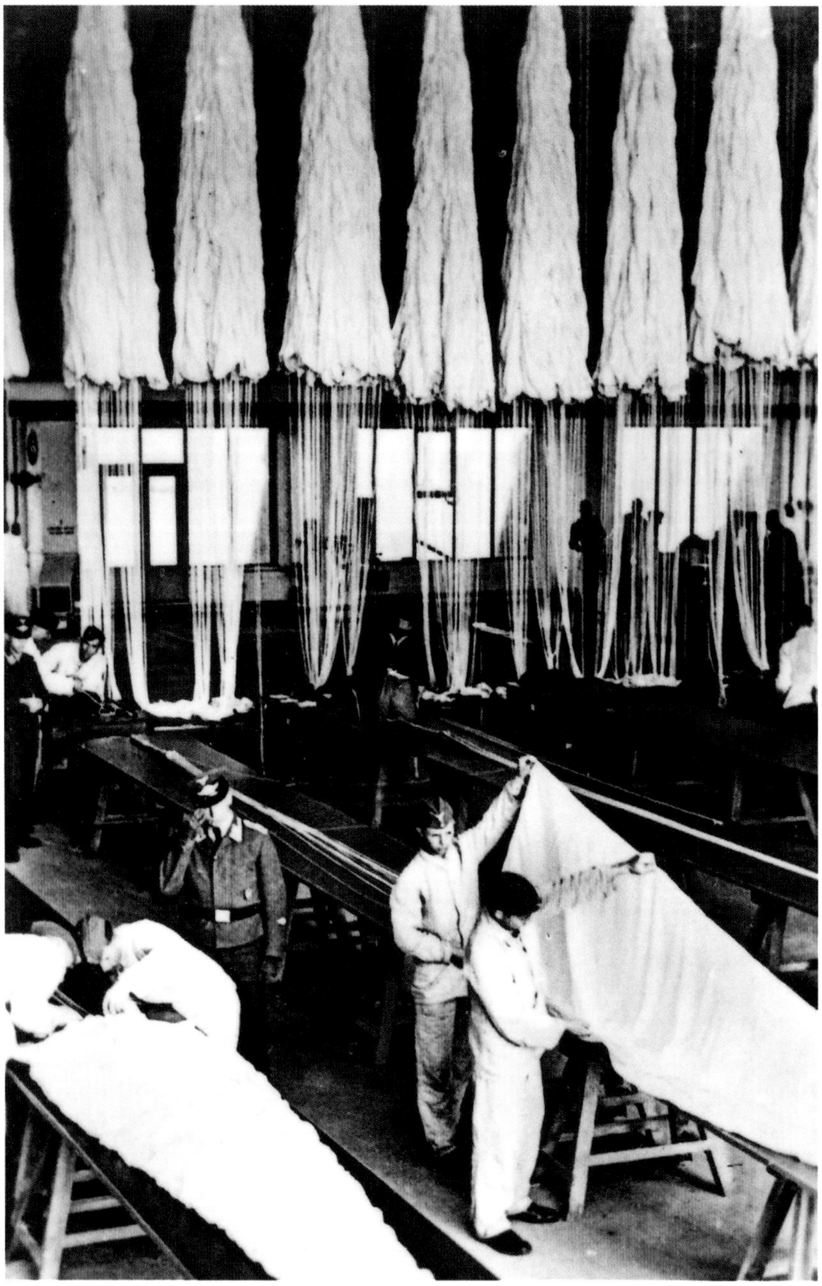

Dans le hangar servant au pliage des parachutes (*Packhalle*). En arrière-plan, les parachutes de saut (*Fallschirme*) sont d'abord suspendus pour être ventilés et séchés. Puis, sur de longues tables de pliage, on voit quelques soldats occupés à les contrôler. La voilure (ou coupole) est encore examinée attentivement, afin d'identifier par exemple d'éventuelles déchirures ou de retirer des corps étrangers qui auraient pu subsister. Une fois seulement que tout est bien *in Ordnung*, la voilure peut être soigneusement pliée selon une stricte et longue procédure, puis rangée dans son sac à voile.

ler lui-même n'a plus aucune envie de poursuivre cette instruction au saut.

Pour la Saint Nicolas, un merveilleux dimanche matin de décembre, nos efforts commencent à porter leurs fruits. La veille, samedi, nous avions préparé nos « propres » parachutes, or maintenant nous marchons avec fierté vers le groupe de Ju 52, sur la piste de décollage. Cependant nous ne sautons pas encore ce dimanche ; comme la plupart d'entre nous n'ont jamais pris les airs, nous devons d'abord effectuer un vol de repérage, à la fois baptême de l'air. Au cours des vingt minutes qui suivent, où nous survolons les montagnes serbes, nous pouvons du moins sentir la mobilité inespérée de ces gros « omnibus volants », pour certains d'entre nous les effets vont même encore un peu plus loin[11]*...*

Le lendemain lundi, c'est un pliage et rangement de la voilure de parachute effectué avec la plus grande minutie car, cette fois, elle va servir pour de bon à notre tout premier saut. Notre moniteur Wertelberger file d'une table de pliage à l'autre, avec des « yeux de lynx », pour contrôler au plus près nos efforts. Au soir, nous jouissons d'un avant-goût de notre premier saut dans le vide. En dépit de l'excitation, de la tension régnantes, nous dormons tous vraiment bien. Qui veut devenir un bon Fallschirmjäger, *doit pouvoir surmonter tous les obstacles.*

Le ***8 décembre****, aux aurores, l'aérodrome grouille telle une fourmilière, alors que notre saut est imminent. Avec leurs élèves, les* Gruppenführer *– chefs de groupe – vont récupérer les parachutes, fin prêts, auprès du* Fallschirmwart *– soldat chargé de l'entretien des parachutes –. Alors que les premiers grimpent déjà dans les appareils, notre «* Gruppe Wertelberger *», qui est l'une des dernières dans la file d'attente, s'assoit avec impatience sur ses sacs à parachute. Non loin, certains pendillent déjà dans le ciel, descendant vers la grande* Übungswiese *– prairie d'exercice –. A chaque passage, l'une après l'autre trois formes semblables à une « saucisse » s'élancent hors de la « Ju » – surnom du Ju 52 –, et une fraction de seconde après se déploie la voilure au dessus de chacune d'elles. Pour ce premier exercice de saut, à chaque passage successif trois hommes sautent l'un derrière l'autre*[12]*.*

Endlich sind wir auch dran! *Enfin c'est aussi notre tour ! Nous récupérons nos parachutes, Wertelberger les ajuste convenablement sur chacun de nous et place le mousqueton de sécurité*[13] *dans notre*

Ci-dessous.
Chaque parachutiste prépare lui-même son parachute, la responsabilité pour sa vie étant ainsi uniquement entre ses mains. D'ailleurs, avec cette étape incontournable et exigeante du *Packen* – rangement –, certains soldats jusque là plutôt étourdis ou négligents deviendront fort pointilleux. Ici, un camarade aide au pliage et un moniteur de la Luftwaffe surveille attentivement chaque geste du plieur. Sécurité (*Sicherheit*) est le mot d'ordre incontournable, il en va de la vie du sautant !

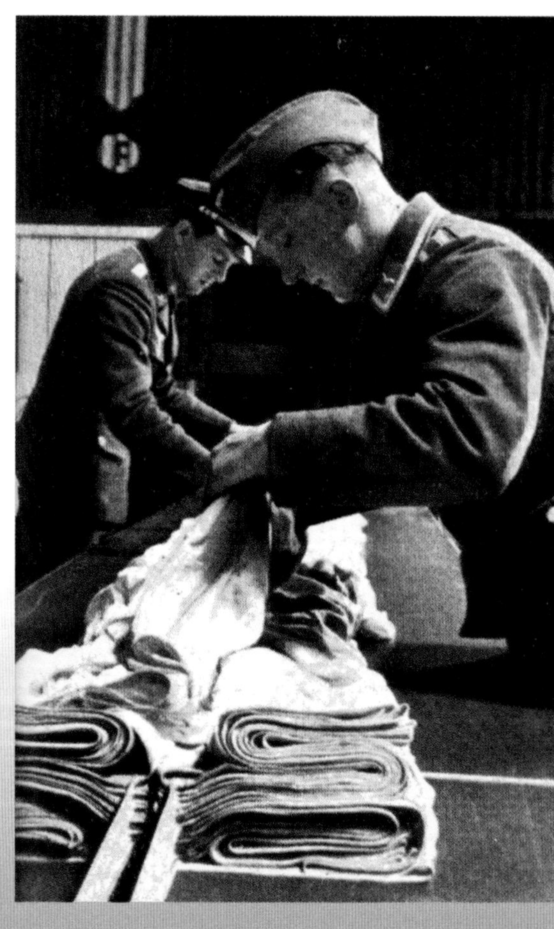

main. Ensuite, en file indienne, nous nous dirigeons vers notre « Ju » et grimpons dedans. Wertelberger est le dernier à prendre place dans l'appareil, près de la porte. Les moteurs se mettent à mugir, nous roulons sur la piste puis, peu après, notre engin se balance dans les airs, au dessus des toits de Kraljevo. Opérant un ample virage, il se retrouve maintenant à proximité de la « prairie de largage »... Je suis parmi le dernier trio à sauter, ce qui va me permettre, avant mon entrée en scène, de considérer l'ensemble avec la tête bien froide.

*Depuis l'avant de l'avion, l'*Absetzer *– le largueur – fait retentir son appel vers l'arrière : « Fertigmachen ! » – Préparez-vous ! –. Tous doivent répéter ce mot, souvent employé lors des exercices. Les trois hommes du premier passage, le* Sturmmann *Bormann en tête, se lèvent avec une tranquillité forcée. Là, Wertelberger accroche personnellement le mousqueton au câble de l'avion. A l'ordre « Fertig zum Sprung ! » – En position ! –, Bormann se dresse devant la porte ouverte, alors que notre « bon vieil oiseau » klaxonne tel un omnibus... Ensuite, ça fait juste wouch- wouch- wouch* [bruit des hommes sautant l'un derrière l'autre hors de l'appareil NDT]... *et nous ne sommes plus que neuf dans l'avion. Chacun est fier que ça se soit bien passé. La « Ju » fait encore deux passages au dessus de la prairie, puis c'est notre tour ! Devant moi s'élance dans les airs l'Allemand des Sudètes Walter Eifler, et juste après moi mon « camarade de chambrée » Strumski. Alors que l'ordre arrive, notre sentiment intérieur d'excitation – que nous dissimulons naturellement – disparaît d'un seul coup. Tous les trois, nous allons effectuer une belle descente.*

A peine passée la porte, un vent glaçant me saisit (la « Ju » vole quand-même à 150 km/h, et nous sommes largués à environ 250 mètres au dessus du sol) et m'aspire violemment vers l'arrière. Je ressens soudain une légère secousse puis, levant la tête, je distingue ma voilure déjà entièrement, majestueusement déployée. Eh bien, je ne regrette vraiment pas tout ce temps éprouvant passé à la préparation. Une sensation tellement merveilleuse, de liberté, d'être suspendu dans les airs. C'est aussi le cas pour les copains, qui me font signe avec euphorie. Les hommes juste en dessous grandissent à vue d'œil, déjà un moniteur hurle : « Encore trente mètres ». J'effectue les mouvements prescrits, car je suis déjà arrivé. Roulade arrière, retirer le harnais, enrouler le parachute. La joie au cœur, on rejoint les autres : nous sommes tous heureux de ce premier saut, qui s'est déroulé si excellemment. Sur la prairie, c'est un brouhaha pareil à un poulailler, chacun veut exprimer avant son interlocuteur ses impressions vécues. Avec le sourire typique de ceux « qui en ont vu d'autres », nos vieux moniteurs nous laissent faire. Tout le monde est bien arrivé au sol, sans accident ; une journée merveilleuse. En retournant avec nos sacs de parachute jusqu'à l'aérodrome,

Instruction à Kraljevo. L'*Ausbilder* – moniteur – désigne l'endroit qu'il faut rejoindre.

Un officier de la Luftwaffe se fait conduire sur l'aérodrome en side-car, sûrement pour inspecter l'instruction des *SS-Fallschirmjäger*.

Ci-contre.
Les hommes marchent jusqu'à l'aérodrome, avec leur combinaison de saut et le harnais de parachute sanglé, mais sans armes.

le chant « Rot scheint die Sonne » se met à résonner fièrement parmi nous. Arrivés là-bas, notre bon Wertelberger nous exprime ses éloges.

Seul un Fallschirmjäger connaît le sentiment procuré en entonnant cet air :

«Rot scheint die Sonne, fertig gemacht!
Rouge, le soleil brille, parés!
Wer weiß, ob sie morgen für uns auch noch lacht.
Qui sait, s'il rira encore pour nous demain.
Werft an die Motoren, schiebt Vollgas hinein,
Moteurs en marche, pleins gaz,
startet los, flieget an, heute geht es zum Feind.
Décollez, vollez, aujourd'hui, droit sur l'ennemi.
/: An die Maschinen, an die Maschinen
Aux avions, aux avions
Kamerad, da gibt es kein Zurück,
Camarade, il n'y a pas de retour,
fern im Osten stehen dunkle Wolken
Au loin, à l'Est, se dressent des nuages sombres
komm mit und zage nicht, komm mit.
Viens et n'aie pas peur, viens.
Donnern Motoren – Gedanken allein Moteurs rugissant – Des pensées seulement.
denkt jeder noch schnell an die Lieben daheim,
Chacun pense vite aux êtres chers, chez lui.
dann kommt, Kameraden, zum Sprung das Signal,
Alors venez, camarades, c'est le signal du saut,
wir fliegen zum Feind, zünden dort das Fanal.
Nous volons sur l'ennemi, y embraser le fanal.
/: Dann wird gelandet, dann wird gelandet,
Alors on atterrit, alors on atterrit,
Kamerad, da gibt es kein Zurück,
Camarade, il n'y a pas de retour,
fern im Osten stehen dunkle Wolken
Au loin, à l'Est, se dressent des nuages sombres
komm mit und zage nicht, komm mit.
Viens et n'aie pas peur, viens.
Klein unser Häuflein, wild unser Blut, Petite notre bande, bouillonnant notre sang,
wir fürchten den Feind nicht und auch nicht den Tod,
Nous ne craignons pas l'ennemi, ni la mort d'ailleurs,
wir wissen nur eines: wenn Deutschland in Not,
Pour nous une chose est sûre:
Si l'Allemagne en danger,
zu kämpfen, zu siegen, zu sterben den Tod. Combattre, vaincre, mourir la mort.
/: An die Gewehre, an die Gewehre,
Aux fusils, aux fusils,

(suite page 49)

Ci-dessous.
Même au sein des *Fallschirmjäger*, sans paperasse ni bureaucratie, «... *rien ne va plus !* ». Pour preuve : un formulaire de demande du 25 mars 1944 de la *4. Kompanie* du bataillon pour vingt parachutes de type RZ. 20, cinq parachutes à matériels (*Lastenschirme*) et huit conteneurs de largage d'armes. Cette feuille est signée de la main du *Spieß* de cette compagnie, le *SS-Oberscharführer* Karl Pichler.

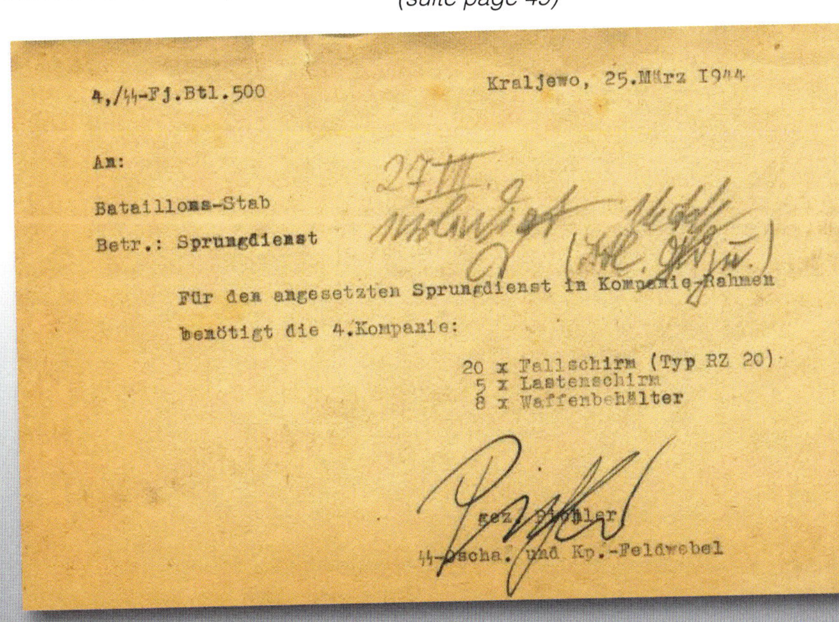

4./SS-Fj.Btl.500 Kraljewo, 25.März 1944

An:

Bataillons-Stab

Betr.: Sprungdienst

Für den angesetzten Sprungdienst im Kompanie-Rahmen benötigt die 4.Kompanie:

20 x Fallschirm (Typ RZ 20)
5 x Lastenschirm
8 x Waffenbehälter

gez. Pichler

SS-Oscha. und Kp.-Feldwebel

1

3

2

4

1. Rassemblement des *SS-Fallschirmjäger* sur le tarmac pour un ultime contrôle avant l'embarquement, effectué par un *Absetzer* – largueur – de la Luftwaffe. Un à un, les parachutistes sont examinés de la tête aux pieds et il sera remédié – si nécessaire – à d'éventuels oublis. Les parachutes, conditionnés, sont fixés au harnais dans le dos de chaque homme. Si les soldats attendent les tout derniers contrôles, l'ambiance ne semble pas pour autant mauvaise.

2. Un groupe pose d'un air téméraire ! Parachutes endossés, gants enfilés, tenant en main gauche l'extrémité libre de la sangle d'ouverture automatique. A gauche, un *B-Schütze* dénommé Scheible. Le même groupe, dont les sous-officiers moniteurs de la Luftwaffe – des « vieux lièvres » – portant le bonnet (surnommé « Schiffchen ») et la vareuse d'aviateur (*Fliegerbluse*) en drap, surveillent les élèves jusque dans les moindres détails.

3. Quelques ajustements de dernière minute avant le signal du départ pour ce parachutiste de la Luftwaffe.

4. Dernier cliché de cette série de l'instruction au saut en terre balkanique. Casque de saut (qui, manifestement, porte encore l'emblème de souveraineté de la Luftwaffe), « sac à os », brodequins spéciaux à lacets et – bien sûr – parachute de saut (*Fallschirm*) endossé sont les signes extérieurs fièrement arborés par ces SS-Fallschirmjäger, un changement bienvenu pour eux par rapport à l'éreintante instruction au sol.

Kamerad, da gibt es kein Zurück,
Camarade, il n'y a pas de retour,
fern im Osten stehen dunkle Wolken
Au loin, à l'Est, se dressent des nuages sombres
komm mit und zage nicht, komm mit.
Viens et n'aie pas peur, viens. »

En trajet de retour aux quartiers, nous entonnons un autre air des Fallschirmjäger :
« Abgeschmiert aus hundert Meter, aus der alten Tante Ju,
Chutant sur cent mètres, depuis la vieille Tante Ju,
/: mit geschloss'nem Schirm zur Erde, da fand eine alte Seele ruh.
sa voilure fermée vers le sol, une vieille âme trouve la paix.
Seine Knochen sind gebrochen und der Schirm liegt obenauf,
Ses os sont brisés, sa voilure flotte au dessus,
/: kommt ein Sanka angekrochen, sammelt seine Überreste auf.
Une ambulance arrive lentement, reccueille ses restes.
Kameraden steh'n im Kreise, schauen sich das Unglück an,
Des camarades l'entourent, regardant le drame.
/: und ein jeder flüstert leise, morgen bist vielleicht Du selber dran.
L'un d'entre eux murmure tout bas : peut-être sera-ce demain ton tour.
Und im Himmel angekommen, steht der Petrus vor der Tür,
Et arrivé au ciel, Saint Pierre à sa porte,
/: bist Du auch ein Fallschirmjäger, kehrt 'marsch marsch von euch ist keiner hier.
T'es aussi parachutiste, demi-tour marche, marche, personne d'entre vous n'est là.
In der Hölle angekommen, steht der Teufel vor der Tür,
Arrivé en enfer, le diable à sa porte,
/: bist Du auch ein Fallschirmjäger, kehrt 'marsch marsch, wir haben Angst vor Dir.
T'es aussi parachutiste, demi-tour marche, marche, nous avons peur de toi. »

Jusqu'au **21 décembre** *sont effectués nos autres sauts, deux d'entre eux depuis un He 111. Le dernier saut, à 80 mètres de hauteur et couplé avec une* Einsatzübung *– exercice de combat –, est examiné sous le regard attentif, critique même, du* SS-Brigadeführer *Klingemann, venu spécialement par avion de Berlin.*

Enfin, nous sommes tous devenus des Fallschirmjäger *dûment formés. Fiers, ce même jour nous rentrons à notre villa 'Schabkobusch', en arrosant l'événement comme il se doit, après avoir fait nos adieux « provisoires » à nos admirables moniteurs.*

« Bon, vous êtes dorénavant des Fallschirmjäger. *Très bientôt, vous deviendrez aussi des soldats », précise le lendemain l'*Uscha. *Müller, refroidissant notre ardeur par son annonce d'une instruction d'infanterie et des transmissions de six semaines, juste après le Nouvel An. Eh bien, ça promet d'être tendu...*

Mais on n'en est pas encore là. D'abord ont lieu les fêtes de « Jul » (célébration germanique du solstice d'hiver) et de Noël. Chaque chambrée déniche un sapin, les paquet-cadeaux sont reçus dans les temps en provenance de nos contrées respectives. Les gratifications de l'armée à notre troupe sont également généreuses ; tout cela nous permet de passer d'agréables fêtes de fin d'année.

Ces courts moments de détente vécus tous ensemble sont aussi renforcés efficacement sous l'impulsion du Hauptsturmführer *Rybka, notre nouveau commandant envoyé par l'état-major. Il vient juste d'arriver et, très vite, il est fort apprécié*

Page ci-contre.
L'un des *SS-Fallschirmjäger* pose en tenue de saut complète, gants de saut et genouillères enfilées. Notons l'absence de coudières et d'épaulières.

Pliées dans leur sac, les voilures sont au sol. Les hommes n'ont ni casque, ni harnais ; ils attendent l'ordre : *« Prenez et endossez vos parachutes ! ».*

L'un derrière l'autre, en longues files, les hommes rejoignent *« in Gänsemarsch »* (en colonne par un) les appareils de transport. Chaque Fallschirmjäger connaît bien cette image, avec la célèbre « Tante Ju » en arrière-plan.

Les *SS-Untersturmführer* Sauder (à gauche) et Wabersich, enthousiastes, devant les hangars de Kraljevo. On notera la signature de Wabersich sur la photo.

Un groupe de parachutistes entièrement équipé pour le saut tactique. Parachutes, armes et appareils sont au sol et, à droite, on aperçoit l'*Absetzer* qui, d'ici peu de temps, conduira les sautants jusqu'aux avions. Ces derniers, en arrière-plan et sur le tarmac, sont prêts au décollage (*startbereit*).

Ci-dessus, de gauche. à droite.
D'un air grave, ce *Fallschirmjäger* (visible sur plusieurs photos précédentes) attend le largage devant le hangar ; son parachute est endossé.

Le commandant de place, les chefs et officiers de l'état-major discutent des derniers détails avant le décollage.

Ci-contre.
Encore une photo de groupe, en souvenir... Pour plus tard, bien sûr, et se remémorer des années après au cours de *Treffen* avec les camarades : *« Dis-donc ! Te rappelles-tu, ce jour-là ? »*. Les hommes sont dotés de combinaisons de saut bariolées (aux motifs de camouflage surnommés *« Splitter »*) de la Luftwaffe, très largement retrouvées chez les SS-Fallschirmjäger.

Ci-contre.
Les officiers assurant le commandement du *SS-Fallschirmjäger-Bataillon 500*. De gauche à droite : l'*Ostuf.* Dr. Helmersen, l'*Ustuf.* Sauder, le *Hstuf.* Obermaier, les *Ostuf.* Mertely et Bertrai et les *Ustuf.* Haselwanter et Wabersich.

Ci-desssous.
Les sacs à parachute sont alignés au sol, certains avec le casque de saut posé par dessus. Notons les sautants s'accordant une « pause » en arrière-plan.

L'*Absetzer*, dans son avion He 111, attend la file de parachutistes, en colonne devant la porte. Ces élèves, ayant encore les fusils factices en bois (*Holzattrapen*), imitant grossièrement la forme du K.98k, sourient devant l'objectif. Le deuxième sautant à gauche est l'*Uscha*. Rudi Drexler.

Embarquement dans la « Tante Ju ». D'un œil de lynx, scrutateur, *l'Absetzer* inspecte une toute dernière fois les élèves. Au vu des casques encore pourvus de l'écu national noir-blanc-rouge, il est peu probable qu'il s'agisse ici de *SS-Fallschirmjäger* (NDT).

pour son sincère esprit de cohésion, de « Kameradschaftlichkeit ». Pour nous, la nouvelle année 1944 débute dans une certaine humidité. Que va-t-elle bien nous réserver ? ».

Instruction exigeante ou *Schleiferei* (dressage) d'un *Unterscharführer* ?

Leo Schaap poursuit : « *A Noël, nous jouissions encore d'une chaleur estivale. Cependant, quelques jours après le paysage serbe est recouvert de neige ; une période de froid amer débute. C'est alors que sont justement lancées les six semaines d'instruction dont l'*Uscha. *Müller nous avait mis en garde. Aux dires de Müller un peu plus tard, nous effectuons là un service tout ce qu'il y a de comparable à celui d'une instruction SS en temps de paix. De 7 heures à 21 heures, le* Geländedienst *– service en campagne – est uniquement interrompu par quelques enseignements à la radio et une pause-déjeuner. La nuit, quelques alarmes nous chassent de nos lits, les dimanches sont marqués par de « sympathiques promenades » démarrant dès 3 heures du matin pour accomplir jusqu'à 40, voire même 50 kilomètres à pied. Chargés (bien sûr) de nos postes-radio, MG et caisses à munitions, nous nous faufilons à travers la région et, à notre retour, on est tellement à bout de forces que l'on a même du mal à aller chercher l'ordinaire à la cuisine.*

Pendant ce temps, au dispensaire, le Sani *– abréviation de* Sanitäter *; infirmier – s'exerce en incisant des ampoules sur les pieds les plus abîmés par les marches. Pas étonnant que nous ne portions pas ce Müller dans notre cœur. J'aimerais toutefois faire remarquer que l'*Uscha. *Müller, jusqu'à sa mort sur le front, se tiendra toujours à nos côtés et qu'une fois*

Le *Springer* – sautant – grimpe dans l'appareil en agrippant les poignées latérales dans chaque main ; c'est pourquoi il a placé sa sangle d'ouverture automatique (*Aufziehleine*) entre ses dents.

Les *SS-Fallschirmjäger* posent avec leurs camarades de la Luftwaffe, devant un He 111 F ou J précoce. Ces derniers (pilotes ou *Absetzer*) sont reconnaissables au pardessus blanc recouvrant leur pantalon. Les hommes sauteront depuis des Ju 52, des He 111 ou encore des appareils italiens Savoia-Marchetti.

Ci-dessus.
Enfin arrive l'ordre « rédempteur »:
« Approchez, montez dans les avions ! »

Ci-contre.
Autre vue d'un élève pénétrant à l'intérieur de l'avion.

Page suivante, en haut.
L'intérieur de ces engins de transport offre peu de place. Les hommes sont assis côte à côte sur les banquettes en toile, tellement à l'étroit que les genoux des camarades de la rangée d'en face viennent quasiment se toucher. Le sourire est encore inscrit sur les visages de ces hommes, bientôt remplacé par une légère tension : *« Donnern Motoren, Gedanken allein... »* dit le chant des *Fallschirmjäger.*

Page suivante, en bas.
L'*Absetzer* de la Luftwaffe, décontracté, jambes croisées, est assis sur son parachute, main gauche sur le harnais. A gauche et à droite du fuselage latéral de l'avion, on distingue les longues banquettes en toile destinées aux sautants. Les ceintures de sécurité pour chaque occupant sont en place. *Alles ist bereit* – tout est prêt.

« son dressage » terminé, le courant passera très bien avec lui. En tous cas, sur le moment, ses satanés ordres doivent être exécutés par l'intermédiaire des Unterscharführer *Willms, Bastian et Ziemer. Le* ***30 janvier 1944*** *voit aussi les premières promotions parmi nous, les jeunes « bleus » de la section de transmissions. Les six soldats les plus « braves » sont nommés* Sturmmann *– caporal de la SS –, sans pouvoir pour autant échapper au temps restant si éprouvant, de calvaire, de ce service en campagne. Quant à Müller, il devient* Oberscharführer, *et Willms et Bormann partent en permission. Or, leur train de permissionnaires sera attaqué par des avions britanniques, c'est dans ces circonstances que l'*Uscha. *Willms sera le premier soldat de notre* Nachrichtenzug *à trouver une « mort de soldat ». Quant à lui,*
(suite page 64)

1

2

1. La hauteur de parachutage est atteinte, la porte latérale ouverte. Dès que le largueur prononce l'ordre « Fertigmachen », le mousqueton de la sangle d'ouverture automatique est accroché au câble de l'aéronef et contrôlé. Puis, quand le largueur annonce « *Fertig zum Sprung !* » (Prêt pour le saut !), le premier homme de la file se place devant la porte, prêt à s'éjecter en effectuant un saut de l'ange. Il n'attend plus que l'avertisseur sonore ne retentisse, qui signifiera « *Raus !* ».
2. Le sautant vient à l'instant de quitter le Junkers par un saut de l'ange. La sangle d'ouverture automatique extrait le sac à voile (*innerer Verpackungsack*) hors du sac du parachute (*äußerer Verpackungsack*). Le sac à voile contient la voilure et les suspentes, ces dernières alors se délovent, se tendent, puis la voilure se déploie en un hémisphère.
3. Cette photo présente avec netteté les différents stades de l'ouverture du parachute. Les sangles d'ouverture automatique, qui relient l'appareil au haut de la coupole du parachute (ou cheminée), restent accrochées à l'aéronef une fois le sautant sorti.
4. Après l'extraction hors du sac à voile de la coupole du parachute, les sangles d'ouverture automatique et le sac à voile précédemment évoqué volètent le long du fuselage de l'avion. Une fois que toute la file de parachutistes s'est éjectée, le largueur ramène les SOA à l'intérieur de l'appareil, car sur le vol du retour, au moment de l'atterrissage, ils pourraient constituer un danger.
5. La sangle relie encore le premier sautant de la file à l'aéronef, tel un cordon ombilical. Quelques fractions de seconde après, elle va provoquer l'ouverture du parachute. Ces *Springer* n'ont pas d'arme et – détail notable – n'ont enfilé aucun casque.

3

4

5

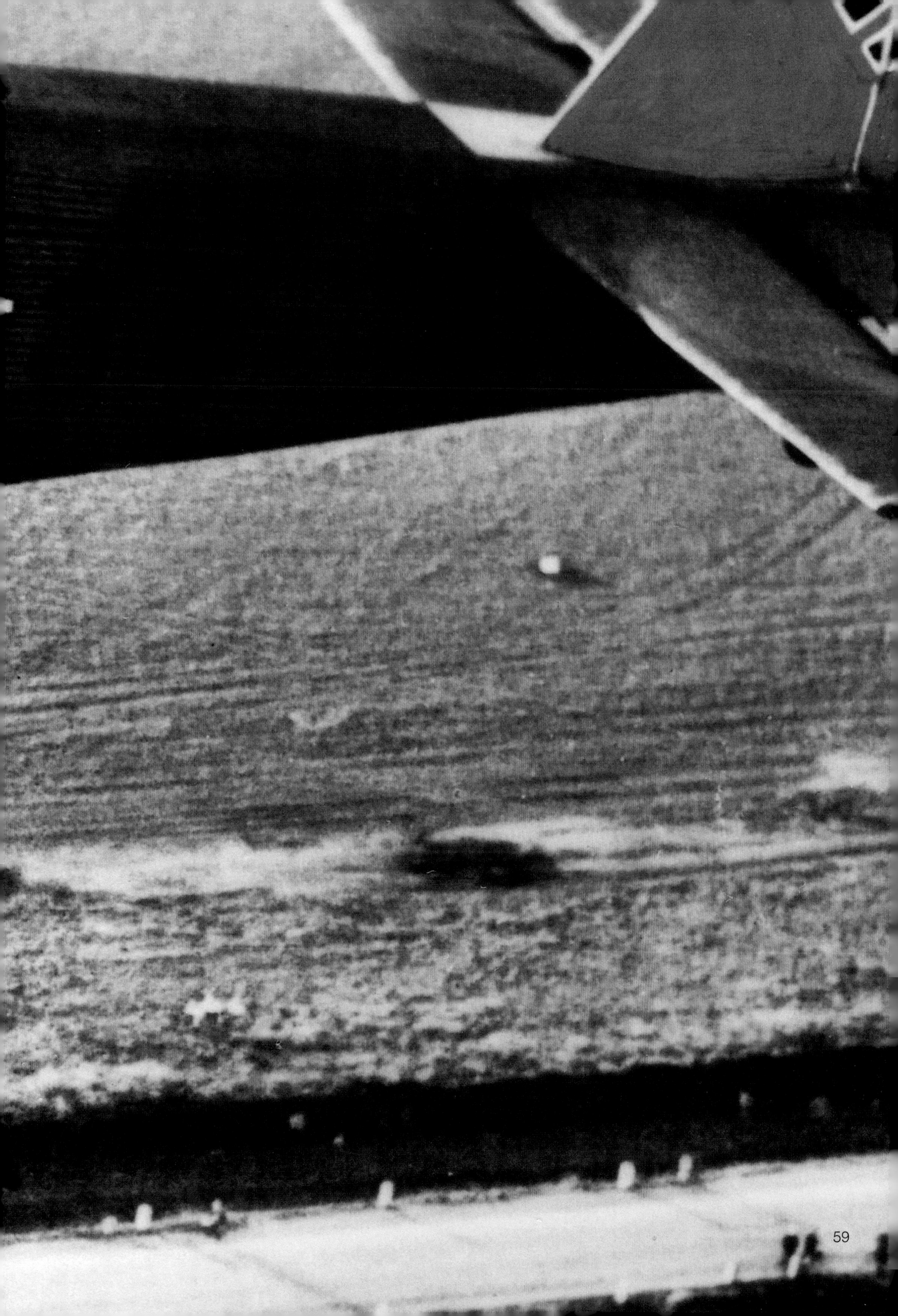

Neuf avions de transport Junkers 52 se rapprochent en formation de la zone de largage.

Trois Heinkel 111 déposent des *Fallschirmjäger* dans le cadre d'un largage en ligne (*Formationssprung*, ou *Reihensprung*). A l'origine, ces He 111 sont des bombardiers bimoteurs, desquels les parachutistes doivent sauter par la baignoire ventrale opérée dans le plancher de l'appareil.

Les hommes de chaque file (aussi appelée câble, en anglais *stick*) doivent s'éjecter le plus vite possible de l'appareil, afin de minimiser l'éparpillement sur la zone d'atterrissage, et de permettre au groupe dans son ensemble d'être très rapidement (et même le plus vite possible!) en état de préparation au combat (*Gefechtsbereitschaft*).

Depuis la tourelle supérieure d'un avion de transport, le photographe a immortalisé l'appareil lui succédant, en plein largage. Volant les uns derrière et à côté des autres, ces Junkers larguent les parachutistes en ligne et en masse.

Heinkel 111 H-2. Ces appareils sont parfois utilisés pour larger les *Fallschirmjäger*. *(profil de Nicholas Gohin, © 2018)*

A l'exception d'un sautant légèrement dispersé (*Ausreißer*), tous les autres ont été largués correctement. Ainsi, une fois le parachute affaissé et rangé, le groupe peut rapidement se rassembler, être prêt au combat (*gefechtsbereit*) et s'adonner à sa mission.

Ci-contre, de haut en bas.
Des *Fallschirmjäger* atterrissant suivant la procédure. En effet, les sautants de cette file touchent le sol à un faible intervalle les uns des autres : leur regroupement n'en sera que facilité.

A peine ont-ils atterri, les élèves (*Sprungschüler*) se regroupent. Ils brassent en hâte les voilures et les rangent en vrac dans leurs sacs à parachute.

En fond de page.
La coupole du parachute visible en arrière-plan est encore entièrement gonflée. Le parachutiste, à quelques mètres seulement du sol, se tient prêt pour l'atterrissage imminent ; un contact parfois très rude. Le parachutiste du premier plan est déjà à terre, sa voilure s'affaisse ; sans doute vient-il d'effectuer sa roulade...

En bas, à droite.
Ce *Springer*, avec sa voilure bien déployée (dont la cheminée est bien visible) juste au dessus de lui, est retenu aux suspentes nettement visibles. Sa vitesse de descente se monte à environ sept mètres par seconde et, suivant les conditions du vent, le sautant oscille plus ou moins fortement. On distingue l'arme du soldat.

Le chant des *Fallschirmjäger (voir à la page 45)*. Notons que, si le chant évoque à l'origine l' « ouest » (*Westen*), d'autres versions postérieures existent, avec l' « est » (*Osten*), ou encore avec « haut dans le ciel » (*fern am Himmel*). Malgré leur appartenance aux *Waffen-SS*, les membres du *Bataillon 500* apprendront avec plaisir ce chant de la Luftwaffe.

Das Lied der Fallschirmjäger

Worte und Musik von Friedrich Schäfer

Rot scheint die Sonne, fertig gemacht,
wer weiß, ob sie morgen für uns auch noch lacht?
Werft an die Motoren, schiebt Vollgas hinein,
startet los, flieget an, heute geht es zum Feind!
In die Maschinen, in die Maschinen!

Kamerad, da gibt es kein Zurück,
fern im Westen *
stehen dunkle Wolken,
komm mit und zage nicht, komm mit!

Donnern Motoren — Gedanken allein,
denkt jeder noch schnell an die Liebchen daheim.
Dann kommt, Kameraden, zum Sprung das Signal,
und wir schweben zum Feind, zünden dort das Fanal.
Schnell wird gelandet, schnell wird gelandet.

Klein unser Häuflein, wild unser Blut,
wir fürchten den Feind nicht und auch nicht den Tod.
Wir wissen nur eines, wenn Deutschland in Not,
zu kämpfen, zu siegen, zu sterben den Tod.
An die Gewehre, an die Gewehre.

le Sturmmann *Bormann sera si grièvement blessé qu'il devra être déclaré inapte au service. En ce* ***début février****, nous n'en avons pas encore fini avec les « nouvelles »… l'*Oscha. *Müller nous informe de l'arrivée d'un* Nachrichtenführer *– un commandant des transmissions – digne de ce nom. L'événement se produit durant un cours de radio : on voit la porte de la pièce s'ouvrir, puis une tête coiffée d'une casquette rivée comme celle d'un portier d'hôtel, avec un visage « crispé » qui fait penser à quelqu'un venant d'avaler une gorgée de vinaigre.*

C'est bien lui, le « nouveau », qui d'ailleurs me demande sur-le-champ pourquoi je ne suis pas rasé. Il se présente : SS-Oberjunker *– aspirant SS sur le rang de* SS-Scharführer *– Haselwanter, détenteur de l'EK. 1 et d'autres décorations. Comme parfois, dans la vie, il peut arriver de se tromper sur le compte de quelqu'un, au début Haselwanter n'est pas vraiment pris au sérieux… Par nous, les gars de la troupe, parce qu'il s'occupe vraiment peu de notre groupe, et par les autres sous-officiers car, venant d'Innsbruck, ce Tyrolien se comporte d'abord de façon distante. L'*Oscha. *hanovrien Müller continue donc de diriger sa troupe sans entrave. En fait, Haselwanter n'apparaîtra que plus tard « au grand jour », à l'occasion de notre soirée indéniablement réussie de* Kameradschaft. *Ce soir-là, il s'adonnera à un joli* Schuhplattler *– danse alpine austro-bavaroise – avec son compatriote, le* Bataillons-Adjutant *Mertely (également originaire d'Innsbruck). Haselwanter se révèlera aussi être un amateur de vin, de musique… et de femmes, comme nous le constaterons par la suite. En tous cas, chez lui sont présentes les qualités fondamentales du soldat, impavidité et vaillance, ce que nous pourrons apprécier plus tard. »*

Impressions du village de Mataruschka-Banja

Karl Pichler, lui-aussi, relate avec précision ses expériences de Mataruschka Banja et de Kraljevo :

« En ***décembre****, nous sommes enfin transférés de Chlum à destination de Mataruschka Banja (Mataruška Banja), près de Kraljevo, en Yougoslavie. Cette localité thermale, où des sources d'eau chaude, riches en souffre, jaillissent du sous-sol, s'appelle en allemand Marienbad. Le village comporte plusieurs bâtisses qui ont dû autrefois servir d'hôtel.*

Nous sommes répartis par compagnies dans ces cantonnements, qui auparavant avaient été « réservés » par notre Vorkommando *– détachement précurseur du bataillon –, arrivé avant nous sur les lieux.*

Juste une courte anecdote [racontée à Karl Pichler], *donnant une idée de l'ambiance caractérisant la région: Un jour, un membre de ce* Vorkommando *s'est rendu dans l'auberge située à l'entrée du village. A peine y a-t-il pénétré, quelques silhouettes vraiment douteuses se sont rapprochées de lui. Il a tout-de-suite tourné les talons pour rameuter des renforts. Une fois de retour à l'auberge avec quelques camarades, ils ont alors demandé qu'on leur présente les* Ausweise *– papiers –. Tout à coup, ces « silhouettes louches » ont renversé la table et commencé à tirer au pistolet sur nos hommes. C'était presque digne d'un western, en plus réel et en plus triste. Les deux groupes se sont échangés des coups de pistolet, ce qui a conduit au résultat prévisible. A l'extérieur, l'un de nos hommes a entendu cette fusillade et couru pour aller prêter main-forte aux autres, quand au même moment les partisans, qui se trouvaient juste derrière la porte, ont levé le pied en hâte pour tenter de disparaître dans la nature. A cet instant précis, alors que notre camarade voulait entrer dans l'auberge, il s'est retrouvé nez à nez avec les armes de poing des partisans, et a été foudroyé à bout portant par plusieurs balles, tué sur le coup.*

C'est le premier mort que le bataillon a dû déplorer face aux partisans yougoslaves. Le groupe avait laissé ses canassons juste devant l'auberge, grâce auxquels il a pu fuir en hâte. L'un des bandits, déjà en selle, a pu être touché par l'une de nos balles, mais ses collègues ont eu le temps de le récupérer.

De nos jours, je ne me souviens plus avec précision si nous avons été envoyés jusqu'en Yougoslavie par train ou en camion… En tous cas, nous nous rendons chaque jour à Kraljevo avec nos propres véhicules, la ville étant distante de quelques kilomètres de nos quartiers, pour effectuer notre Sprungausbildung *– instruction au saut en parachute –.*

Cette école de saut est dirigée par le Ritterkreuzträger (titulaire de la croix de chevalier de la croix de fer) *l'*Oberst *Schulz* (inexact, il s'agit en fait de l'*Oberstleutnant* Hoffmann NDA), *et tous les moniteurs de la Luftwaffe présents là-bas sont des* « alte Hasen », *de « vieux lièvres » qui ont déjà plusieurs sauts derrière eux.*

Comme on peut s'y attendre pour des Fallschirmjäger, *ce sont tous d'excellents camarades, avec lesquels le contact est très vite établi, le courant passe très bien avec eux.*

Là, l'instruction peut enfin commencer : Nous sommes répartis en groupes de dix hommes, chacun recevant à sa tête un Unteroffizier *de la Luftwaffe, moniteur auprès duquel nous resterons jusqu'à l'issue de cette* Sprungausbildung. *Cepen-*

(suite page 67)

Page suivante. Peut-être photographiés au même endroit que la photo du bas de la page 77, deux *Fallschirmjäger* balaient des yeux le terrain, jumelles 6 x 30 en main, pour renseigner les chefs de pièces d'artillerie et de mortiers. Notez les couvre-casques taillés dans de la toile bariolée.

Instruction spécialisée au génie (*Pionierausbildung*), ici avec des explosifs. K.98k en bandoulière, le *Fallschirmjäger* au premier plan tient un pétard explosif de 500 grammes de TNT (TNT-500-Gramm-Block) dans sa main droite. La mèche (*Zündschnur*) sera reliée au détonateur, solidement fixé à l'explosif avec une pince. Le temps de retardement est déterminé par la longueur de la mèche lente (*Zeitzündschnur*).

Un Junkers Ju-52 de la *II./LLG 1* utilisé lors de l'entraînement au saut. *(profil Nicholas Gohin © 2018)*

dant – peut-il en être autrement ? – dans un premier temps c'est la théorie. Nous recevons des cours sur la Fallschirmtruppe, *ses types et techniques de combat. On nous explique que, lors du largage en territoire ennemi, notre plus grand atout est l'*Überraschungseffekt *– l'effet de surprise –.*

Il nous est aussi précisé que plus vite nous sortirions de l'avion, plus l'atterrissage du groupe ou de la section s'effectuerait de façon groupée sur le sol de la zone de largage, réduisant ainsi la dispersion. Si jamais, pour une raison quelconque, un sautant hésitait à s'élancer ne serait-ce que quelques secondes seulement, cela se répercuterait par 40 à 50 mètres d'écart supplémentaire à l'atterrissage [par rapport au chuteur précédent]. *Si cela arrivait, les hommes de la file de saut risqueraient d'atterrir trop dispersés, ce qui peut largement nuire à la force de frappe désirée. D'emblée, nos moniteurs nous mettent au goût du jour, présageant d'une formation difficile. Non, rien ne nous sera épargné, et ce jusqu'à ce que nous atteignons la vitesse, la dureté et l'endurance requises, et même indispensables. Ensuite, on passe au sérieux. Pour l'instruction au sol, nous recevons l'équipement de saut nécessaire. A titre d'exemple, le* Springerhelm *– casque de saut – est différent de notre* Stahlhelm *– casque d'acier – habituel, dépourvu de couvre-nuque. De plus, grâce à ses courroies de jugulaire, il sied très différemment sur le crâne que les autres casques. Nous recevons aussi la* Springerkombination *– combinaison de saut – et des* Springerschuhe *– brodequins de saut –. Ces derniers, à lacets, sont en cuir très souple, à tige haute montant jusqu'à mi-hauteur du mollet, ils présentent également une large semelle. Puis arrive le grand événement, lorsque chaque homme reçoit son propre parachute, un RZ. 20.*

Il faut inscrire son nom sur sa voilure, car chaque soldat s'en trouve intégralement responsable une fois qu'il l'a réceptionnée. Durant toute la durée de l'instruction, il devra en prendre grand soin, la plier, la ranger lui-même, et aussi s'en occuper en situation de saut.

Nous, les élèves-parachutistes, mémorisons les innombrables gestes, étapes et techniques de rangement, afin de disposer et de plier la voilure de telle façon qu'au moment du saut, elle se déplie comme prévu… en vue de nous amener en sécurité, indemnes, jusqu'à la terre ferme. Plus d'un étourdi d'entre nous, qui jusque là ne prenait pas spécialement tout au sérieux dans sa vie, deviendra du jour

Sans doute à Kraljevo durant l'instruction d'infanterie (*infanteristische Ausbildung*). L'instructeur – le seul homme n'ayant pas enfilé de casque – tient en main son pistolet lance-fusées (*Signalpistole*) pour, suivant la mise en situation de l'exercice, envoyer le signal lumineux préalablement convenu. L'armement de ce groupe de *SS-Fallschirmjäger*, des Karabiner 98k et un MG (ici, du modèle 1934), plus sur l'un d'eux des musettes à grenades, est typique d'un groupe normal de *Fallschirmjäger*, très proche aussi de celui de fantassins du Heer. A droite, le long d'une rue, on aperçoit deux enfants qui, d'ici quelques instants, seront tout ébahis face à ces silhouettes guerrières dissimulées derrière le haut mur de briques…

La position du *Springer* juste avant l'atterrissage. Quelques corrections sont effectuées par le moniteur puis, au signal donné, l'élève est brutalement lâché sur les tapis de la salle et doit s'exercer aux roulades. Cela lui donne une idée de la vitesse d'atterrissage, qui entraîne souvent un choc brutal, et où les blessures ne sont pas exclues.

au lendemain un soldat très minutieux, et ce grâce au soin incontournable apporté à son parachute individuel. Notre programme d'instruction démarre tout d'abord au sol, en s'exerçant à la technique du saut par la porte, en fait une vieille « Ju » désarmée. L'on s'entraîne à sauter au sol et aussi en l'air. Nous apprenons l'atterrissage : une roulade avant, une roulade arrière.

En outre, en salle d'entraînement, nous sommes tirés en l'air d'1 mètre 50 à 2 mètres au dessus du sol, retenus par une corde à notre harnais et, dans cette posture, nous oscillons comme le balancier d'une pendule. Le moniteur tient de son côté une sangle en main et déclame : « 40 mètres... 30 mètres... 20 mètres.... 10 mètres.... fertig zur Landung ! – prêt à atterrir – ». A cet instant, il tire sur la sangle, provoquant le décrochage de la corde du harnais, nous dégringolons alors tel un poids mort sur le tapis d'entraînement (die Matte) et effectuons (suivant la direction du vent précédemment annoncée) une roulade avant ou arrière.

Un autre exercice consiste à sauter du sommet d'une tour de 10 mètres en plein milieu d'une bâche de saut, tendue tout en bas par les camarades, afin de se familiariser à l'atterrissage ventral [14].

Encore une technique pour nous habituer à la voilure : un avion Ju 52 dépourvu de surface sustentatrice est immobilisé au sol devant le hangar, sa queue dirigée vers la piste d'atterrissage. Là, avec une voilure d'exercice sanglée à notre harnais, l'on se dispose derrière l'engin, puis le pilote met le moteur central en marche et envoie les gaz. Le puissant souffle d'air animé par l'hélice gonfle la coupole [ou voilure] du parachute et la soulève au dessus du sol, avec nous comme unique point d'ancrage. Ainsi gonflée, elle nous soulève quasiment du sol, puis nous devons détacher nos sangles de poitrine et de cuisse de notre harnais, ce qui laisse la voilure retomber sur elle-même. Ce rigoureux exercice, comme tous les autres, doit être effectué quotidiennement, du petit matin jusque tard le soir ; des exercices qu'il faut sans arrêt recommencer, oui, je dis bien sans arrêt. S'exercer, encore s'exercer, toujours s'exercer ! Notre musculature dans son ensemble doit devenir souple et malléable, car lors du largage l'instant du contact avec le sol est tout sauf délicat. Même équipé d'un parachute, la vitesse de descente atteint 6 à 7 mètres par seconde ; quand en plus un peu de vent souffle, le choc peut être très rude et douloureux.

J'ai toujours été bon sportif. Gymnastique, athlétisme, ski, escalade sur falaise ou même sur la glace étaient mes activités physiques favorites. Mais malgré tout, après une semaine intense de Sprungausbildung, je peux vraiment ressentir jusqu'au moindre de mes muscles. Après deux bonnes semaines, ils sont devenus si souples et malléables que plus rien ne peut m'arriver dans ce domaine.

Une fois accomplies les trois semaines d'instruction au sol, on y est ! Pour la toute première fois, nous sommes autorisés à monter dans l'avion, dans le ventre (si mystérieux pour nous...) d'un véritable Ju 52. C'est le tout premier vol de ma vie. Nous l'avons attendu avec impatience, et le moment est enfin venu. Les hommes grimpent par groupe de dix dans chaque appareil. Ce vol initiatique est effec-

Au moyen d'un escabeau de saut imitant la porte (avec les poignées latérales elles-aussi fidèlement reproduites), la mécanique du saut de l'ange est exercée en plein air. Bras tendus, tête en arrière, regard bien en avant. Ici, cette démonstration, avec une posture exemplaire, est effectuée par un « vieux lièvre » (*alter Hase*), un moniteur.

A droite. D'un œil critique, les *Kameraden* – et leur moniteur posté dans l'angle – observent a posture du sautant qui atterrit au milieu de la bâche de saut.

tué sans endosser le parachute. On appelle cela un « Einweisungsflug » – *vol d'initiation* –. *Bref, il s'agit avant tout de familiariser le futur sautant avec l'impression de « voler ».*

Nous embarquons dans les « Ju » comme on nous l'a appris : Pied gauche sur le bord de l'aile gauche, pied droit dans le coin droit de la porte, en bas. Un bond, et l'on se retrouve déjà au beau milieu de l'engin métallique. Chacun s'installe à la place assignée. Par contre, la porte reste ouverte, le pilote envoie les gaz puis, quelques centaines de mètres plus loin, on se soulève déjà dans les airs.

C'est un sentiment merveilleux, nous sommes tous euphoriques. Par la porte ou les petits hublots derrière nos têtes, nous regardons les gens et les maisons tout en bas : ils deviennent toujours plus petits à mesure que l'avion gagne en altitude. Mais le pilote désire aussi nous montrer que tout ne se déroulera pas toujours « à l'eau de rose », comme nous venons de le vivre durant ces premières minutes.

Une rare bande de manche aux inscriptions brodées ayant appartenu au dernier *Kommandeur* du bataillon, le *SS-Hauptsturmführer* Milius. Comparer avec les conclusions bien différentes de Karl Veltzé, page 147 (voir *Les parachutistes allemands*, tome 3, Éditions Heimdal). Il reste qu'une telle bande de manche, si elle a existé, n'a eu aucun caractère officiel. En outre, l'on ne dispose jusqu'à présent d'aucune photo du temps montrant des paras SS la portant... NDT

Alors il accélère et, soudain, nous n'avons plus aucune prise sur nos sièges. Il faut se cramponner à sa place et à la barre d'appui car, maintenant, la gravité disparaît et il serait fâcheux de devoir se retrouver projeté par la porte, et de planer « comme un ange »... mais sans parachute ! Une fois réalisé cet « Einweisungsflug », *on pourra procéder au premier saut.*

On nous a informé que chacun d'entre nous a droit de décliner trois fois de sauter, mais qu'après le troisième refus, nous pourrions dire adieu pour de bon au rêve d'intégrer les Fallschirmjäger *; ce serait le renvoi à l'unité dans laquelle nous servions avant de nous engager dans la* Fallschirmtruppe. *En tous cas, je ne me rappelle pas qu'un seul membre de notre bataillon ait refusé, ne serait-ce qu'une seule fois, de s'élancer dans le vide. Tous l'ont fait, de notre* Kommandeur *jusqu'au simple soldat. Oui, tous les membres de notre corps de troupe ont effectué les six* Pflichtsprünge – *sauts obligatoires* –.

Avant de commencer le premier saut, les moniteurs nous ont bien conseillés de le savourer le plus possible, car pour les cinq sauts qui suivront, la hauteur nous séparant du sol sera successivement réduite de 100 mètres à chaque fois. Autrement dit, le temps de descente sera, à chaque largage, de plus en plus bref. Une fois passée la porte pour se jeter dans le vide, on tombe littéralement sur 40 mètres de haut avant que le parachute ne s'extraie de son Packsack – *sac* – *et qu'il s'ouvre entièrement* [15]*... si l'on a convenablement disposé les poches d'air en salle de pliage ! Une fois la coupole du parachute bien gonflée, l'on descend tout de même à une vitesse de 6 à 7 mètres par seconde jusqu'à la terre ferme. La hauteur la plus basse pour un* Einsatzsprung – *saut en opération* – *peut parfois n'atteindre que 70 ou 80 mètres (!). C'est-à-dire que, dans pareil cas, le saut ne dure que 8 à 10 secondes à peine.*

Le tout premier saut est effectué à environ 500-600 mètres de hauteur, d'où le conseil bien avisé de nos moniteurs d'en profiter au maximum. A la place de nos fusils et fusil-mitrailleurs, des armes factices en bois nous sont remises, au cas où, pris d'agitation, on laisserait tomber son arme. Mais ça n'arrive jamais, car instinctivement une fois dans le vide chacun se cramponne à quelque chose, y compris à un vulgaire morceau de bois.

Pour le sixième et dernier saut, qui est effectué kriegsmäßig – *en situation tactique* –, *avec armes et munitions réelles sur chaque homme, il nous faut tirer au fusil, pistolet-mitrailleur ou encore au le.MG (!) sur des* « Pappkameraden », *c'est-à-dire des figuratifs de combattants installés en bas ; il s'agit de les « dézinguer » avant même d'avoir posé le pied au sol. Une fois ce sixième saut mené à bien, nous sommes devenus des parachutistes* voll ausgebildet – *pleinement instruits* –, *prêts à être engagés.*

Le ***1er février 1944***, *je suis versé dans la* Feldersatz-Kompanie – *compagnie de re-complètement* – *du bataillon, au sein de laquelle je reçois la fonction de* Zugführer – *commandant de section par interim* –. *Si mes souvenirs sont exacts, le commandant de cette compagnie est à ce moment-là un* Obersturmführer *(un certain Leifheit). Notre* Feld.Ers.-Kp. *établit son cantonnement dans une ancienne école d'agronomie bâtie sur une colline, légèrement à l'écart de Kraljevo.*

En ***mars 1944***, *notre bataillon est engagé dans la lutte anti-partisans. Ce type de combat est vraiment la pire émanation de la guerre* [...] ».

Rectifions brièvement : les *Führer* – officiers – Leifheit, Draeger et d'autres n'intégreront le bataillon de parachutistes SS qu'à la fin du mois de mai 1944. Fin septembre/début octobre 1944, le commandant de la *Feld-Ausbildungs-Kompanie* est l'*Obersturmführer* Josef Harrand, Fritz Leifheit n'accédera que plus tard à cette fonction. A ce moment-là, cette *Feld.Ausb.-Kp.* se trouvera établie dans la ville d'Iglau [16] (corrections apportées grâce à Hermann Wabersich).

Les *B-Schützen* au sein du bataillon

Au tout début, les relations entre les hommes du personnel d'encadrement (ne sortant pas du camp disciplinaire de Matzkau) et les *Bewährungs-Schützen* sont vraiment tangentes, car chacun ne sait pas encore à qui il a à faire en face de lui. Un ancien membre de la compagnie de commandement du bataillon relate à ce propos : « *Parmi ces hommes venus de Dantzig-Matzkau, on trouve un large éventail de personnalités. Pour certains, je me demande même comment ils ont bien pu être acceptés dans les* Waffen-SS. *Toutefois, la majorité d'entre eux s'intègrent sans difficultés, étant bien contents d'avoir eu une opportunité légale de quitter leur* Strafvollzugslager – *camp d'application disciplianaire*–. *Là-bas, ils devaient tout accomplir au pas, sans broncher, certains même étaient envoyés sur Dantzig afin d'effectuer des travaux de déblaiement (conséquences des bombardements). Quelques uns avaient même perdu tout espoir de pouvoir un*

De gauche à droite. Fallschirmschützen abzeichen de la Luftwaffe – variante brodée en fil gris clair sur un fond de drap graublau. pour sous-officiers et hommes de troupe.

Fallschirmschützen abzeichen de la Luftwaffe en métal.

Fallschirmschützen abzeichen du *Heer* (Armée de terre). L'emblème de souveraineté du *Heer* se trouve en haut de l'insigne, l'aigle fondant sur sa proie ne tenant pas la croix gammée dans ses serres.

jour être réhabilités dans la société, et l'expression de « Verlorener Haufen » *– « enfants perdus » – circulait fréquemment parmi eux. L'idée d'être livrés à un combat dans lequel ils seraient voués à une mort certaine, eux-mêmes la classifiait en « A-, B- et C-Schützen » :*

A pour « Arbeitsdienst »*, service au travail (dégagement de gravats), B pour* « Bewährung » *– mise à l'épreuve – et enfin C en référence à* « Chlorkalk »*, car les morts sont souvent recouverts de chlorure de chaux dans leurs sépultures. Par contre, dès qu'ils ont découvert que des soldats* nicht vorbestraft *– non condamnés – seraient engagés directement à leurs côtés, ils ont pris confiance et leur opinion a changé.* »

Entre-temps, les *Bewährungs-Schützen* ont pu apprécier le fait qu'au sein du bataillon de parachutistes SS, l'ensemble de leurs *Führer*, de même que les membres du personnel d'encadrement et du noyau originel de l'unité, ont pris part à la même *Sprungausbildung* qu'eux, et qu'ils se préparent, à leurs cotés, à être engagés au combat. Cela a certainement eu un effet positif sur la cohésion et le moral de ces *B-Schützen*, qui forment tout-de-même une troupe inhabituellement composite… au sein d'une unité elle-même si singulière !

S'ils parvenaient à « se racheter », les *B-Schützen* pourraient recouvrer leur ancien grade et avoir la fierté de porter de nouveau les pattes de col ornées des *Sig-Runen* (ainsi que leurs décorations et attributs de qualification). Nombre de fusiliers « mis à l'épreuve » tomberont sur le front, mais d'autres - au demeurant fort peu nombreux.. qui s'en sortiront, seront réhabilités de leur vivant, conformément à l'offre originelle de cette mise à l'épreuve. Un bon exemple d'une réhabilitation réussie est le cas de Wilhelm Schmiedel, chef de la *1. Schützen-Kompanie* du bataillon, qui sera nommé *SS-Hauptscharführer* – adjudant de compagnie SS – et accédera même un peu plus tard au rang de *SS-Obersturmführer*, c'est-à-dire qu'il pourra devenir officier. Parmi les membres ordinaires, non condamnés, du *SS-Fallschirmjäger-Bataillon*, on compte les deux premiers commandants du bataillon Herbert Gilhofer et Kurt Rybka, mais aussi le *SS-Hauptsturmführer* Dr. Alfred Leschinger, ainsi que les Dr. Erwin von Helmersen et Josef Obermaier. On peut également citer les *SS-Obersturmführer* Erich Fischer et Otto Mertely, les *SS-Untersturmführer* Wolfgang Herrmann (Dr.), Wilhelm Schubert, Kurt Richter, Hugo Witzemann, Rolf Baumann, Josef Seidel, Johann Haselwanter, Karl Hacker, Kurt Gerullis, Alfred Sauder et Hermann Wabersich. Certains d'entre eux seront retrouvés par la suite. Notons toutefois que l'*Oberleutnant* Dr. Bertrai, qui est *Bataillons-Zahnarzt* – dentiste du bataillon –, provient initialement de la Luftwaffe (c'est à dire de la Wehrmacht, et non des *Waffen-SS*).

Afin de consolider encore davantage le bataillon et de « tuer dans l'œuf » toute possible faille qui pourrait le fragiliser, l'*Ostubaf.* Gilhofer fait rapidement opérer un tri parmi les *B-Schützen*, ceci visant plus particulièrement à se séparer sans détour de possibles « têtes brûlées ». C'est le *Rahmenpersonal* – personnel d'encadrement – qui s'en charge. Or, parmi les fusiliers « attente de réhabilitation », certains se révèlent effectivement inaptes à participer à un engagement comme *Fallschirmjäger,* pour cause de santé, de condition psychique ou autre.

Après le bref engagement du bataillon en Hongrie en mars 1944, une dernière sélection aura encore lieu, à Kraljevo et à Mataruschka Banja. Les *B-Schützen* qui, lors de cette opération sur Budapest, s'avèreront impropres à se maintenir dans les rangs de l'unité, seront renvoyés à leur ancienne unité disciplinaire à Chlum, en Bohême. Sur ce point, l'*Uscha.* Karl Pichler évoque :

« *Le* ***17 avril 1944****, je reçois du commandant de bataillon l'ordre de reconduire une centaine de* B-Schützen *jusqu'à Chlum, par chemin de fer, pour les remettre à l'autorité SS siégeant là-bas. Il s'agit des hommes qui, au vu de leur santé ou de leur constitution psychique, sont jugés inaptes à être engagés dans notre* Fallschirmjäger-Bataillon. *Je me souviens par exemple qu'un groupe de* B-Schützen *avait vendu en cachette des effets d'équipements à des civils serbes, ou même les avait échangés contre de l'alcool.*

J'ai moi-même été chargé par le Hstuf. *Dr. Leschinger d'examiner l'un de ces cas, par lequel des membres de notre bataillon avaient vendu des bottes au maître-cordonnier de Kraljevo, et dans un second cas des pistolets avaient été cédés contre argent à des civils. Si certes nous avons pu récupérer les bottes chez le bottier, par contre plus aucune trace des pistolets.*

Evidemment, de tels individus sont impropres à servir dans notre bataillon. Chaque compagnie est scrupuleusement passée au crible, et ceux qui ne sont pas « solides à 100 % » retournent illico à Chlum, tout simplement. »

Pichler poursuit :

« *Dès mon retour de Chlum, j'intègre l'état-major du bataillon mais, peu après, je suis muté et désigné comme* « Spieß » *de notre* 4. Kompanie. *On appelait familièrement ce personnage* « die Mutter der Kompa-

Page suivante. Qu'elle ait lieu à Seltschan (Bohême), à Kraljevo ou à Mataruschka Banja (Serbie), l'instruction d'infanterie revient encore et toujours ! En groupe, on s'exerce au détachement d'éclaireurs (*Spähtrupp*), au groupe de choc (*Stoßtrupp*) et au combat de rues (*Häuserkampf*). Ici, dans un environnement de ruines et de trous grossièrement creusés dans un sol sableux.

nie » : *la mère de la compagnie. Le commandement de cette* 4. Kp. *est assuré par l'*Ustuf. *Witzemann, un jeune Tyrolien.*

C'est la « compagnie lourde » du bataillon, autrement dit en plus de l'habituel armement individuel d'infanterie, elle dispose d'un groupe de Flammenwerfer *et d'une section de* Leichtgeschütze *– pièces d'artillerie légère –. Ces dernières sont des armes remarquables, de calibre 10,5 cm et caractérisées par une haute précision*[17]*. Le tube de cette petite pièce d'artillerie mesure d'1 m 50 à 1 m 80 environ, il présente une forme conique vers l'arrière de la culasse, et peut être déplacé par un seul homme. Sa bouche à feu se monte sur un affût tubulaire grâce à quelques gestes rapides, un peu comme pour une mitrailleuse. L'avantage de cette pièce d'artillerie est qu'elle peut être rapidement mise en batterie, démontée puis déplacée tout aussi vite, et ce sans le concours d'une voiture, d'un tracteur ou autre moyen de déplacement, permettant un* Stellungswechsel *– changement de position – plutôt aisé.*

Cette pièce possède une puissance de feu identique à celle de la leichte 10,5-cm-Feldhaubitze *– obusier de campagne de 105 mm – et peut être maniée par n'importe quel servant de mitrailleuse ayant été initié à la mise au point d'un tir indirect. La charge propulsive de la cartouche est conçue de telle manière qu'un tiers de celle-ci dépasse par la partie élargie (conique), à l'arrière du tube. Par ce procédé, au moment d'ouvrir le feu, le recul est quasiment nul. Naturellement, à cet instant-là aucun homme ne doit être debout ni même allongé juste derrière la culasse de la pièce…*

Le Sturzkampfsegler *– planeur d'assaut – est un remarquable aéronef de transport, pouvant accueillir dix hommes en plus du pilote. Tout le fuselage et les ailes sont composés d'une armature de tubes d'aluminium recouverts de toile à voile, elle-même enduite d'un motif de camouflage. Plutôt que de roues, le train d'atterrissage est constitué d'une sorte de patins, en fait de larges planches de bois autour desquels est enroulé du fil de fer barbelé pour raccourcir au maximum la distance d'atterrissage, en ralentissant l'appareil.*

En outre, à l'extrémité arrière de ce planeur léger, est monté un Bremsschirm *– parachute de freinage – déclenché au moment de la descente en piqué, permettant de freiner sensiblement l'engin dans sa trajectoire abrupte, frisant parfois la verticale. Les occupants sont assis, étroitement serrés l'un derrière l'autre, sur une sorte de poutre (semblable à une banquette) montée dans le sens de la longueur juste derrière le poste de pilotage. Lors de l'atterrissage, on doit se cramponner de toutes ses forces vers l'avant, pour pouvoir supporter l'énorme choc. Comparé à un largage par parachute, l'avantage du planeur est qu'une fois l'engin atterri et immobilisé, tous les soldats peuvent immédiatement passer à l'attaque en formation serrée.*

Quant à eux, les parachutistes – arrivant au sol l'un après l'autre – doivent dans un premier temps se regrouper afin de pouvoir constituer un groupe uni. Par ailleurs, si jamais un planeur se retrouve fortement endommagé, ce n'est pas problématique : après les affrontements, le pilote se chargera simplement de démonter le tableau de bord et laissera le reste sur place. »

Remarque concernant le *Standort* (lieu de stationnement) du bataillon à Kraljevo

Outre les *SS-Fallschirmjäger*, dans la petite ville serbe stationnent de hauts états-majors, des éléments allemands de la Luftwaffe et du Heer, des soldats croates alliés au Reich, sans oublier la dite *Sondereinheit « Benesch »*, de laquelle certains groupes seront détachés pour participer au futur engagement aéroporté sur Drvar. Il tire ce nom de son commandant, le *Major* Benesch, qui appartient au *4. Regiment « Brandenburg »*, régiment dont le commandant est à ce moment-là l'*Oberstleutnant* von Hugo. Depuis Kraljevo, Benesch dirige son unité de « *Wildschütz* » (en allemand « braconnage ») dont la mission, comme son nom peut le laisser deviner, est centrée sur la reconnaissance avancée et la lutte contre les unités de partisans. Ces « *Brandenburger* », épaulés par des Tchetniks (Četnici), des Croates et d'autres forces auxiliaires locales, interviennent le plus souvent en camouflage intégral dans cette contre-guérilla. Autrement dit, ils portent les vêtements coutumiers de la région, par exemple ceux de paysans ou de bergers. De temps à autre, ils se vêtissent aussi d'effets d'uniforme italiens, à l'image des partisans, ou de l'ancienne monarchie yougoslave.

Notons que d'autres uniformes sont fréquemment retrouvés parmi les partisans dont des tenues de confection britannique.

Des *Funktrupps* – équipes-radio – de ces « *Wildschütz* » accompagnent les Tchetniks dans leurs opérations de reconnaissance, d'investigation et de combat et, ainsi, par les ondes ils peuvent rameuter immédiatement des renforts en cas de prise de contact avec l'ennemi.

Ces équipes-radio jouent un rôle particulièrement crucial lors de missions d'observation et de guet, que les « *Brandenburger* » et les Tchetniks accomplissent en commun. Dès qu'un rassemblement adverse est identifié, par messages-radio ils peuvent faire intervenir des *Jagdkommandos* – détachements de chasse –, afin de combattre et d'éliminer ces menaces de partisans. En bref, cette unité de « *Wildschütz* » du *Major* Benesch constitue une troupe hautement mobile, dotée d'une forte réactivité dans l'*Aufklärung* – reconnaissance – et la *Bekämpfung* – lutte – anti-partisans.

Au passage, ces méthodes serviront de base dans la conduite des conflits « périphériques » de la Guerre Froide et même dans celle des guerres actuelles, basée sur des « groupes de chasse » anti-terroristes et de contre-guérilla.

NOTES

1. Petite ville de l'actuelle République thèque (Benešov), à 35 km au sud-est de Prague.
2. Tábor, à 70 km au sud de Prague.
3. Ville des Sudètes (České Budějovice), à environ 120 km au sud de Prague. Egalement appelée Novi Sad, ville aujourd'hui située dans le Vojvodine de Serbie, à 70 km au nord-ouest de Belgrade.
4. Quartier de la banlieue nord-ouest de Belgrade.
5. Monnaie yougoslave créée en 1920 NDT.
6. A une soixantaine de kilomètres au sud-est de Belgrade.
7. A ce moment-là commandant de la Heeresgruppe F dans les Balkans NDT.
8. En allemand Serbische Staatswache, en serbe Srpska Državna Straža (SDS), unité paramilitaire de maintien de l'ordre en Serbie occupée, créée au début de l'année 1942 pour épauler les forces d'occupation allemandes, atteignant un effectif d'environ 35 000 hommes en janvier 1943 NDT.
9. Là où, à l'origine, se trouvait montée la gondole ventrale pour le MG. du He 111 NDT.
10. Sont ici sous-entendu des nausées, des vomissements.
11. Et non pas la totalité de la file de parachutistes (aussi appelée stick, ou câble) NDT.
12. Celui se trouvant cousu à l'extrémité de la sangle d'ouverture automatique NDT.
13. Plus probablement s'agit-il ici de préparer les élèves au *Hechtsprung* – saut de l'ange…
14. Dans le vocabulaire du parachutisme, la distance parcourue « dans le vide » entre le moment où le sautant quitte l'aéronef et l'ouverture totale du parachute (ou temps d'ouverture) est appelée l'abaissement NDT.
15. En tchèque Jihlava, situé à 120 km au sud-est de Prague.
16. Remarquons qu'il existe aussi le *kurzes 7,5-cm-Leichtgeschütz 40* NDT.
17. Notons que l'engagement du bataillon dans le cadre de l'«Ardennen-Offensive » sera détaillé dans un prochain volume NDA.

Deux planeurs DFS 230 chacun remorqués par un avion motorisé. Sur le planeur au second plan, le câble (*Schleppseil*) est nettement reconnaissable, tendu presque à l'horizontale.

Ensemble attelé : un planeur (*Lastensegler*, ou *Segler*) et son avion de remorquage l'un derrière l'autre ; seul un câble (*Schleppseil*) relie les deux aéronefs, qui sera décroché peu avant l'arrivée au dessus de la zone d'atterrissage

Un He 111 au décollage remorquant un planeur.

4

LES PREMIÈRES OPÉRATIONS AU PRINTEMPS 1944

Première impression de la future zone d'engagement des *SS-Fallschirmjäger* en Yougoslavie. Un relief accidenté, des pentes abruptes, rocailleuses et couvertes de forêts. Des vallées boisées et encaissées, des ravins parsemés de grottes formant de véritables coupe-gorges ; un terrain idéal pour la guérilla des partisans.

L'*Unternehmen* « *Freischütz* » – opération « franc-tireur »

Le fait que la monarchie italienne ait décidé de rompre son alliance avec le IIIe Reich (à la fin de l'été 1943) entraîne pour le commandement allemand une situation particulièrement tendue. En effet, les troupes allemandes présentes dans les Balkans sont insuffisantes pour prendre en charge les territoires occupés jusque là par les Italiens. Ainsi les Allemands ont-ils dû assister à l'automne 1943, avec impuissance, à la prise du littoral adriatique par les partisans et des nombreuses îles le bordant.

Sur instruction de leurs nouveaux alliés américains et britanniques, les Italiens ont dû tenir et défendre des îles jugées essentielles, notamment celle de Corfou, face aux forces allemandes qui sont devenues leur adversaire. La monarchie italienne s'efforce d'exécuter de façon satisfaisante les ordres transmis par ses « nouveaux amis », qui à ses yeux deviennent, le temps passant, les vainqueurs les plus probables de cette guerre. Toutefois les défenseurs italiens de la façade orientale de l'Adriatique ont été délogés de leurs positions (qu'ils pensaient tenir de façon sûre) par une impassible intervention des troupes allemandes.

L'île de Lissa ('Vis' en serbe), située au large de la côte dalmate, suscite une crainte particulière au sein du commandement allemand, car elle est occupée par les partisans et transformée par eux en un point d'appui très solide, une véritable forteresse côtière, avec l'aide des Alliés, notamment des Anglais. En outre, Lissa devient la principale plaque tournante des livraisons britanniques au profit des partisans de Tito, une base d'approvisionnement pour tout ce dont ils ont besoin, en particulier des armes, des munitions, des médicaments et des vivres. Grâce à des embarcations de pêche, et même de très modestes barques à voile, tout cet approvisionnement est acheminé depuis Vis jusque sur le continent, puis transporté (souvent par portage) jusqu'aux combattants rebelles à travers les montagnes balkaniques, à des dizaines de kilomètres à l'intérieur des terres.

Ce planeur DFS 230 est chargé sur un wagon par plusieurs sous-officiers de la Luftwaffe. Pour faciliter son transport, les ailes sont démontées. Notez le motif de camouflage.

Les données chiffrées suivantes donnent une idée des proportions prises par ces livraisons alliées, rien qu'en février 1944. Du 1er au 15 de ce mois-ci sont transportés de Lissa à destination du continent 2400 paires de chaussures, 49 000 sacs à dos, 140 fusils-mitrailleurs et 21 000 fusils. Sur une période chevauchant la précédente, du 9 au 29 février 1944, ce sont 2000 pistolet-mitrailleurs britanniques de type Sten, 16 pièces d'artillerie et 10 000 autres fusils. Lissa est gardée par plusieurs milliers de partisans de Tito (entre autres, trois brigades et un groupe motorisé), de même que pas loin d'un millier de *Tommies* servant d'instructeurs pour le maniement des armes lourdes et de personnel d'encadrement des unités yougoslaves. Au début de mars 1944, le *Brigade-General* Tom Churchill, un neveu du *Prime Minister* du Royaume-Uni Winston Churchill, reprend le commandement supérieur de l'île[1]. Le général Mac Lean [2], qui a conduit plusieurs opérations de type commando et de sabotages, conserve ses fonctions militaires de commandement et séjourne principalement dans l'entourage de Tito. Les membres de la mission militaire américaine ne jouent qu'un rôle secondaire. Les forces communistes présentes à Lissa augmentent constamment et, dès la fin du mois de mars, elles peuvent être évaluées à environ 10 000 hommes.

Cette « épine » très gênante pour la présence allemande dans la Péninsule Balkanique et l'Espace adriatique doit absolument être éliminée. En **mars 1944**, le

temps d'une intervention pour nettoyer Lissa semble être arrivé. Sous le nom de code « *Freischütz* », des fractions de la *118. Jäger-Division* – 118e division de chasseurs –, un *Pionier-Landungs-Bataillon* – bataillon de sapeurs de débarquement –, une *Küstenjäger-Abteilung* – groupe de chasseurs côtiers – appartenant aux « *Brandenburger* », le *SS-Fallschirmjäger-Bataillon*, des éléments de la Kriegsmarine (vedettes lance-torpilles et vedettes rapides, des *Siebelfähren* [3] et d'autres bateaux de petit gabarit), une escadrille de chasse renforcée et un groupe de Stukas (bombardiers en piqué) de la Luftwaffe doivent recevoir pour mission d'écraser les forces ennemies présentes sur l'île et de l'occuper solidement.

Le *SS-Fallschirmjäger-Bataillon*, initialement prévu pour cette opération, est finalement engagé en Hongrie dans le cadre du « *Fall Margarethe* » ; d'autres unités sont aussi retirées de « *Freischütz* » afin de participer à ce nouveau programme d'opération qui est jugé prioritaire. En définitive, faute de forces disponibles l'attaque de Lissa est d'abord reportée au 23 avril 1944, sur instruction d'Hitler. D'ici là, le soin est laissé à la Luftwaffe de bombarder sporadiquement l'île et d'y entraver l'aménagement d'une base aérienne alliée. Subséquemment, Lissa reste l'imposant point d'appui et la plaque de transit des partisans pour de considérables quantités de ravitaillement. Notons qu'après l'*Unternehmen « Rösselsprung »*, l'île servira durant plusieurs mois de refuge et de nouveau Quartier Général pour Tito et son état-major.

Les planeurs sont chargés et solidement fixés. Les hommes attendent le départ de cette rame de transport, s'accordant un bref moment de détente. A quel engagement vont-ils participer ?

1. Tom Bell Lindsay Churchill (1907-1990), frère du Lt Col Jack Churchill (1906-1969). Ce dernier opère également dans l'Adriatique en 1944, à la tête de Commandos.
2. Vizeroy Mac Lean (1911-1996) combat d'abord en Afrique du Nord contre l'Axe au sein d'un régiment écossais (1941/42), puis dans le SAS, avant d'être parachuté en Yougoslavie en 1943.
3. Chaland allemand à fond plat conçu en 1940/41, prévu à l'origine pour des opérations de débarquement en Angleterre, tirant son nom de son concepteur, l'*Oberst* Friedrich-Wilhelm Siebel (Fähre signifiant « bac ») NDT.

5 *MARGARETHE I*, L'OCCUPATION PARTIELLE DE LA HONGRIE

La Hongrie de l'amiral Horthy souhaite rompre son alliance avec l'Allemagne

Après quelques interventions contre les partisans aux confins du Monténégro et de la Macédoine, ainsi que dans le secteur d'Užice et de Tuzla (à la limite de la Serbie et de la Bosnie-Herzégovine), un nouvel engagement – cette fois-ci d'envergure – incombe au *SS-Fallschirmjäger-Bataillon 500.*

Les premières tensions notables dans les relations germano-hongroises ont surgi dès le printemps 1943. Le régent de Hongrie, l'amiral Horthy, a émis le souhait de quitter cette alliance, ne voulant plus poursuivre la guerre au côté de l'Axe. D'emblée, le gouvernement hongrois commençait à se distancer diplomatiquement du Reich, et envisageait même de retirer ses divisions engagées sur le front de l'Est contre l'URSS de Staline. Toutefois à ce moment-là, la situation de l'Axe paraissait encore globalement stable.

La capitulation de l'Italie le **8 septembre 1943**, marquant la chute du premier partenaire du IIIe Reich, avait incité le *Wehrmachtsführungsstab* – haut-commandement de la Wehrmacht – à échafauder des plans en vue d'une occupation « préventive » de deux pays encore engagés aux côtés de l'Allemagne : la Hongrie et la Roumanie. Le nom de code pour l'occupation de la Hongrie était « *Margarethe I* », et « *Margarethe II* » pour celle de la Roumanie du jeune roi Michel Ier ; est prévu un désarmement provisoire des forces armées hongroises et roumaines. Dès le **30 septembre 1943**, le *Wehrmachtsführungsstab* présente un premier plan d'occupation de la Hongrie et de désarmement de l'armée hongroise. Dans ce cadre, les unités hongroises devraient être désarmées, tout en préservant si possible leur disponibilité en vue d'une poursuite de la coopération militaire avec Hitler, et ce en « truffant » les états-majors de la *Honvéd* (armée hongroise) d'officiers hongrois germanophiles.

L'opération « *Margarethe I* » est décidée le **7 novembre 1943**, préparée jusqu'au 28 février 1944 et déclenchée à peine deux semaines plus tard, le **12 mars** (dans les ordres et autres sources écrites, les deux orthographes sont retrouvées : « Margarete » et « Margarethe » *NDA*).

La direction d'ensemble de cette opération revient à l'***Oberbefehlshaber Südost*** (ou *OB-Südost*, c'est-à-dire le commandant en chef pour l'espace sud-est de l'Europe, correspondant pratiquement aux Balkans), qui à cette période est le *Generalfeldmarschall* Freiherr von Weichs [1]. Le Quartier Général du maréchal, de même que l'état-major responsable de « Margarethe » sont établis à Vienne, avec pour nom de code « *Arbeitsstab z.b.V. Foertsch* », état-major préparatoire d'emploi particulier qui a pris le nom du *Generalleutnant* Hermann Foertsch, chef d'état-major de la *Heeresgruppe F* (groupe d'armées F). Il est planifié que quatre *Kampfgruppen des Heeres* – groupements tactiques de l'Armée de terre – se dirigent par un mouvement concentrique sur la capitale Hongroise, Budapest, mais aussi qu'elles occupent la Hongrie occidentale jusqu'à la Tisza à l'est (Theiß en allemand), un large affluent du Danube [2]. Une partie de « *Margarethe I* » comprend l'opération spéciale baptisée « *Trojanisches Pferd* » – cheval de Troie –, laissée sous la direction du commandant de la *Division « Brandenburg »*, le *Generalmajor* von Pfuhlstein, sous les ordres duquel, de circonstance, est placé le *Panzergrenadier-Bataillon 902* (dont le commandant est l'*Oberst* Guttmann), unité renforcée par des panzers et aussi des fractions du génie. L'état-major divisionnaire de la « *Brandenburg* », avec la dite *Kampfgruppe Hollmann*, reste directement subordonnée à l'*OB-Südost*, plus précisément à l'état-major « Marga-

Les hommes du *SS-Fallschirmjäger-Bataillon 500* alignés devant les hangars à l'architecture moderne du terrain d'aviation de Horthyleget, près de Budapest, attendant des ordres complémentaires.

Adolf Hitler et l'amiral Horthy lors de la visite de ce dernier à Berlin avant-guerre. *(Collection particulière, droits réservés)*

Ci-dessous. Affiche de propagande du parti des Croix fléchées, qui prendront le pouvoir en Hongrie à l'automne de 1944, *« dernier rempart face à la menace communiste. » (Collection particulière, droits réservés)*

rethe » chargé spécifiquement d'élaborer l'opération. « *Trojanisches Pferd* » consiste à bloquer des centres de communication bien déterminés, et ce par des sabotages, l'entrave de déplacements de troupes et la prise de contrôle des lieux-clé de gouvernement, d'administration et de l'industrie hongroise, tout en empêchant une possible réplique coordonnée du gouvernement hongrois et de la *Honvéd*. Il est remis au *Fallschirmjäger-Bataillon « Brandenburg »* un autre *Sonderauftrag* – mission spéciale – consistant à occuper l'aérodrome de Budaörs, dans les faubourgs sud-ouest de Budapest. L'ensemble doit s'opérer dans le secret le plus absolu !

Le *SS-Fallschirmjäger-Bataillon 500*, subordonné au *4. Regiment « Brandenburg »*, reçoit pour mission d'occuper certains lieux d'importance vitale de l'agglomération de Budapest, et d'entraver une réplique coordonnée du gouvernement et des états-majors magyars.

Tous les aérodromes hongrois doivent être occupés simultanément. Pour la prise de possession de l'imposant aérodrome de Budapest-Horthyleget (ou Horthy-Liget), c'est le *SS-Fallschirmjäger-Bataillon* qui est prévu, avec la dénomination de circonstance « *SS-Sonderbataillon* » – bataillon spécial SS –. En fait, il reprend les objectifs initialement assignés au *Fallschirmjäger-Regiment 6* de la Luftwaffe, unité qui n'est pas encore en mesure d'être engagée en cette mi-mars 1944. Concernant le bataillon de parachutistes SS, ses fractions ayant été formées au saut en parachute n'atteignent que l'équivalent de deux compagnies renforcées, une situation similaire à celle des Fallschirmjäger « *Brandenburg* ». Notons que le commandant de bataillon, le *SS-Sturmbannführer* Gilhofer, a lui-même été déclaré *sprunguntauglich* – inapte au saut en parachute –, c'est pourquoi le *SS-Hauptsturmführer* Rybka assure le commandement des éléments parachutés du bataillon dans le cadre de l'engagement planifié contre l'aérodrome d'Horthyleget.

Avant d'en arriver à cette phase d'occupation effective, Hitler avait invité l'amiral Horthy le **18 mars 1944** à une entrevue « de clarification » au Schloß Kleßheim, près de Salzbourg[3]. Là-bas, le régent de Hongrie,

Après « la chute » de Horthy, le nouveau premier ministre hongrois sera Dôme Sztojay. *(Collection particulière, droits réservés)*

accompagné de son chef supérieur d'état-major, von Szombathely, et du *Generalleutnant* Fütterer[4], est mis sous pression et se retrouve contraint d'accepter – conditio sine qua non – « *la poursuite de la guerre du côté des puissances alliées européennes* [sous entendu l'Axe] *jusqu'à la victoire finale et, pour y parvenir, d'engager toutes les forces et moyens économiques disponibles du pays* », ainsi que la nomination d'un nouveau gouvernement.

Côté allemand, s'il est certes renoncé à une occupation de la capitale et de sa forteresse, il est décidé une occupation partielle de la Hongrie (sa partie occidentale), et ce jusqu'à la désignation qu'un nouveau cabinet sous la direction du Ministre-Président Sztójay, le 23 mars 1944. Le Ministre- Président en fonction jusque là, Miklos von Kállay [5], sera emprisonné à cause de ses positions hostiles au Reich, puis interné au camp de concentration de Dachau, en Haute-Bavière. L'année suivante, il sera libéré par les Américains au printemps 1945.

Ce qui s'est décidé lors de la visite de l'amiral-régent Horthy au Schloß Kleßheim, immédiatement après son consentement forcé à la pénétration de forces allemandes sur le territoire magyar, a été suivi d'un télégramme de l'*Arbeitsstab Foertsch* transmis en toute hâte le **21 mars 1944** au haut-commandement du *LVIII. Reserve-Panzer-Korps* – 58e corps blindé de réserve – :

« *Régent de Hongrie en accord avec envoi troupes allemandes, toutefois ne pas compter sur subordination de tous services hong.*

Procéder à occupation comme prévu. Résistance artillerie hong. possible. En cas d'usage des armes hong., réplique la plus énergique. Jusqu'à nouvel ordre, ne pas pénétrer dans périmètre urbain Budapest.

Sonderkampfgruppe Pfuhlstein (groupement tactique spécial) avance pacifiquement sur Budapest, sans dépasser périmètre ville. Les Fallschirm-Batl. largués comme prévu. Pas procéder au désarmement et dissolution force armée hong. Maintenir provisoirement troupes hong. dans casernes sous garde commune. Pas s'immiscer dans fonctionnement services et structures internes. Jusqu'à nouvel ordre, pas exécuter droits de prise (Beute), *d'arrestation* (Fassung) *ni de réquisition* (Beschlagnahme). *Si cas d'urgence, troupes s'approvisionnent sur le pays, sous remise d'ordres de réquisition, à établir provisoirement avec autorisation du commandant, au minimum* Rgt.-Kdr. *(commandant de régiment).*

Nécessité absolue sécurisation liaisons de chemins de fer et communications. Usage moyens ferroviaires, routiers, téléphoniques et télégraphiques autorisé. Postes-frontière maintenus, occupation zones industrielles comme prévue. Pas intervention tant que poursuite du travail pas assurée. Occuper émetteurs-radio. Pas interférer dans émissions-radio. Ordre s'applique aux espaces à occuper définitivement par les corps.

Activités liaisons comme ordonnées jusque là. »

Les forces progressant de façon concentrique sur Budapest sont formées des *Kampfgruppen* suivantes :

-Depuis le nord le ***LXXVIII. Armeekorps z.b.V.*** – 78e corps d'armée d'emploi particulier –, qui comprend le *Grenadier-Regiment 1029 « Großdeutschland »* renforcé, le *Grenadier-Regiment 1030 « Feldherrnhalle »* renforcé, l'*Alarm-Regiment* de la *Division « Brandenburg »*, le *Bau-Pionier-Bataillon 799* – 799e bataillon de sapeurs de travaux lourds –, le *Landesschützen-Bataillon 837* – 837e bataillon de fusiliers territoriaux – et le *Brückenkommando (mot.) B 2/412* – détachement motorisé d'équipages de ponts, abrévié « *mot. Brüko* » [6] –.

-Depuis le nord-ouest, le ***LVII. Reserve-Panzer-Korps*** – 57e corps blindé de réserve –, incluant la fameuse *Panzer-Lehr-Division* de Fritz Bayerlein, la *16. SS-Panzer-Grenadier-Division « Reichsführer-SS »* (commandant : *SS-Brigadeführer* Simon), le bataillon de chars lourds Panther de la *5. SS-Panzer-Division « Wiking »*, la *schwere Artillerie-Abteilung 997* – 997e groupe de batteries d'artillerie lourde –, le *Bau-Pionier-Bataillon 798* – 798e bataillon de sapeurs de travaux lourds –, le *Landesschützen-Bataillon 503 et le Brüko (mot.) B 833.*

-Venant du sud, le ***XXII. Gebirgs-Armeekorps*** – 22e corps d'armée de montagne – regroupant d'abord la Kampfgruppe Hildebrandt, commandée par l'*Oberst* von Hildebrandt. Ce groupement tactique regroupe le *Grenadier-Regiment (mot.) 92*, le *III. Bataillon* du *4. Regiment « Brandenburg »*, le *Pionier-Bataillon (mot.) 45* moins deux sections, la *Panzer-Abteilung 202* moins deux compagnies, la *Sturm-Geschütz-Brigade 201* moins deux escadrons de pièces d'artillerie d'assaut, le *Brüko (mot.) B 658*, le *Polizei-Regiment 5* et la *II. Abteilung* du *Flak-Regiment (mot.) 25* – 2e groupe de batteries du 25e régiment motorisé de DCA –.

Son deuxième groupement tactique est la Kampfgruppe Brauner, avec à sa tête le *Gen.Lt.* Brauner, comprenant la *42. Jäger-Division* (uniquement les éléments mobiles de cette division de « chasseurs »), le *Brüko (mot.) B 2/402*, la *I. Abteilung* du *Flak-Rgt. (mot.) 6*, la *1. Kompanie* du *Pionier-Batl. (mot.) 45*, ainsi qu'un détachement précurseur transporté par voie ferrée, regroupant le *I. Bataillon* de la *100. Jäger-Division*, le *Panzerzug 64* – 64e sections de chars – et le *leichter Panzerzug 301* – 301e section de chars légers –.

Le troisième et dernier groupement tactique de ce corps de montagne est la Kampfgruppe Streckenbach, du nom du *SS-Oberführer* Streckenbach, constitué des éléments motorisés de la *8. SS-Kavallerie-Division « Florian Geyer »* et de l'*Art.Rgt.-Stab (mot.) 779* – état-major du 779e régiment d'artillerie motorisée –.

Page suivante. Face aux hommes du *SS-Fallschirmjäger-Bataillon 500*, un aviateur de la Luftwaffe. Notons que les hommes ont encore leur harnais endossé et leur arme individuelle, on y retrouve les K.98k. Deux conteneurs de largage *(Abwurfbehälter)*, numérotés, sont placés « en sûreté » le long du mur de l'un des hangars.

Depuis le sud-ouest cette fois, c'est le ***LXIX. Armeekorps z.b.V.*** – 69e corps d'armée d'emploi particulier –, formé de deux groupements tactiques : la *Kampfgruppe Stettner* (*Generalleutnant* Stettner, chevalier de Grabenhofen). Cette dernière comprend la *1. Gebirgs-Division* moins un bataillon et le *Brüko (mot.) B 42*. Son détachement précurseur ferroviaire est constitué du *I. Bataillon* de la *1. Gebirgs-Division* et des *Panzerzüge 23* et *65* (23e et 65e sections blindées).

Son second groupement tactique est la *Kampfgruppe Zwade* (*Generalmajor* Zwade), composée de la *367. Infanterie-Division*, de fractions de la *18. SS-Panzer-Grenadier-Division* et du *Brüko (mot.) B 815*.

Pour « *Margarethe I* », les unités de réserve sont la *100. Jäger-Division* (moins un bataillon) et le *Pionier-Regiment-Stab (mot.) 679* – état-major du 679e régiment du génie motorisé –.

19 mars. Parachutage avorté des *SS-Fallschirmjäger* sur Budapest-Horthyleget

Concernant les préparatifs et cet engagement sur le territoire hongrois, Leo Schaap a inscrit dans son journal de marche personnel:

« *Au début du mois de mars 1944, nous devons préparer nos parachutes. Que va-t-il se passer ? D'abord une déception, car dans un premier temps un simple transfert du bataillon est annoncé. Comme nous avons rendu quelques visites déplaisantes aux paysans serbes au cours de la préparation de notre soirée de* Kameradschaft, *notre section de transmissions est désignée comme détachement précurseur du bataillon. Le* **14 mars**, *on monte dans deux camions et c'est parti. Le soir venu, nous faisons une halte dans la capitale serbe, Belgrade, mais comme la solde n'est versée qu'au premier du mois, l'argent nous fait déjà défaut. Nous nous*

(suite page 84)

19 mars 1944. Les Ju 52, chargés de *SS-Fallschirmjäger*, ont atterri en toute sécurité sur l'aérodrome de Budapest-Horthyleget. Un engagement parachuté (*Sprungeinsatz*) s'est avéré inutile, car la possible riposte hongroise n'a pas eu lieu. L'homme de la Luftwaffe – notez la plaque en aluminium de son ceinturon –, fumant tranquillement une cigarette, est le pilote du général de la Luftwaffe Kuno Heribert Fütterer. Au premier plan à gauche : un chef (*Führer*) avec sa MP. 40 dans le creux du bras, reconnaissable aux deux bandes claires cousues parallèlement sur son « sac à os » camouflé. L'atterrissage a dû être effectué peu auparavant, car les hommes ont encore leur harnais et n'ont toujours pas retiré leur parachute.

rendons par conséquent sans traîner au Wehrmachtsheim – foyer de l'armée – pour un peu de repos. Personne ne sait encore dans quelle direction nous nous acheminerons le lendemain. Dans un premier temps, on ne bouge pas. Mais comme nous sommes sans le sou, Belgrade ne nous offre aucune réjouissance. Finalement le jour même [15 mars], dans l'après-midi, l'ordre est transmis de retourner sur Kraljevo, notre point de départ, à 185 kilomètres.

Personne ne connaît la raison de ce retour « à la case départ » que nous trouvons franchement absurde… En outre, nous maudissons le froid tenace de la nuit. Alors que nous sommes presque arrivés à Kraljevo, soudain tout le bataillon nous croise en sens inverse ! En toute hâte, nous récupérons notre équipement de saut à Mataruschka Banja et nous chargeons nos postes-radio dans les Behälter – conteneurs –. Puis, nous suivons le reste du bataillon et parvenons à le rattraper sur Belgrade, dans l'après-midi du **16 mars**.

Le Danube est traversé et nous poursuivons notre trajet sur les routes ensablées du Banat de Serbie. Après quelques détours, vers minuit nous atteignons Groß-Betschkerek et y effectuons une courte halte. Tôt le matin, la route reprend vers notre station provisoire : le gros village de Baschaid, peuplé de nombreux Volksdeutschen – des Allemands ethniques, il s'agit dans cette zone des dits « Souabes » du Banat –. Un terrain d'aviation se trouve sur place : c'est la première chose que l'on apprend. Morts de fatigue, nous sombrons dans le sommeil, allongés sur la paille éparpillée à cet effet dans l'école : c'est le cantonnement de notre Nachrichtenzug. L'après-midi, alors que nous commençons à explorer Baschaid, beaucoup d'entre nous ont « fondu » dans les maisons paysannes, d'autres découvrent l'eau de vie locale aux frais des habitants dans l'auberge des lieux. Dans ce gros village propre de Baschaid, niché au milieu des Balkans, dans ces jolies maisons blanches homogènes bâties de part et d'autre d'une route impeccablement rectiligne, l'hospitalité des Allemands du Banat nous embrassent pour la première fois. Oui, l'on s'y sent comme à la Heimat !

La question de notre engagement reste non élucidée, nous n'en saurons plus que juste avant son déclenchement (comme, d'ailleurs, lors des opérations qui suivront pour notre bataillon). Appareils-radio et armes sont contrôlés encore une fois. Nous percevons des munitions en grosse quantité. Les Funktruppführer – chefs d'équipes de radiotélégraphie – reçoivent déjà les ordres de mission. L'après-midi du **18 mars**, nous amenons nos conteneurs de largage sur l'aérodrome, où nous les plaçons, sous l'œil attentif du pilote, à l'intérieur des puits de lance-bombe des Ju 52 qui nous ont été attribués. En soirée est transmis le contenu du premier Einsatzbefehl – ordre de mission – : L'actuel gouvernement hongrois ayant engagé des négociations d'armistice avec nos adversaires, afin d'empêcher le possible débarquement de ces derniers sur le territoire hongrois (qui est frontalier du Reich), à partir du 19 mars des forces allemandes se mettront à occuper le pays. Jusqu'à l'arrivée des forces terrestres, notre SS-Fallschirmjäger-Bataillon devra tenir le terrain d'aviation d'Horthyleget, près de Budapest.

Enfin, ça y est… quoique personne parmi nous n'aurait pensé à la Hongrie ! Notre engagement s'effectue en deux vagues aéroportées. Je suis dans l'équipe-radio principale, celle de notre grassouillet Uscha. Bastian, avec la seconde vague. Lors de notre dernier jour passé à Mataruschka Banja, l'Oberjunker Haselwanter avait été promu Untersturmführer et, maintenant, il transmet

Plan d'époque de Budapest. (Collection particulière, droits réservés)

les dernières instructions aux sous-officiers de sa section. Tout au long de cette nuit, chacun d'entre eux est conduit auprès d'Haselwanter.

En raison de l'excitation générale face à l'action désormais imminente, personne ne parvient à trouver le sommeil.

Vers 4 heures, alors que le ciel nocturne commence tout juste à se dissiper avec le début du lever du soleil, les camarades prévus pour la première vague nous saluent. Conformément au plan, vers 7 heures les « Jus » se mettent à rugir, filant vers l'inconnu au dessus de nos têtes...

Un splendide matin printanier règne quand, à 9 heures, nous arrivons sur le terrain d'aviation de départ, près de Baschaid. Agréable surprise, nous recevons nos Einsatz-Brotbeutel [7] dont, naturellement, les contenus sont aussitôt examinés de plus près... Ils renferment des délices: chocolat, pain aux fruits, lard (Speck), saucisse (Wurst), pâte à mâcher, Zigaretten, limonade en poudre, pain au soja et même du rhum et d'autres petites choses délicieuses. Puis, chacun reçoit son parachute et nous nous asseyons sur nos sacs en attendant le retour des « Jus » de la première vague.

L'aiguille de ma montre atteint le « 10 ». D'un seul coup, nous percevons dans le ciel entièrement dégagé et ensoleillé, le reflet étincelant et argenté des appareils de largage. Plusieurs camions-citerne sont déjà sur place, afin de permettre un nouvel envol rapide. A peine les « Jus » ont-elles atterri que les équipages sont bombardés de questions. Une réponse récurrente : personne n'oppose jusque là de résistance parmi les Hongrois, tous seront néanmoins désarmés par précaution.

Une demi-heure après leur atterrissage, les Ju 52 sont prêts à repartir.

Transportant environ cinq-cents parachutistes SS, quarante appareils s'envolent, fulminant au dessus de la frontière serbo-hongroise, cap vers le nord-ouest. Rien ne vient troubler la tranquillité de ce paisible pays, sur terre comme dans les airs. Dans les appareils, quelques uns d'entre nous, qui ont fait un peu trop bombance avec ce ravitaillement si inhabituel, doivent maintenant soulager leur estomac. Nous survolons telle ou telle bourgade. Aucun signe de rassemblement suspect ou autre tumulte parmi la population. Une demi-heure après, nous y sommes. Les contours de faubourgs caractéristiques d'une grande agglomération commencement à s'esquisser. Peu après, nous volons en cercles au dessus d'une immense piste d'atterrissage : c'est notre objectif, Horthyleget.

Si plusieurs pièces de DCA pointent leur tube vers le ciel, aucune n'ouvre le feu. Nous distinguons environ 200 chasseurs Me 109, ornés des trois couleurs magyares, sagement à l'arrêt sur le grand terrain verdoyant. Des fusées éclairantes sont tirées, en fait notre Absprungbereitschaft – *préparation à sauter – aurait dû être ordonnée depuis longtemps, mais rien de tel ne se produit. Sans aucune difficulté, nos Junkers se préparent à atterrir. Encore un ample virage, puis chaque avion se pose sur le sol hongrois. Dans un premier temps, personne ne descend des avions, puis le* Stubaf. *Gilhofer nous transmet une information: « Le gouvernement de Hongrie, ayant noué des contacts avec les Alliés, a abdiqué. Le peuple hongrois, de même que l'armée, ne font preuve d'aucune intension subversive à notre encontre, les éléments militaires désarmés recouvrent même déjà leurs armes. ».*

[...] »

Après la capture (une réussite sans effusion de sang) de ce terrain d'aviation, Kurt Rybka reste sur place et, par la suite, prend le commandement des fractions du bataillon demeurant à Horthyleget. De son côté, le *SS-Sturmbannführer* Gilhofer reprend les airs avec le reste du bataillon (principalement des soldats qui n'ont pas encore été instruits au *Sprungdienst*) à destination de Debrecen, grande ville du nord-est de la Hongrie.

Afin de présenter un panorama le plus varié possible de l'engagement du bataillon en Hongrie, il est intéressant de se plonger dans quelques extraits du récit du Dr. Armin Weirich, ancien *Kdo-Führer ABZ*, en charge de la reconversion des avions de modèle Me 210/410 [8] au bénéfice de l'aviation magyare :

« [...] *Je me hâte vers le terrain d'aviation, je réveille mes hommes et les place en état d'alerte. C'est curieux : un dimanche (!) et aux toutes premières lueurs de l'aube, il règne une inhabituelle activité sur l'aérodrome, parmi les unités hongroises y stationnant. J'en demande la raison, et il m'est répondu que le vol d'une escadrille ennemie en provenance de l'Adriatique a été communiqué. Je pars immédiatement à la recherche des chefs des différentes unités magyares, que je connais et avec lesquels nous entretenons des liens de franche camaraderie, en les informant du fait que les événements pourraient prendre une tournure inhabituelle, peut-être fâcheuse... Néanmoins nous nous promettons que, quoi qu'il puisse arriver, nous ne nous tirerons pas dessus.*

Peu après l'aurore, nous entendons un fort grondement de moteurs en approche. Plusieurs vagues d'avions de transport Ju 52 survolent notre aérodrome et acheminent des troupes, qui s'avèreront être celles du SS-Fallschirmjäger-Bataillon 500. *Ces soldats ont reçu pour mission de « s'emparer des lieux » et de briser sur-le-champ toute résistance ; ils ne savent pas que j'ai déjà passé un accord avec les Hongrois. C'est pourquoi il y a, hélas, des échauffourées jusqu'à ce que je parvienne à traverser le terrain très étendu me séparant des soldats SS et, une fois auprès d'eux, à les convaincre du fait qu'aucune résistance ne serait opposée côté hongrois, et donc de cesser le feu.*

Avec cette occupation par les nôtres, en tant que chef de l'unité s'y trouvant déjà, je suis automatiquement désigné comme Kommandant *des soldats allemands présents sur place, plus des quelques 4000 militaires hongrois. Quelques semaines plus tard, une Kommandantur classique sera établie à Horthyleget, avec à sa tête un* Oberstleutnant *rappelé d'un certaine âge.* [...] »

Concernant cette opération « *Margarethe I* », le commandant du *Fallschirmjäger-Bataillon « Brandenburg »* [9], le *Major* Weithoener, apporte quelques précisions :

« [...] *Ce n'est que le 19 mars 1944 – dix minutes avant le décollage – que les commandants de compagnie, l'officier adjudant-major du bataillon et les différents chefs de section sont rassemblés pour une courte* Einsatzbesprechung *– exposé de la mission – au son des moteurs déjà mugissants des Ju 52, prêts pour l'envol. L'objectif, la nature de la mission et le plan du combat leur sont transmis. Les visages sont ahuris, puis est effectuée une rapide mise au point quant à la situation et chacun regagne sa « Ju ». Décollage ! Le* Jagdschutz *–couverture de chasse – n'interviendra qu'une fois la frontière hongroise passée dans les airs.*

Avant d'arriver sur l'objectif, le terrain d'aviation de Budaörs, nos avions de chasse amorcent une descente en piqué, en vue d'ouvrir le feu sur la DCA hongroise, si jamais elle venait à répliquer. Pour nous, Fallschirmjäger, un tir sol-air hongrois signifierait notre largage par parachute. En revanche, si ces pièces se tenaient tranquilles, nos avions accompliraient un banal atter-

Page suivante en haut. Quelques sous-officiers (*Unterführer*) du bataillon, reconnaissables notamment à leur *Kragenschnur* (galon d'aluminium bordant le col de la vareuse), viennent de disputer un match de football amical contre des soldats de l'armée hongroise. Ils portent tous l'insigne de parachutiste breveté (*Fallschirmschützenabzeichen*) et, outre ce dernier, ils ont la même apparence que les autres soldats des Waffen-SS. De bonne humeur, ils quittent le stade de l'île de Csepel pour entreprendre une sortie (*Ausgang*) dans le cœur de la capitale hongroise, Budapest. Son identifiés le deuxième à gauche, l'*Oscha.* Gerhard Fischer, le deuxième à droite, l'*Uscha.* Jury.

rissage sur la piste. Voilà ce qui se produit : La DCA magyare n'ouvre pas le feu, donc nous atterrissons avec appareils de transport. Dans les airs, un seul et unique parachute descend du ciel : se trouvant dans le dernier appareil, l'homme n'a pas dû prêter attention au signal « nicht springen » *– saut différé –. Une petite démonstration de saut de sa part... Dieu soit loué sans suites graves ! Conformément aux consignes de combat, d'un trait les différents bâtiments de l'aérodrome sont occupés par chaque groupe, toute possibilité de décollage des trente avions hongrois s'y trouvant est bloquée, et les liaisons téléphoniques sont immédiatement placées sous contrôle grâce à nos éléments téléphonistes, avec l'aide de l'un d'entre nous parlant la langue magyare* ».

Ce *Fallschirmjäger-Bataillon « Brandenburg »* reçoit ensuite l'ordre, tout en assurant provisoirement la garde et la sûreté du terrain d'aviation, de dénicher un cantonnement, soit à Budaörs même, soit dans ses alentours.

Weithoener poursuit : « *Vers midi, l'amiral Horthy, régent de Hongrie, revient de son entrevue avec Hitler, qui a eu lieu au Schloß Kleßheim* [10]. *De retour en Hongrie, lorsqu'il a pénétré en voiture dans le château fort* [11], *ses yeux sont tombés sur des Fallschirmjäger présentant les armes.*

Ça, c'est plus qu'un geste symbolique des « Brandenburger » [12]. *Les fractions de mon Fallschirmjäger-Bataillon* [deux compagnies renforcées *NDA*] *engagées dans cette action resteront trois semaines supplémentaires sous l'autorité de l'*OB-Südost, *coopérant sur place avec la* Panzer-Lehr-Division *(commandée par le* Generalleutnant *Fritz Bayerlein). De longs méandres seront encore à traverser avant qu'à Budapest un nouveau gouvernement ne soit formé et que son autorité ne s'affermisse, mais une fois la chose faite, mes Fallschirmjäger « Brandenburg » quitteront la Hongrie et, le 12 avril 1944, retourneront à Stendal, dans le nord de l'Allemagne.* »

Tandis que quelques *Kameraden* se dorent au soleil ou grignotent du maïs, Heinz Jamin doit assurer une routine du service, unanimement déplaisante: le service de garde (Wachdienst). Encore une cigarette, puis on place l'arme à la bretelle, on enfile le casque (ici, visible derrière sa main gauche) et cet (ennuyeux) *Wachdienst* peut commencer. Notons le bidon sur le côté droit du soldat, pourvu d'un quart en bakélite très clair, donc de fabrication tardive.

Ci-contre et page suivante en bas. Après les tout premiers jours passés au dressage « caporaliste » et aux exercices (*Drill und Exerzieren*), les hommes du bataillon prennent le temps de visiter la capitale, prenant part à des visites guidées culturelles, des manifestations sportives ou encore des rencontres avec les Volksdeutschen de Hongrie (plusieurs millions d'individus avant 1945), dont certains sont établis dans quelques gros villages bordant la capitale. Là, ils ne goûtent pas qu'au tokaï gouleyant ou aux spécialités délicieuses, dont la goulache.

Le quotidien des paras SS à Budapest

L'opérateur-radio de la section de transmissions, Leo Schaap, reprend son récit : « *Autrement dit, ce jour-là* [19 mars 1944] *nous ne recevons pas de* Feuertaufe *– baptême du feu –. Nous avons même voulu jouer un peu trop vite aux « bons vieux Landser », car une heure après le début de cet engagement déjà terminé, notre comportement quelque peu « négligé » des derniers jours passés sur Baschaid va être corrigé ; une correction orchestrée directement sur le terrain d'aviation [d'Horthyleget] par nos supérieurs Haselwanter, Müller et Lohmann (un* Oscha.*). Est-ce dû à la contrariété de ces « grosses légumes » au vu de cette curieuse manière, si peu martiale, de faire la guerre... ou à tout autre considération de leur part ? Mystère, en tous cas dès les minutes qui suivent, ils se déchaînent sur nous avec une dureté encore jamais vécue jusqu'à présent. Des années après, même aujourd'hui je n'en démords pas quant au fait que ce* Strafexerzieren *(exercice punitif, ou « pelote ») exécuté sous les yeux des soldats hongrois (qui avaient été désarmés quelques heures auparavant), n'a reflété aucune image positive de notre Waffen-SS.*

*Le soir venu, alors que nous établissons nos quartiers dans une école de vol à voile, notre « ancien », le Berlinois Willi, donne libre cours à sa mauvaise humeur, exprimant tout haut son indignation face à l'*Ustuf. *Haselwanter pour ses brimades répétées. Willi va même jusqu'à l'envoyer promener (!), comme celui-ci l'avait fait auparavant avec nous. Au cours des jours suivants, la tension connaîtra encore quelques montées, puis les relations entre hommes de troupe et sous-officiers reviendront heureusement à la normale.*

*Le lendemain matin, nous disparaissons avec l'*Uscha. *Ziemer – le seul sous-officier qui n'ait pas pris part à ces disputes, ayant tout le temps conservé avec nous une attitude de camaraderie – pour la toute première fois « en exploration » dans un village hongrois situé à proximité de l'aérodrome. Là, quelle bonne surprise, nous tombons derechef sur des* Volksdeutschen, *qui nous réservent eux-aussi un accueil amical. Néanmoins l'après-midi, un nettoyage des armes entraîne un* Strafdienst *– corvée – prononcé par Müller et Lohmann ; cette fois c'est moi qui m'arrange pour le « saboter » bien comme il faut. Si certes c'est à moi d'en baver le plus, en définitive cette corvée se termine par une réconciliation des têtes de mule* (Dickschädel) *bavaroises et westphaliennes.*

Comme ce tout premier engagement monotone du bataillon est terminé, nous pouvons profiter de quelques magnifiques journées dans ce pays, dont le niveau de vie n'a rien à envier à celui de l'Allemagne d'Avant-guerre. Le **21 mars**, *nous nous rendons tambours battants dans la bourgade de Veczes (Vecsés NDA), au sud-est de Budapest ; sa population de souche allemande nous y a invités. Le service n'a pas cours, une semaine durant nous sommes simplement occupés à boire, à manger, à dormir et à savourer d'autres plaisirs du* Landser. *Ces* Volksdeutschen *comblent d'hospitalité la première unité allemande – la nôtre – débarquant dans leur localité.*

Au cours des journées suivantes, d'autres unités allemandes passent dans notre secteur ; elles sont partout accueillies pacifiquement, et même dans l'allégresse. Bien sûr, dans le cas le plus défavorable pour nous, ces troupes auraient pu aussi représenter notre Entsatz *– la relève – si ardemment désiré. Durant cette* période, une fraction de notre section est appelée pour se rendre au château de Budapest afin, là-bas, d'effectuer un piquet d'honneur (Ehrenwache) conduit par Haselwanter à l'intention du gouvernement hongrois.

Le **27 mars 1944**, on nous informe d'un changement de cantonnement dans un proche avenir. En camion, nous sommes envoyés à Csepel, une île de cinquante kilomètres de long située sur le Danube, en périphérie méridionale de Budapest. Nous établissons nos nouveaux logements dans un hôtel pour ouvriers, ces derniers travaillant à proximité. Chaque chambre est équipée d'une salle d'eau, l'on s'y sent tout-de-suite très bien. Pour la première fois, l'Oscha. Bastian installe une 80-Watt-Funkstelle – *station-radio de 80 Watts* –, à laquelle j'appartiens moi-aussi. Nous travaillons dorénavant au poste-radio de façon ininterrompue, et je dois bien dire que jusqu'à aujourd'hui je n'en saisis pas vraiment la raison. En effet, jusqu'à notre départ de Csepel, un échange-radio identique se répète d'heure en heure : « qru-qr x 60 ; qru-qru x 60 » *(Transcription : Je n'ai rien pour vous. Avez-vous quelque chose pour moi ? Attendez 60 minutes. Réponse : Je n'ai rien pour vous, je vous recontacte dans 60 minutes).*

Outre les exercices matinaux habituels, dans l'ensemble le service est réduit au minimum. Cependant, le Hstuf. Rybka nous trouve de nombreux divertissements. Ainsi dans le stade de l'équipe régionale hongroise de Csepel, proche de notre cantonnement, nous nous adonnons à d'opiniâtres matchs de football, contre les unités hongroises et allemandes. Notre Nachrichtenzug se défend très bien, ne perdant que par 2 - 3 contre une unité de Flak. Dans notre équipe, ceux qui suent le plus sont Haselwanter et Mertely, l'officier adjudant-major du bataillon (Btl.-Adju.), car ils effectuent en générale un service moins éprouvant physiquement que le nôtre. Par contre, en nous frottant à l'équipe du bataillon, par 1 à 7 nous essuyons une lamentable déculottée.

Autrement, nous éprouvons une immense joie en visitant durant toute une journée la capitale magyare. Le trajet jusqu'au centre-ville dure vingt minutes. Après que tout notre bataillon se soit agréablement délassé dans l'un des somptueux bains couverts de la ville, Rybka laisse chacun d'entre nous vaquer à ses occupations. La grande métropole danubienne offre une vie citadine pareille qu'en pleine paix. Les boutiques sont truffées de toutes sortes de biens. Cinquième année de guerre, et ici toujours pas de rationnement des vivres, pas même de restrictions sur le tabac (!). Elégants et fiers, les officiers hongrois déambulent dans leurs splendides uniformes à la coupe flamboyante directement inspirée du temps des Habsbourg, face auxquels nous ressemblons quasiment à des cow-boys venus du Far-West ! Les Juifs hongrois sont nos voisins dans les tramways, assis juste à côté de nous, les SS-Männer, non sans une certaine crainte dans leurs yeux, car sans aucun doute ce début d'occupation allemande marquera-t-il bientôt pour eux la venue des ennuis. Ni nous, SS-Fallschirmjäger, ni nos voisins juifs, nous ne savons quels événements épouvantables nous attendent encore, et si vraiment nous allions réussir à nous tirer vivants de cette guerre.

Cette belle journée se termine trop vite et, sur le chemin du retour, personne ne regrette d'avoir flambé presque tous ses Pengös (unité monétaire hongroise de 1927 à 1946 NDT).

Le **3 avril 1944** approche. Depuis quelques jours, des escadrilles de la RAF s'en prennent à Budapest, visant tout particulièrement Csepel, car sur l'île sont installées d'importantes usines d'armement de l'industriel Weißmann (Manfred Weisz NDA). Le fait d'être justement logés dans un hôtel pour ouvriers – bâti à proximité des usines – n'est pas très bon pour nous. Au cours de l'un de ces bombardements nocturnes, Herbert Richter, membre de notre Nachrichtenzug, est blessé. Vu ces circonstances, l'adieu de la capitale hongroise est un peu mieux accepté par chaque homme. Au soir du **11 avril**, depuis une gare de banlieue de Budapest, nous partons en train vers le sud. Sans incident notable, nous regagnons la petite bourgade serbe de Mataruschka Banja, un lieu qui nous est devenu si familier… »

Le Dr. Armin Weirich, devenu commandant de l'aérodrome de Horthyleget, ajoute quelques souvenirs sur les débuts de l'occupation allemande en Hongrie, plus précisément sur la présence des « diables verts SS » sur Budapest:

« Au début, nous sommes « heureux » de la présence de ce SS-Bataillon, même s'il s'agit sans aucun doute de la troupe allemande la plus insolite que l'on puisse imaginer ! Il est constitué de trois compagnies [de fusiliers] et d'une compagnie d'instruction de campagne, et il est placé sous l'autorité directe du Reichsführer-SS. C'est – dans le jargon du Landser – un « verlorener Haufen », une unité disciplinaire de la Waffen-SS regroupant d'anciens officiers et sous-officiers de cette dernière qui, en raison d'infractions disciplinaires, ont été dégradés et espèrent recouvrer leurs grades et distinctions de bravoure d'autrefois par une « mise à l'épreuve » sur le front. Les Kompanie-Führer

eux-mêmes sont d'anciens officiers dégradés, retombés au simple rang de Schütze. *Seuls le commandant de l'unité (un titulaire de la croix de chevalier), le médecin du bataillon et l'officier chargé de l'administration sont parés (de nouveau ?) de leurs insignes de grade*[13]. *Ceux qui tomberont avant leur réhabilitation (ce sera le cas pour la plupart des membres de ce bataillon, engagés en permanence dans les combats les plus violents), se verront réattribuer post mortem leurs anciens grade et décorations.*

En outre, c'est bien la seule formation allemande dans laquelle, suivant une ancienne coutume germanique, les soldats ont le droit de désigner directement leurs chefs. Ces traits particuliers font que ce bataillon jouit d'un esprit combattif extraordinaire et, partant de là, sera sans arrêt envoyé aux points névralgiques, les plus chauds, des zones de combat. D'ailleurs, un dicton circule : « B 500 hält oder fällt » *(Le 500*[e] *bataillon tient ou tombe).*

Le bataillon est régi par une discipline extrêmement sévère. Néanmoins, la nature rude, à l'esprit de « Lansquenets », de ses hommes conduit à de nombreux incidents avec les militaires et civils hongrois. Etant le commandant des lieux et entretenant jusque là des relations constamment amicales avec les Hongrois, je suis confronté au fait qu'ils viennent à chaque fois m'exposer leurs griefs, et il est de mon devoir de les communiquer et de me faire leur porte-parole auprès du commandant de ces SS. Naturellement des discussions animées en résultent, on me reproche même d'être du côté des Magyars.

Quelques semaines plus tard, une escadrille de transporteurs de troupe Ju 52 emmène le bataillon ailleurs, pour une mission secrète, en fait un engagement par parachute dans les montagnes bosniaques, pour s'emparer du QG du chef des partisans yougoslaves, Tito, et capturer ce dernier. Cette opération tournera à l' « épopée héroïque », comparable à celle de la « libération du Duce » au Gran Sasso, montée quelques mois auparavant. Néanmoins, comme l'opération échouera, les reportages de guerre ne s'attarderont pas à l'évoquer ».

Pour conclure sur « *Margarethe I* », il convient de préciser que les relations entre la *Honvéd* (armée hongroise) et les soldats de la Wehrmacht ne posent pas de problèmes. Dans l'ensemble, la coopération entre les officiers des deux pays est *kameradschaftlich* et sans heurts. Bien entendu, des exceptions ont pu exister. Notons également que la population de Hongrie se montre majoritairement amicale envers les soldats allemands, y compris envers les Waffen-SS. Cependant, les bombardements alliés croissants suscitent une peur et une incertitude accrues dans ce contexte d'occupation allemande, d'autant plus que les lourdes pertes du *Honvéd* sur le front de l'Est contribuent à accentuer la lassitude vis-à-vis du conflit, le désir ardent d'un retour à la paix émerge, et ce à tous les échelons de la société hongroise.

Pendant ce temps, au tout début du printemps 1944 Tito, devenu le meneur le plus important des partisans yougoslaves, saisit très vite l'opportunité s'offrant à lui. L'engagement en Hongrie a entraîné un large dégarnissement des territoires yougoslaves, privés à ce moment là de nombreuses troupes allemandes : Tito en a profité pour y étendre son influence.

Les troupes bulgares « alliées » au IIIe Reich, chargées de sécuriser les zones frontalières aux confins de la Serbie, du Monténégro et de la Croatie, font preuve d'une combattivité très médiocre, elles sont éliminées sans difficulté par les partisans communistes. Afin d'enrayer cette confusion croissante, fin mars 1944 le *Generalfeldmarschall* Freiherr von Weichs, l'*OB-Südost*, demande à l'état-major supérieur de la Wehrmacht un retour rapide du commandement du *LXIX. Armeekorps z.b.V.* dans le nord de la Croatie, un corps d'armée d'emploi particulier pour lequel (après le départ de la *367. Inf.-Div.* et le transfert prévu de la *1. Geb.-Div.*) il ne subsistait plus de mission d'envergure à accomplir sur le sol hongrois.

L'ordre de transfert est édicté le 31 mars. Ce n'est pas tout : von Weichs souhaite transférer vers la Serbie le *4. Regiment « Brandenburg »*, afin de l'employer en combat anti-partisan. Quant au *Gren.-Rgt. (mot.) 92*, aucun ordre n'est encore donné, en tous cas le **1**[er] **avril**

Avec étonnement, les *SS-Fallschirmjäger* découvrent aussi les très pittoresques porcs laineux (mangalitza) et les coqs d'Inde, du jamais vu dans les fermes allemandes du Reich. Durant cette escale hongroise, seuls les bombardiers britanniques troublent ce quotidien autrement idyllique.

Page suivante, en haut, à gauche.
Autre « fruit » du travail des paysans locaux : le maïs, « dévoré » sur place à peine cueilli, dégusté ici par Heinz Jamin et Werner Bartels.

Une fois dissipées les tensions initiales de « l'engagement » dans le cadre *de* Margarethe I et la clarification de la situation politique magyare, pour les *SS-Fallschirmjäger* commence une période vraiment paisible… à l'image du *SS-Sturmmann* Gerhard Schiller.

est décidé l'envoi de la *Pz.-Abt. 202* (subordonnée au *4. Rgt. « Brandenburg »*) vers le sud-ouest de la Serbie. Le *Korpsbefehl* – ordre de corps d'armée – émanant du *LVIII. Pz.-Kps.* – 58ᵉ corps blindé – du **2 avril 1944** stipule : « Le 4. Rgt. « Brandenburg » *renforcé, avec le* SS-Fallschirmjäger-Btl. *et la* Pz.-Abt. 202 *placés sous ses ordres, sont retirés du corps. Transport débute le 2.4. au soir.* »

Trois jours plus tard, le **5 avril**, est annoncé le départ du *4. Rgt. « Brandenburg »* (moins son *III. Bataillon*), du *Fallschirmjäger-Bataillon « Brandenburg »*, du *SS-Fallschirmjäger-Bataillon* et de la *Panzer-Abteilung 202*. L'ordre de marche du bataillon de parachutistes des *« Brandenburger »* précise : « […] *Envoi sur Stendal des fractions du* Fallsch.Jg.-Btl. *de la* Div. « Brandenburg » *engagés sous les ordres du commandement du* LVIII. Res.Pz.-Korps, *en vue de poursuivre la constitution de ce* Btl. ».

Pendant ce temps, le *SS-Fallschirmjäger-Bataillon* vit quelques changements : il est dorénavant paré du numéro « 500 », une numérotation du bataillon décrétée administrativement dès le 28 mars 1944. Le commandement de l'unité, lui-aussi, connaît un tournant : à sa tête, le **4 avril** le *SS-Hauptsturmführer* Kurt Rybka – comme on a pu le voir, fort populaire parmi les soldats – succède au *SS-Obersturmbannführer* Herbert Gilhofer. Néanmoins, cette passation de l'autorité de commandement au sein de l'unité, dès lors appelée « ***SS-Fallschirmjäger-Bataillon 500*** », a lieu officiellement un peu plus tard, le 22 avril 1944.

Le 31 mars est ordonné le retour du 500ᵉ bataillon de parachutistes des Waffen-SS à Kraljevo, afin de reprendre la lutte anti-partisane en Serbie et en Croatie. Ce transfert d'une grande partie du bataillon débute par chemin de fer le 5 avril. Les éléments restants et notamment le *Nachkommando* – détachement de police, c'est-à-dire le dernier à quitter les lieux – les rejoindront au cours des jours suivants.

Le premier engagement « hongrois » du bataillon, opéré sans effusion de sang, est maintenant terminé.

NOTES

1. Voir les notices biographiques en fin d'ouvrage.
2. A cette époque, la frontière roumano-hongroise court plus à l'est, la Hongrie englobant la Transylvanie du Nord (cédée par la Roumanie) depuis 1940 NDT.
3. Le pavillon de ce château autrichien, saccagé par des révolutionnaires en 1918, est aménagé à partir de 1938 pour recevoir les hôtes du Führer, étant localisé non loin de Berchtesgaden. Ainsi par exemple eut lieu là-bas en avril 1943 une conférence avec le Duce NDT.
4. Fütterer (1894-1963) a servi comme attaché de l'Armée de l'air en Hongrie et, à partir d'avril 1944, il devient général en chef des forces de la Luftwaffe présentes sur le sol hongrois.
5. Von Kállay (1887-1967), issu de l'ancienne noblesse magyare, a été ministre de 1929 à 1935. Devenu Ministre-Président (premier ministre) de Hongrie en 1942, il a été l'artisan d'une tentative pour désolidariser la Hongrie du IIIᵉ Reich.
6. Détachements notamment responsables de la garde des ponts NDT.
7. S'agit-il d'une musette à pain du modèle général *(Brotbeutel 31)* remise à chaque sautant spécialement pour l'engagement avec un « contenu spécial », ou alors tout simplement d'un petit sac à victuailles (incluant du pain) remis pour l'engagement? NDT
8. Appareils de bombardement bimoteurs NDT.
9. A ne pas confondre avec le *SS-Fallschirmjäger-Bataillon* !
10. Château situé dans les Alpes autrichiennes, près de Salzbourg.
11. Il s'agit ici de l'imposant château de Buda, ou palais de Budavár. Il sert de résidence au Régent de Hongrie, Miklós Horthy NDT.
12. Notons que les SS-Fallschirmjäger, eux-aussi, assureront le piquet d'honneur *(Ehrenwache)* devant les lieux de gouvernement hongrois NDA.
13. Remarquons que le Dr. Armin Weirich fait plusieurs méprises quant à la composition et à la nature du *SS-Fallschirmjäger-Bataillon 500* NDT.

6 L'UNTERNEHMEN « MAIBAUM » DU 26 AVRIL AU 10 MAI 1944

Quelques précisions sur la situation dans les Balkans...

Suite à la malheureuse épopée de l'armée italienne contre la Grèce lancée à l'hiver 1940/41, Hitler avait dû intervenir afin de prémunir son allié Mussolini contre une défaite déshonorante, d'où notamment le lancement de la Campagne de Balkans (*Unternehmen « Marita »*), au cours de laquelle la Wehrmacht a occupé la Yougoslavie puis la Grèce. L'armée yougoslave a dû capituler en quelques jours, dès le 16 avril 1941. Par la remise des pleins pouvoirs des mains de leur gouvernement, les parlementaires de cet Etat pluriethnique, le ministre Alexander Cincar-Marković et le général Danilo Kalajatovic, ont été officiellement légitimés pour négocier la capitulation avec l'Axe. Conformément à l'article 35 de la convention sur les lois et coutumes de la guerre sur terre de La Haye, toute résistance armée contre les forces allemandes d'occupation pouvait entraîner des mesures de représailles couvertes par le *Kriegsrecht* – droit des conflits armés –.

L'imbroglio ethnique et politique complexe du Sud-est de l'Europe, avec (pour ne citer qu'elles) ses tensions séculaires entre Bulgares et Serbes, Grecs et Italiens, Serbes et Croates, a couvé du temps de la maison royale de Yougoslavie (1920-41), durant l'Entre-deux-guerres. Peu après la défaite au printemps 1941, cette myriade d'oppositions a reparu au grand jour. Pour ne rien arranger s'ajoutent des dissensions religieuses tout aussi anciennes entre les différentes entités ethniques. Cela a contribué en 1941 à une renaissance des conflits de nationalités dans les Balkans, auxquels le commandement allemand n'était pas préparé ni à la hauteur, manquant « de concepts clairs ». Par ailleurs, dans la foulée, ont rapidement surgi les premières difficultés posées par la coalition regroupant le Reich, l'Italie et la Croatie.

Ante Pavelić, le « Führer » (« Poglavnik ») des Croates et protégé de Mussolini, co-fondateur et chef de la milice national-fasciste Oustacha, contrariait la pacification du pays à cause des épouvantables pogroms antiserbes orchestrés par ses groupes armés. Meurtres et atrocités de masse oustachas ont contribué au fait que, par la suite, les partisans ont pris l'habitude de ne plus faire de prisonniers, et même de massacrer sauvagement les adversaires tombant entre leurs mains. Comme continuellement des soldats allemands ont été victimes de ces agissements, par faiblesse politique, méconnaissance de la situation et dans une certaine détresse, les forces allemandes ont réagi de façon disproportionnée. Le haut-commandement de la Wehrmacht (*OKW*) a d'ailleurs publié un ordre général le 19 mars 1942 : « *Par principe, les rebelles capturés seront pendus ; même employés à des fins de reconnaissance, cela n'induira de toute façon qu'un modeste sursit de leur mort* ». Plutôt que d'avoir eu un effet dissuasif sur la participation des populations occupées à la résistance, ces mesures ont entraîné de facto la Wehrmacht dans une spirale infernale de meurtres et de représailles. Si les Oustachas combattent du côté allemand (et encore davantage du côté italien), ces unités occasionnent finalement plus de dégâts qu'ils ne contribuent à « stabiliser » les zones où elles opèrent. Apparemment sans aucune distinction, ces fascistes croates pillent et assassinent, bien qu'au fond leur combativité soit très faible en situation de confrontation armée. Pavelić jouit d'un substantiel appui du Duce, or le commandement allemand – à commencer par Hitler en personne – ne souhaite voir naître aucune dissension avec son principal partenaire Mussolini. Ainsi le malheur ne fait-il qu'empirer irrémédiablement, atteignant même un point culminant après le retrait de la monarchie italienne de l'Axe (septembre 1943), impliquant, à partir de 1943/44, un comportement germanophobe croissant de la part des milices Oustachas.

Maladresses politiques du commandement allemand, alliés « encombrants » du Reich et erreurs dans le choix des moyens employés pour juguler les crises balkaniques ont rapidement eu pour conséquence d'animer la résistance face à l'occupation allemande en Yougoslavie (débutée en avril 1941). Au départ, il s'agissait principalement de franc-tireurs serbes, des nationalistes fidèles à la monarchie, et des Tchetniks (*Četnici*) de Dragoljub « Draža » Mihailovič. A cette opposition armée se sont rapidement ajoutés des groupes aux motivations idéologiques plus « internationalistes », dont les partisans communistes de Tito fournissent les contingents les plus volumineux. Le 22 décembre 1941, le périmètre militaire de ce mouvement d'insurrection communiste est constitué d'une troupe-cadre d'environ 1200 volontaires serbes et monténégrins, dont les effectifs s'accroissent constamment. Presque un an plus tard, le 19 novembre 1942, ces partisans agissant sous la coupe de Tito ont reçu la dénomination générale d'« Armée de Libération du Peuple », venant coordonner et chapeauter des mouvements (souvent qualifiés de « bandes ») de résistance.

Cette armée est organisée en divisions et brigades, lui donnant l'apparence d'une force militaire régulière. A partir de la mi-1942, la brigade représente tactiquement la force la plus importante et qui, avec ses différents unités et détachements, se caractérise par une haute mobilité. Une brigade de partisans compte un effectif théorique fixe d'environ un millier d'hommes. La division est la grande unité, regroupant trois brigades, soit environ 3000 hommes. Dans leur appellation, c'est le statut idéologique, comme par exemple le qualificatif « prolétarien(ne) » pour une unité d'élite, ou alors l'origine géographique de recrutement (voire même de remplacement) comme « dalmate », « de la Lika » (région côtière montagneuse) qui détient l'importance. En revanche, leur numérotation est inexistante au départ, s'effectuant exclusivement suivant l'ordre progressif de constitution dans le temps, comme par exemple la « 9ᵉ dalmate » ou encore la « 10ᵉ bosnienne ».

Sous le commandement autoritaire du Secrétaire Général du Parti Communiste de Yougoslavie, Josip Broz-Tito, le mouvement d'insurrection, en expansion

Conformément aux ordres, ces deux *Fallschirmjäger* d'un « détachement de chasse » *(Jagdkommando)* ont dissimulé leur véhicule et le MG.34 (muni d'une grille de visée pour tir antiaérien) contre la vue des avions ennemis à l'aide de branchages. Pas que sur le Mur de l'Atlantique, dans les Balkans aussi le danger de l'aviation anglo-américaine est omniprésent en 1944.

Ci-contre. Un adjudant de compagnie des Tchetniks (à gauche) à côté d'un homme de troupe, tous deux arme à la bretelle. L'homme de droite porte à son ceinturon un groupe de cartouchières de modèle austro-hongrois, pour les munitions du fusil Mannlicher Modell 1895. Il est coiffé d'un casque tchécoslovaque modèle Vz.32. La vareuse en drap est, elle-aussi, d'inspiration habsbourgeoise , reprise par le Royaume de Yougoslavie dans l'Entre-deux-guerres. L'adjudant est, quant à lui, équipé de sangles porte-cartouches en cuir et d'étuis à grenades aux hanches. Ces Tchetniks, des royalistes serbes farouchement anticommunistes, ont finalement choisi de rejoindre le camp allemand, face à l'absence d'aide alliée à leur encontre.

Une image rare. Des membres du *Jagdkommando « Benesch »* prenant la pose. Aux côtés du personnel d'encadrement allemand composé d'officiers et de sous-officiers, des soldats croates en uniforme de différents grades. Le civil visible à gauche peut être un agent de liaison, un informateur, un guetteur, un guide indigène… voire un *« Brandenburger »* opérant en camouflage intégral *(in Volltarnung)*. Disons le, ces alliés croates des Allemands haïssent les Serbes (et bien entendu les Tchetniks), il faut donc pour le Reich «jongler» en permanence avec des partenaires très différents dans les Balkans...

Une section de Tchetniks est alignée, avec ses drapeaux. Les chefs se tiennent légèrement à l'écart, au premier plan. Les sangles porte-cartouches croisées en bandoulière rappellent les romans « orientalistes » de Karl May se déroulant dans les Balkans, ou encore les marins et Bolcheviks de la guerre civile russe. Les auxiliaires des forces allemandes d'occupation combattent également des partisans communistes de Tito…

Temporairement ! Peu après déjà, quelques Tchetniks ont rompu les rangs pour combattre – de nouveau – contre la Wehrmacht. Ces alliés de la veille sont escortés comme prisonniers par des soldats allemands. Aujourd'hui ami, demain ennemi : une pratique quotidienne dans la Péninsule balkanique.

continue, devient une troupe mobile, puissante, bien organisée… Bref, une menace colossale pour les forces d'occupation allemandes. L'influence de Tito se répand dans l'ensemble de la Péninsule Balkanique, finissant par mettre sérieusement en péril la liberté d'action du commandement allemand dans cette région.

Christian Zentner[1] écrit quant au mouvement de partisans yougoslaves : « *D'après les estimations allemandes, en mars 1944, Tito dispose dans les Balkans de 11 corps, rassemblant au total 31 divisions, chacune d'entre elle comprenant 2000 à 4000 hommes. Selon les rapports allemands, des pertes à hauteur de 55 800 morts et 21 500 prisonniers auraient été infligés aux partisans du 1er janvier au 1er août 1944. Le nombre d'*Überläufer *– déserteurs – se chiffrerait à 2500. Les troupes de Tito sont non seulement ravitaillées par les Alliés, mais ont récupéré de nombreuses armes des anciennes forces d'occupation italiennes, et s'en procurent aussi au cours des combats contre les milices anticommunistes croates. Malgré des contre-mesures allemandes d'envergure, Tito reste invaincu. Le 25 mai 1944, la tentative de parachutistes allemands pour s'emparer de son QG a échoué de peu. Au fil du temps, ses troupes perdent leur caractère « partisan », évoluant vers une véritable armée régulière* » (extrait de la page 423 de l'ouvrage *Der Zweite Weltkrieg ; ein Lexikon*, München, 3. Auflage, 1995).

Un ennemi inhabituel pour le *Landser*

Une grande partie des unités de partisans séjourne dans des zones non occupées par les troupes allemandes. Ces bandes armées communistes esquivent principalement le combat ouvert, sauf si l'opportunité s'offre à elles d'attaquer par surprise un groupe allemand plus faible numériquement qu'eux, où alors si leurs dépôts, réserves et bases d'appui vitales se

Carte de la Yougoslavie (dépecée) après avril 1941 :
1. Etat indépendant de Croatie, 2. Serbie, et 3. Monténégro.
Les zones hachurées sont principalement celles annexées par la Hongrie, la Bulgarie et l'Albanie (satellite italien).
(Carte dessinée par Paul Cherrier, droits réservés)

trouvent directement menacées lors d'actions allemandes « de ratissage » sur leurs propres territoires. Du point de vue allemand, ce ne sont pas les grandes unités regroupées qui représentent la menace la plus importante, mais bien les bandes de taille modeste et mobiles qui, à l'issue d'un combat, se fondent très vite dans le paysage, les chefs de groupe « dissolvant » leurs hommes – temporairement –, qui retournent alors « infester » leurs localités d'origine ou les contrées attenantes. Une fois disparus, ils « singent » à la perfection le quotidien des populations locales sans pratiquement pouvoir être repérés, vaquant aux mêmes occupations que les paisibles paysans, bergers et artisans, quittant uniquement leurs demeures pour aller travailler dans les champs ou s'adonner aux affaires et échanges avec les villages alentours, comme jadis le faisaient leurs ancêtres.

Afin de collecter des informations, quelques-uns tâchent de se rapprocher des Allemands. De jour, ils saluent l'occupant d'un air grincheux à peine dissimulé, ou alors nettement soumis. De nuit, ils posent des mines, dynamitent des ponts ou des lignes de chemin de fer, assassinent des sentinelles, massacrent des soldats isolés et mutilent leurs cadavres. Ces partisans-là, opérant en modestes cohortes et « fondus dans la masse », donnent le plus de fil à retordre aux troupes allemandes, causant d'ailleurs les pertes les plus lourdes. Leurs méthodes de combat sont marquées par un tel niveau de férocité et de perfidie, qu'elles outrepassent largement les conventions admises de la conduite « moderne » de la guerre. Depuis des siècles, les conflits dans les Balkans suivent leurs propres règles. A cela, même à l'époque contemporaine (comme au Kossovo), que les conventions de La Haye et de Genève ne semblent rien pouvoir changer.

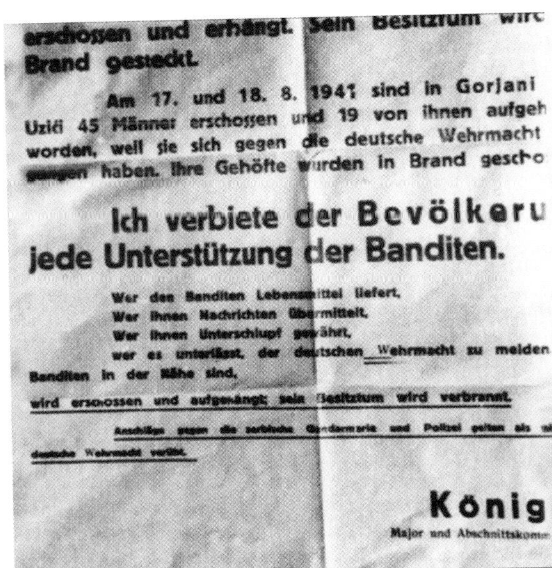

erschossen und erhängt. Sein Besitztum wird
Brand gesteckt.

Am 17. und 18. 8. 1941 sind in Gorjani Uzići 45 Männer erschossen und 19 von ihnen aufgeh worden, weil sie sich gegen die deutsche Wehrmacht haben. Ihre Gehöfte wurden in Brand gesch

Ich verbiete der Bevölkeru jede Unterstützung der Banditen.

Wer den Banditen Lebensmittel liefert,
Wer ihnen Nachrichten übermittelt,
Wer ihnen Unterschlupf gewährt,
wer es unterläßt, der deutschen Wehrmacht zu melden
Banditen in der Nähe sind,
wird erschossen und aufgehängt; sein Besitztum wird verbrannt.

Anschläge gegen die serbische Gendarmerie und Polizei gelten als
deutsche Wehrmacht verübt.

König
Major und Abschnittskom

Le *Hauptmann* Rettich, appartenant à l'*Aufklärungs-Abteilung* de la *373. (kroat.) Infanterie-Division* – groupe de reconnaissance de la 373e division d'infanterie croate combattant aux côtés de la Wehrmacht – fait état, de façon éloquente, d'une attaque-surprise des partisans contre des soldats allemands. Cet *Überfall* – action-surprise – se déroule le 21 septembre 1944[2], au cours du trajet en camion d'une section de la *3. Kompanie* de cette unité, afin d'occuper un nouveau point d'appui. L'ennemi, regroupant à peu près 200 à 300 têtes, est armé d'une demi-douzaine de mitrailleuses et de deux mortiers. Une tentative de relève du bataillon arrive trop tard, seuls les morts sont retrouvés. Le *Hptm.* Rettich relate ce drame : « *Les cadavres sont cruellement mutilés, dépouillés et – à l'exception de leurs chemises – déshabillés. La plupart ont le crâne défoncé ou ont été égorgés. Un* Sanitäter, *qu'ils avaient entièrement déshabillé et auquel ils avaient tranché la gorge (par chance pour lui, pas assez profondément pour lui sectionner la carotide) avait été laissé pour mort. Il a pu se replier en se traînant jusqu'à nous et ainsi décrire le déroulement de cette attaque. Environ quatre jours plus tard, quatre autres hommes nous rejoignent, qui avaient été faits prisonniers par les partisans lors de cette même embuscade. Ils racontent qu'ils ont été forcés de prendre part à d'autres razzias et attaques-surprise, durant lesquelles ils ont du servir comme pourvoyeurs de munitions, voire même comme de véritables combattants, les armes en main.* »

Les pertes de la compagnie s'élèvent à 39 morts et 30 blessés dont, parmi les soldats tombés, le commandant de cette unité l'*Oberleutnant* Zettel, le *Kompanie-Trupp-Führer* (chef du groupe de commandement de la compagnie) et l'un des *Zugführer* – commandants de section –. Notons que le *Lt.* Kostellac, quant à lui membre de la *4. Kompanie*, a lui aussi été tué.

Tout homme, toute chose paraissant inutile ou sans valeur aux yeux des partisans, est simplement abandonné ou liquidé. Partout et pour toute la durée du conflit, il sera procédé ainsi dans les Balkans, à de très rares exceptions près. Bref, une guerre suivant ses propres règles.

Notons que cette effroyable lutte balkanique aurait pu connaître un déroulement entièrement différent... Fréquemment, des contacts officieux sont noués entre des unités ou autorités allemandes (par exemple, certains « *Brandenburger* », des chargés d'affaire, des membres des services secrets extérieurs) et des représentants des mouvements de partisans. En mars 1943 s'est même offerte l'opportunité de conclure un pacte avec l'Armée de Libération du Peuple. Le 11 mars, des tractations non officielles sont entamées entre une délégation composée de hauts gradés des partisans (le Dr. Vladimir Velebit, Milovan Djilas et Koca Popovic) au *Gefechtsstand* – quartier général – de la *717. Infanterie-Division* établi à Gornji Vakuf[3]. Ce trio yougoslave est chargé de représenter l'offre

Au delà de cette voie ferrée sont visibles les premiers signes de l'activité des partisans, à l'orée d 'une vaste zone vallonnée et boisée. Des fermes – voire des hameaux ou villages entiers –, des champs ou forêts en flammes attestent de combats ou de « razzias ».

Quatre mois déjà après la capitulation du Royaume de Yougoslavie au printemps 1941, des troubles d'opposition aux occupants et à leurs collaborateurs naissent. Ici, une affiche en allemand interdisant aux civils toute forme de soutien aux « Banditen ». Au départ très disparates, hétérogènes et éclatés, ces groupes insurgés ne font que grossir et se renforcer ; à partir de 1943, Tito réussit peu à peu à les regrouper pour en faire une véritable armée communiste « de libération nationale ».

Une avant-garde *(Vorhut)* de Fallschirmjäger bute sur des partisans et réplique immédiatement. Alerté par le vacarme de la fusillade et des *Melder*, les compagnies qui suivent arrivent sur place, se déploient et passent à l'attaque. Mortiers et mitrailleuses (sMG) sont mis en position et, par leurs tirs bien ajustés, ils contraignent l'adversaire à prendre la fuite. Mis en difficulté, le groupe de partisans se replie vers une maison isolée et, depuis celle-ci, poursuit une résistance opiniâtre. Une tactique courante chez les bandes armées : d'abord, par une embuscade *(Hinterhalt)* adroitement montée, harceler par surprise et brièvement les troupes allemandes, leur occasionner le plus rapidement possible un maximum de pertes humaines et matérielles puis, en emmenant leurs morts et blessés (voire quelques prisonniers…), se volatiliser « dans la nature », en laissant le moins d'indices possibles.

Ci-contre. Les *Fallschirmjäger*, exposés dans une prairie dépourvue d'arbres et de broussailles, se plaquent au sol. Prudemment, par bonds, ils progressent en encerclant la maison.

Des mines peuvent avoir été cachées, des tireurs embusqués guetter, attendant le moment opportun pour presser la détente. Autour de la bâtisse blanche, les obus de mortiers explosent. Si elle est atteinte de plein fouet et commence à s'enflammer, les partisans devront entrer en combat ouvert contre les paras allemands… à moins qu'ils ne parviennent à fondre dans les bois, en arrière-plan.

de Tito auprès du commandant de cette division de la Wehrmacht, le *Generalmajor* Benignus Dippold. Chose intéressante, les partisans se déclarent prêts « *à ne pas combattre l'Etat croate, et en aucun cas les forces allemandes, pour poursuivre exclusivement la lutte contre les Četnici* [Tchetniks]. *Ils seraient même prêts à lutter les armes à la main contre toute entité désignée comme ennemie par les Allemands…* » et, d'après une méprise, « *… y compris contre les Anglais s'ils débarquaient* ».

Velebit, Djilas et Popovic proposent également un nouvel échange de prisonniers, une « régulation » de la conduite de la guerre ainsi que de tendre à la conclusion d'un armistice. La fixation par écrit de ces offres, avec les paraphes des trois parlementaires de haut rang, est même présentée lors de l'entrevue. Une position claire de l'Armée de libération du Peuple, et ce dans l'intérêt réciproque des deux camps.

Son résultat aurait sans doute été le suivant : Tito aurait pu concentrer toutes ses forces dans l'élimination de ceux qu'il considère comme ses plus grands adversaires, les Tchetniks[4], et de leur côté le Reich aurait été libéré du traumatisme d'une guérilla cruelle et, au bout du compte, impossible à remporter. Des divisions et autres forces ou unités allemandes absolument requises sur d'autres théâtres d'opération auraient pu être retirées des Balkans... Néanmoins, tous les efforts entrepris échouent face à l'attitude obstinée d'Adolf Hitler, qui ne laisse place à aucune opinion contraire à la sienne, qui reste rivé sur sa prévenance envers Benito Mussolini et la poursuite d'une guerre de coalition avec ce dernier. Autrement dit, une chance historique de mettre réellement fin à l'épouvantable guerre de partisans de la Péninsule Balkanique a été gâchée par le IIIe Reich, au moment où le vent commençait à tourner pour lui à l'Est et a fortiori en Afrique du Nord. Cette attitude du Führer fait que le nationaliste croate Ante Pavelič, dirigeant faible politiquement et militairement, et ses Oustachas continuent d'être soutenus par l'Allemagne ; pour sa part Tito étend son influence au fur et à mesure des mois, mettant les forces allemandes dans un embarras croissant tout au long de l'année 1943.

C'est pourquoi le haut-commandement de la Wehrmacht en arrive à mettre sur pied des projets visant à anéantir ce puissant mouvement insurrectionnel yougoslave. Sous la direction du *V. SS-Freiwilligen-Gebirgs-Korps* (5e corps de montagne de volontaires SS, sous les ordres du *General der Waffen-SS* Arthur Phelps) lance l'***Unternehmen « Maibaum »*** (opération « arbre de mai »), au cours duquel les unités de partisans sont durement frappées. Les troupes de Tito (entre autres, le groupe « Moraca »[5]) encaissent des pertes sensibles, toutefois, en raison de l'attitude frileuse et exclusivement défensive des Bulgares, elles parviennent à échapper à l'encerclement et à la destruction par les unités allemandes et de leurs alliés anticommunistes. Concernant « *Maibaum* », on peut lire dans le *KTB* (*Kriegstagebuch* – journal des marches et opérations) du haut-commandement de la Wehrmacht : « *Les défaillances grandissantes des forces bulgares compliquent très fortement l'exécution de nos propres mesures. Ainsi la* Gruppe Grozdenoff, *constituée partiellement de fractions de la 24e division bulgare, n'obéit pas à l'ordre de l'*OB-Südost, *pourtant réitéré à de multiples reprises, de se rassembler pour l'opération* » (*Lagebuch* du 19 avril 1944).

Le plan prévoit un largage par parachute du *SS-Fallschirmjäger-Bataillon 500* pour refermer une partie du *Kessel* – poche d'encerclement – de Vlasenica[6], afin d'empêcher l'extraction des partisans se trouvant piégés à l'intérieur. En raison de conditions-météo défavorables, du manque d'infrastructures de transport aérien et d'un approvisionnement insuffisant en carburant pour avion, ce saut (largage) dans la partie

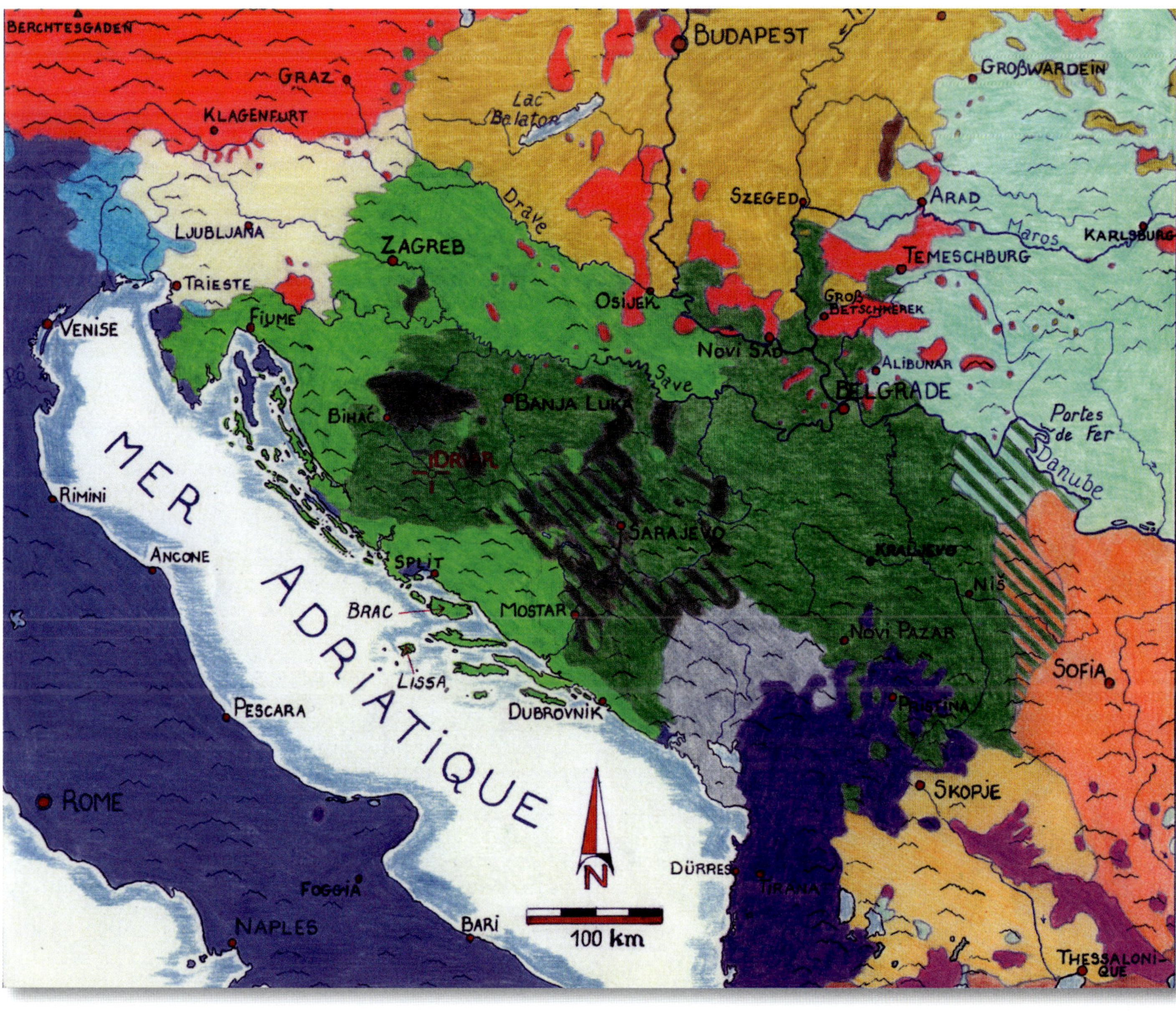

Carte de la répartition ethnique dans les Balkans durant l'Entre-deux-guerres. En rouge les Allemands, en jaune les Hongrois, en bleu ciel les Roumains, en bleu foncé les Italiens, en bleu roi les Albanais, en orange clair les Macédoniens, en orange foncé les Bulgares, en beige les Slovènes, en vert clair les Croates, en vert foncé les Serbes, et en gris pierre les Bosniaques (musulmans).
(Carte dessinée par Paul Cherrier, droits réservés)

Des passants à l'allure banale peuvent, soudain, brandir un pistolet, ouvrir le feu et disparaître en un rien de temps dans la masse.

De jour, une tranquillité fallacieuse règne dans la plupart des régions de cette Yougoslavie dépecée et occupée. Tout semble suivre sa routine séculaire, sans vagues. Ici, un groupe de Landser calmement assis à la terrasse d'un bistrot baptisé « Zlatibor », du nom d'une montagne serbe. Cependant, aussitôt que l'Allemand négligera tant soit peu sa vigilance, l'heure sera venue pour les partisans d'agir !

orientale de la Bosnie-Herzégovine, près des localités de Vlasenica et d'Užice, ne peut s'opérer et, de ce fait, le bataillon prend « simplement » part à plusieurs opérations anti-partisanes au sol, en engagement d'infanterie.

L'« ex-casseur de chars » du front de l'Est, le *SS-Untersturmführer* Hermann Wabersich, se remémore: « *Bien qu'au début de 1944 notre bataillon se trouvait encore en pleine* Aufstellung *– constitution –, ainsi qu'en phase d'instruction au combat et au saut, quelques fractions sont engagées pour la première fois en Hongrie, puis dans diverses actions de surveillance armée et de reconnaissance dans le secteur d'Užice-Mostar. Au cours de notre progression motorisée dans la zone d'Užice-Tuzla*[7] *en passant par Kragujevac (à la frontière serbo-bulgare), notre bataillon connaît, lui aussi, une surprise... En un point très étroit de la chaussée, présentant un ravin sur la gauche et un versant fort abrupt sur la droite, nous découvrons soudain un soldat allemand blessé, un* Unteroffizier, *perdant beaucoup de sang. Après nous être prémunis contre toute possible désagréable surprise et une fois les premiers éléments de notre avant-garde arrivés auprès du blessé pour s'occuper de lui, tout à coup les partisans déchargent un feu nourri sur nous, depuis le versant opposé de la montagne. Nos hommes, à découvert sur la route, offerts aux balles ennemies comme sur un stand de tir, ne peuvent s'esquiver ni à gauche, ni à droite. Cependant, nous répliquons sur-le-champ, puis grâce à un prompt ratissage de la crête par des fractions de notre bataillon nous suivant plus en arrière, bientôt tout est terminé. Là où, juste avant, l'adversaire avait établi ses positions de tir, on ne trouve rien, ni douilles, ni blessés. L'*Unteroffizier *a été si grièvement atteint que toute aide de notre* Truppenarzt *(médecin de service du corps) ou du personnel sanitaire est devenue inutile. Le malheureux n'est même plus capable de témoigner. Probablement son unité avait elle aussi remarqué trop tard le danger d'une embuscade à cet endroit. Heureusement, cette mitraillade-surprise ne nous a coûté que quelques blessés, qui peuvent immédiatement être pris en charge. Lors de ce guet-apens, l'ennemi n'a pas engagé de tireurs d'élite, autrement nos pertes auraient été bien plus lourdes. Conformément aux ordres, la sécurisation et la reconnaissance de la zone d'Užice-Tuzla, qui nous est assignée, est rapidement reprise en charge et étayée.* »

Le récit du Sudète Hermann Wabersich est un exemple typique de la guérilla conduite par les communistes yougoslaves. Notons tout de même que les accrochages avec de telles bandes ne suivent pas toujours un déroulement si « modéré ». Certains d'entre eux sont à tel point sanglants et cruels, que les soldats ayant eu la chance de survivre resteront tourmentés par eux jusqu'à leur mort.

Toujours dans le cadre de l'opération « *Maibaum* », un autre engagement parachuté est projeté pour le secteur de Lescovac-Prokublje[8], mais lui-non plus ne prend pas forme. Pourtant, cette fois, les avions de transport requis sont disponibles en nombre suffisant... mais le carburant manque. Grâce à leurs destructions de routes et de voies ferrées, les partisans interrompent provisoirement la logistique allemande d'approvisionnement, ce qui paralyse indirectement également les capacités d'intervention de la Luftwaffe. C'est pourquoi là encore, les *SS-Fallschirmjäger* sont engagés comme fantassins dans le combat contre les bandes armées communistes.

Dans le *Kriegstagebuch* de l'*OKW*, il est inscrit concernant « *Maibaum* » : « *L'*OB-Südost *voulait* *exploiter l'opportunité, s'offrant enfin à lui, de mettre en pièces des forces ennemies considérables, suite à la tentative d'unification des deux groupements communistes yougoslaves les plus importants. A partir du 25 avril, les groupements tactiques des* 7. et 3. SS-Gebirgs-Freiwilligen-Division *(appuyés par le largage du* SS-Fallschirmjäger-Bataillon *depuis Kraljevo à destination de la zone de Vlasenica), placés sous le commandement du* V. SS-Geb.-AK., *devaient passer à l'attaque dans le secteur de Vlasenica* (opération « Maibaum »). *Plutôt que de poursuivre l'édification de lignes défensives « de sûreté » et « de barrage », de progresser avec des* Stoßgruppen *– groupements de choc – distinctes et de harceler les « forces rouges » avec des détachements « de chasse », pour la première fois depuis longtemps, une large opération combinée était rendue possible. Après le rassemblement des différents groupements tactiques, les divisions communistes devaient être repoussées au maximum contre la ligne de barrage située sur la Drina* [affluent de la Save] *constituée par le* Militär-Befehlshaber Südost, *et harcelées jusqu'à leur désintégration. Se référant constamment à l'attachement de Tito à son plan pour la Serbie et, en lien avec ce dernier, aux activités des communistes dans la zone de Leskovac-Prokuplje, l'état-major de commandement de la Wehrmacht s'est donc entièrement accordé avec les intentions de l'*OB-Südost *et, de concert avec le Reichsführer-SS, il a organisé le déblocage du* SS-Fallsch.-Bataillon, *de même que le deblocage d'un bataillon du* 5. SS-Polizei-Regiment, *encore engagé en Hongrie à ce moment-là, afin de remplacer les fractions de la* 13. SS-Geb.-Freiw.-Div. *en cours de retrait.*

*Le 24 avril, le consentement du Führer et l'approbation du Reichsführer-SS (Himmler) ont été transmis à l'*OB-Südost. *L'opération a été déclenchée le 27 avril, toutefois la météo a obligé à différer le largage des Fallschirmjäger. La conséquence de cette action est que les 16e et 17e divisions communistes ont renoncé à leur intention de traverser la Drina* (Lagebuch[9] 29 et 30 avril), *comme cela a pu être constaté quelques jours seulement après son commencement. Ce constat a donné l'impression que Tito a pris la résolution, dans un premier temps, de se replier en Bosnie Orientale avec l'ensemble de ses forces.*

Dès le tournant d'avril/mai, sa seconde tentative [de Tito] *pour s'établir en Serbie peut être considérée comme ayant échoué. Nos forces, pourtant rassemblées en hâte et tout d'abord confinées dans une stricte défensive, ont réussi à frapper la division-cadre de Tito et, ainsi, à amoindrir considérablement son influence (communiqué du général von Buttlar, 9 mai). Les combats contre les 2e et 5e divisions communistes se poursuivent ; leurs pertes sanglantes sont évaluées au total à 1500 hommes, autrement dit un tiers de leurs forces effectives* (Lagebuch *1er mai). On est de nouveau parvenu à encercler ces deux divisions qui, dans un premier temps, cherchaient à conserver leurs territoires malgré de fortes difficultés en matière d'acheminement de munitions et autres approvisionnements. Cependant, elles ont réussi à décrocher vers le sud et l'ouest quelques jours plus tard où, d'après un ordre intercepté par nous, elles ont dû atteindre leur base de départ, les montagnes du Zlatar[10]* (Lagebuch *7 mai). A l'initiative de l'état-major de commandement de la Wehrmacht, le largage de tracts en vue de provoquer*

Zones balkaniques contrôlées par les partisans à la fin de l'année 1943. *(Carte dessinée par Paul Cherrier, droits réservés)*

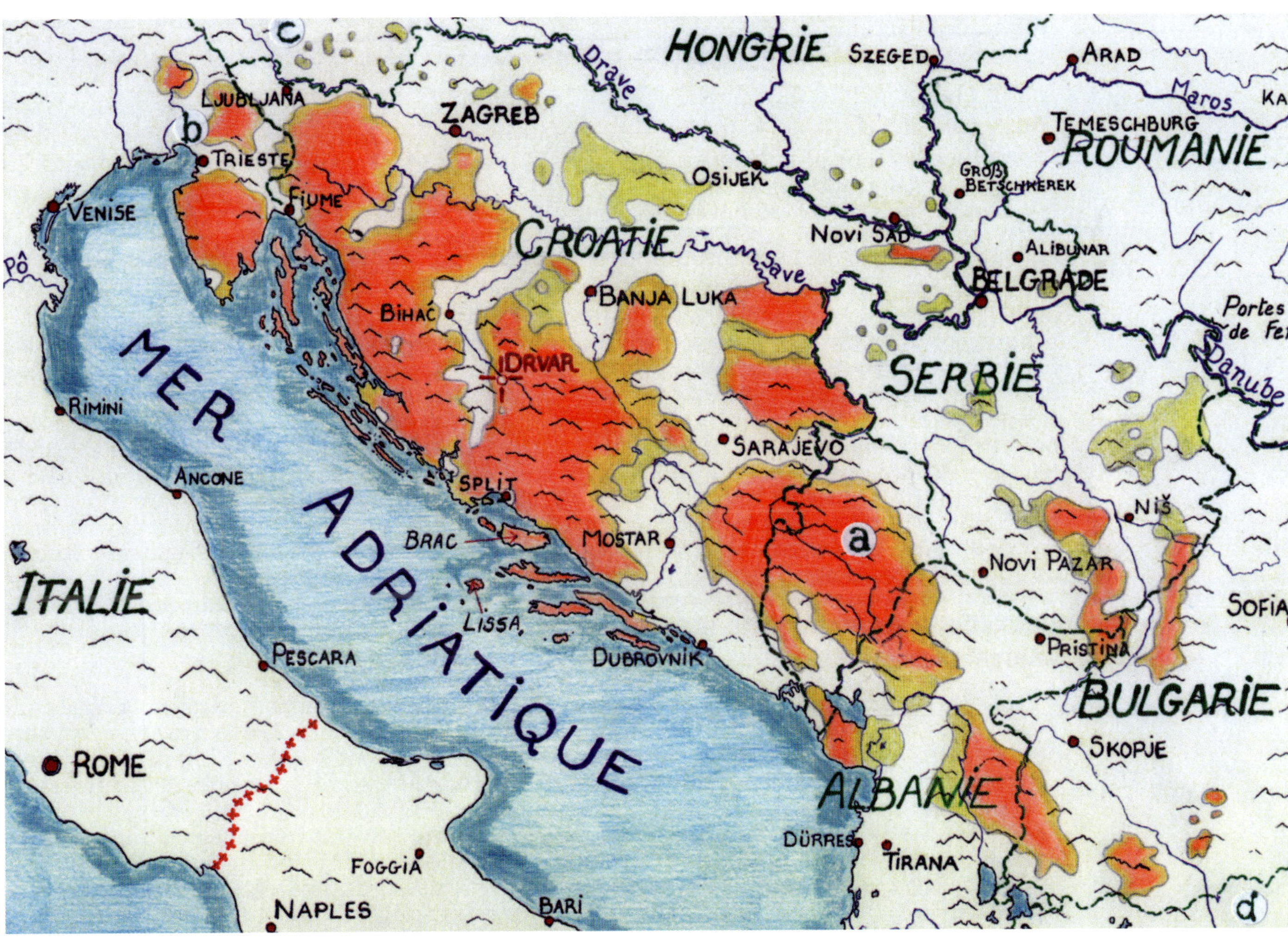

Pour briser cette opposition, les forces d'occupation allemandes imposent des peines draconiennes. Les suspects sont arrêtés, interrogés, voire envoyés dans des camps.

un mouvement de désertion parmi les partisans n'a apporté aucun succès notable.

Dissous en petits groupes, les restes des deux divisions communistes ont atteint les monts Golija[11]*. Comme dans le même temps les 16*e *et 17*e *divisions ont définitivement obliqué vers l'ouest après avoir livré de coûteux affrontements dans le secteur de Vlasenica, cette zone peut dès lors être considérée comme étant à l'écart des combats – sans qu'un réel calme n'y reparaisse pour autant –* ».

Une fois terminé l'*Unternehmen « Maibaum »*, début mai Tito ne peut plus se maintenir très longtemps dans ses positions de Serbie, contraint de se replier vers d'autres territoires. Toutefois, côté allemand, cet engagement n'a pas conduit à un succès global et décisif, et ce notamment en raison des défaillances des unités bulgares qui y ont pris part.

Le *SS-Fallschirmjäger-Bataillon* a reçu son ordre d'attaque le **27 avril 1944**, or pour lui l'opération se clôture (dès) le **10 mai**. Une fois la mission accomplie, la troupe retourne dans sa zone de stationnement et de cantonnement sur Kraljevo et Mataruschka Banja.

Les difficultés du commandement allemand avec ses alliés

Lors de cet engagement, il s'est une nouvelle fois avéré que les Bulgares étaient peu fiables, leurs soldats ne possédant qu'une faible valeur combative. Manque de préparation préalable à l'engagement, commandement incompétent, trahison et désertion sont des fléaux récurrents. En Yougoslavie, le corps d'occupation bulgare se révèle être un compagnon d'arme très instable, ce constat répété incite l'*Oberbefehlshaber Südost* (*OB-Südost*) à adopter une consigne drastique le **20 mai 1944**, à l'intention du *Militär-Befehlshaber Südost* : « *Je demande que l'on agisse dès à présent avec la plus grande fermeté face aux manquements du corps d'occupation bulgare. Ce dernier ne tient plus ses obligations quant à la conduite d'une guerre de coalition. Tout égard quant à la mentalité des échelons subalternes et intermédiaires de l'armée bulgare n'a dorénavant plus lieu d'être* ».

Cela rappelle une situation observée auparavant chez les anciens frères d'armes italiens « forts en gueule » du Reich qui, souvent, lorsque la situation devenait sérieuse, se repliaient dans des lieux fortifiés, ou dont les chefs nouaient en secret des cessez-le-feu avec les partisans. L'aide proposée par le partenaire allemand était strictement écartée par les officiers italiens, considérée comme une ingérence... personne n'avait le droit de douter de la fidélité de la grande Italie, de l'honneur et de la bravoure des *Forze armate italiane* ! Quand, par la suite, le changement de camp du pays et sa capitulation sont devenus imminents, différents chefs d'unités stationnées dans les Balkans ont remis, voire vendu, leurs armes et équipements aux partisans. Le maréchal Badoglio, nommé à la tête du gouvernement italien (Président du Conseil) suite au renversement de Mussolini, a ordonné sur-le-champ à toutes les troupes italiennes d'opposer une résistance armée à la *deutsche Wehrmacht*. Conséquence directe de la chute du régime fasciste à Rome le 8 septembre 1943, dans l'ouest des Balkans (jusque-là sous occupation italienne), des bandes de partisans inexpérimentées au combat ont reçu une formation militaire grâce à leurs nouveaux amis italiens qui étaient coutumiers des tactiques et techniques de combat allemandes. Des partisans blessés ont dorénavant été accueillis et soignés dans les hôpitaux italiens. Mais le fait que des Italiens se soient joints de suite aux insurgés, combattant du jour au lendemain contre les Allemands après des mois de contacts amicaux, constitue le point culminant de ce « retournement de veste ». Ce qu'une telle attitude pouvait représenter aux yeux des membres de la Wehrmacht, était totalement égal à tous ceux-là. Néanmoins, concédons que la majorité des unités italiennes a refusé d'affronter les Allemands, s'en tenant à coopérer et à mettre bas les armes. N'oublions pas non plus de mentionner qu'après le retournement de l'Italie de septembre 1943, certaines unités d'élite italiennes (pour lesquelles l'honneur, la tenue, le moral et l'esprit de fidélité comptaient) ont choisi de poursuivre la lutte au côté des Allemands, faisant preuve d'une bravoure admirable dans un contexte de désespoir.

Après la capitulation italienne, les troupes allemandes ont pu constater les volumes (colossaux) des remises, ventes ou captures d'armes et équipements miliaires italiens au profit des partisans yougoslaves. Ainsi des groupes entiers de ces derniers se sont-ils retrouvés uniquement équipés et armés avec du matériel italien, ayant même récupéré leurs uniformes ! On ne pouvait distinguer leur appartenance qu'à l'étoile rouge ornant leur casquette ou képi.

Le IIIe Reich compte également d'autres auxiliaires dans les Balkans. Ainsi le *Serbisches Freiwilligen-Korps* – corps serbe de volontaires – lutte avec une combativité élevée du côté des *Landser*, de même que les *Freiwilligenverbände* du *Russisches Schutzkorps* – forces de volontaires[12] du corps de protection russe –, poursuivant une lutte commune contre le bolchevisme et le communisme, avec la ténacité et le courage incontestables, bien connus, des Russes et des Serbes. A l'issue de l'*Unternehmen « Maibaum »*, en ce début du printemps 1944 le mouvement de Tito est affaibli, mais pas vaincu et en aucun cas anéanti. Il reste un facteur sensible de troubles pour la conduite des opérations allemandes dans la Péninsule Balkanique.

Préparation pour le prochain engagement

De retour dans sa zone de cantonnement de Kraljevo, dans la seconde partie du mois de mai 1944 le *SS-Fallschirmjäger-Bataillon 500* dispose d'un effectif total de 1140 soldats. Il s'organise comme suit :

- Un ***Bataillonsstab*** – l'état-major du bataillon – totalisant 267 hommes, qui est subdivisé en un *Nachrichtenzug* de 42 hommes, une *Stabskompanie* de 66 soldats, un *Kraftfahrzug* – section de véhicules – comptant 30 soldats, une *Abteilung III* (détachement juridictionnel) de 7 hommes, d'un *Fallschirm-Instandesetzungs-Zug* – section d'entretien des parachutes – en comptant 31 ainsi que d'une *Versorgungs-Kompanie* – compagnie de ravitaillement – de 91 soldats.
- Trois ***Schützen-Kompanien*** – compagnies de fusiliers – de chacune 164 hommes, donc au total 492 fusiliers. En outre, une ***schwere Kompanie*** (compagnie lourde), la *4. Kompanie* du bataillon, compte 200 soldats. Cette dernière, puissante, comprend un *Kompanie-Führer-Zug* – section de commandement – de 33 soldats, un modeste *Nachrichtenzug* – section de transmissions/renseignements – de 11 hommes, un *Flammenwerferzug* – section de lance-flammes – rassemblant 28 soldats, un *Granatwerferzug* (section de mortiers) de 34 hommes, un *sMG-Zug* – section de mitrailleuses – de 38 hommes et enfin un *leichter Pak-Zug* – section légère de canons antichars – de 56 soldats.

Outre ces quatre compagnies, la ***Feldausbildungs-Kompanie*** – compagnie d'instruction de campagne – totalise 181 hommes.

Le bataillon est entièrement motorisé, doté d'un parc automobile de 100 camions et de 38 motocyclettes.

Ainsi le 500e bataillon de parachutistes SS possède-t-il une force de combat très appréciable, doublée d'une haute mobilité ; une unité bien armée et équipée pour « attaquer » son prochain engagement. En revanche, cette opération s'avérera être l'une des plus dures vécue par l'unité au cours de la guerre, avec un coût humain *(Blutzoll)* des plus élevés, en plus des combats sur la Mer Baltique ou sur l'Oder qui suivront.

NOTES

1. Historien allemand né en 1938 NDT.
2. Donc tardivement, plusieurs mois après l'intervention des parachutistes SS dans les Balkans NDT.
3. Village à 80 km au sud-est de Drvar, au sud de Bugojno.
4. Pour simplifier, des Serbes farouchement anticommunistes NDT.
5. Sans doute du nom d'un village du Monténégro à une centaine de kilomètres à l'est de Dubrovnik NDT.
6. Bourgade bosniaque localisée à une cinquantaine de kilomètres au nord-est de Sarajevo (et à environ 200 km à l'est de Drvar).
7. Užice (Serbie) et Tuzla (nord-est de la Bosnie) se trouvent respectivement à environ 100 km à l'est de Sarajevo et à 170 km à l'est de Drvar.
8. A une centaine de kilomètres à l'est de Drvar.
9. Descriptif quotidien des opérations.
10. Chaîne de montagnes du Sandjak, dans le sud-ouest de la Serbie, appartenant aux Alpes dinariques.
11. Zone montagneuse de Serbie appartenant elle-aussi aux Alpes dinariques, située à peu près entre les villes de Novi Pazar et d'Ivanjica.
12. Ex-prisonniers de l'Armée Rouge NDT.

Officiers *(Führer)*, sous officiers *(Unterführer)* et hommes de troupe *(Mannschaften)* du *SS-Fallschirmjäger-Bataillon* se rassemblent après la fin d'un engagement du printemps 1944.

7 LOCALISER ET ÉLIMINER TITO

Préparatifs pour asséner un coup fatal au QG du chef des communistes yougoslaves, Josip Broz-Tito

En Serbie, en Croatie et en Bosnie-Herzégovine, au début du printemps 1944, les troupes allemandes sont parvenues à refouler les unités de partisans de Tito au nord et à l'ouest de la Drina. Toutefois en Dalmatie, au Monténégro et en Albanie, les forces du Reich sont toujours mêlées à des combats défensifs ininterrompus contre différents groupements communistes, et même confrontées à des opérations alliées de type commando. Il s'agit de formations spéciales effectuant des actions « coup-de-poing » et des sabotages, principalement instruites, armées et commandées par les Britanniques. Ces hommes ne font pas notoirement de prisonniers, à moins que leur mission ne consiste à enlever une personnalité importante ou un officier supérieur.

En dépit de nombreux succès allemands plus ou moins modestes, des bandes communistes continuent d'attaquer par surprise des unités allemandes vulnérables ou isolées, de même que des postes de police, des véhicules de ravitaillement (voire même sanitaires), assassinant les soldats allemands, leurs « supplétifs » locaux et les civils soupçonnés de collaboration. Les troubles persistent. Tito est même parvenu à regrouper des forces qui avaient été disséminées lors des combats précédents : il les fusionne en unités plus amples qui, ainsi, constituent de nouveau une menace importante pour le IIIe Reich.

Des tronçons entiers de voies ferrées sont paralysés durant des jours, voire des semaines, à cause de dynamitages, d'attaques-surprise de trains et d'autres actions de sabotage. Le spectre menace d'un effondrement généralisé des moyens de ravitaillement et de transport des troupes allemandes dans les Balkans. Les lignes ferroviaires entre Agram (Zagreb, en Croatie) et Belgrade (en Serbie) sont particulièrement perturbées, elles sont la cible d'actes de sabotage incessants.

Afin de mettre en lumière ces harcèlements récurrents visant à nuire aux occupants allemands, citons un récit de janvier 1944 de l'*Oberleutnant* Haussmann, servant au sein de l'*Aufklärungs-Abteilung* de l'*Infanterie-Regiment 383*, en Bosnie occidentale :

« *Le 2 janvier, un engagement vers Blagaj (6 km à l'ouest de Bosn. Novi*[1]*. Le 4 janvier, la* 1. Schwadron *– 1*[er] *escadron du groupe de reconnaissance divisionnaire* NDT *– est attaquée par surprise vers Prijedor, lors de la sécurisation de travaux sur les voies ferroviaires ; elle y laisse un mort et deux blessés. Le lendemain, servant d'escorte de protection vers Prijedor*[2]*, les deux escadrons sont de nouveau harcelés par des tirs. Le commandant de notre groupe de reconnaissance, le* Rittmeister[3] *Seyfried, est blessé. L'*Oblt. *Haussmann reprend son commandement.*

Comme le trajet de retour est coupé, les deux escadrons retournent à pied, par divers détours, jusqu'au point de départ de Blagaj. Puis, les 6 et 8 janvier, de nouveau sécurisation des hommes travaillant sur les voies ferrées, mais qui ne peuvent pas accomplir leur tâche à cause de tirs enne-

Ces clichés spectaculaires ont été capturés par des hommes du *SS-Fallschirmjäger-Bataillon* lors de l'opération *«Rösselsprung»*.

Page précédente. Josip Broz Tito pose en bas de l'escalier en bois menant à sa « cabane de travail », érigée devant l'entrée de la grotte *(Höhle)* de Drvar. A ses côtés, fidèle accompagnateur au regard pétillant, son berger Tigre.

Au nord de Drvar, en surplomb de l'Unac, se trouve la ligne de crête rocailleuse du Lunjevača : c'est dans l'une de ces grottes que Tito établit son QG, l'ayant rendu habitable grâce au travail d'éléments du génie.

mis ; ils essuient des pertes. Le 9 janvier, jour où le II. Bataillon *de* l'Infanterie-Regiment 383 *est lui aussi engagé, toutes les hauteurs bordant Blagaj s'avèrent être occupées par l'ennemi. Une fois l'action lancée pour progresser sur les arrières des partisans, l'après-midi, ces derniers ont disparu sans laisser aucune trace. Les bâtisses depuis lesquelles ils avaient tirés à plusieurs reprises, sont réduites en cendres. Le 14 janvier, engagement de la* 1. Schwadron *vers Divusa*[4] *(en direction du nord, sur la route menant à Kostajnica).*

*L'*A.-A. (Aufklärungs-Abteilung NDT) *reste jusqu'à la mi-mars à Bosn. Novi. Durant cette période, elle est aussi équipée de skis.*

La voie ferrée continue d'être souvent dynamitée par les partisans. De nuit, avec l'aide des habitants des alentours, ils démontent les rails, y compris les traverses, aux cris d'encouragement de « ho-hisse ». En une nuit, ils le font sur une longueur de trois kilomètres et, de jour, ils défendent « leur œuvre ».

Le 23 janvier, le I. Bataillon *du* Gren.-Rgt. 383 *est transféré vers le monastère cistercien situé à quatre kilomètres au nord-est de Banja Luka*[5]*. Pour les temps à venir, sa mission consistera à sécuriser et reconnaître la zone située entre Banja Luka et Bosanski Brod*[6]*, avec des* Jagdkommandos *– détachements de « chasseurs » – en mesure de combattre.*

Le 29 janvier, communication quotidienne du corps d'armée à l'intention du Pz.-A.O.K. 2 (commandement de la 2e armée blindée, sous les ordres du général Rendulic) *: « La 373. Division : mouvements de bandes dans le secteur de Pri-*

L'une des deux grottes occupées par Tito en mai 1944: ici celle de Bastasi de nos jours. *(Photographie Paul Cherrier, droits réservés)*

La grotte au nord de Drvar, en surplomb de l'Unac, aujourd'hui. *(Photographie, Paul Cherrier, droits réservés)*

Un partisan monte la garde devant une des constructions en bois – et camouflée – des grottes de Drvar.

jedor. Portion Prijedor–Novi de nouveau détruite par explosion. Travaux troublés par l'engagement de mortiers. Zone de Rudice-Otoka[7] *: 29 otages pris* [par les partisans] *de part et d'autre de la voie ferrée.* »

En février 1944, une attaque-surprise se produit contre un train de voyageurs (Personenzug) *au nord de Dvor (près de Bosn. Novi). Quinze pertes déplorées de notre côté, des soldats complètement déshabillés, dépouillés de tous leurs effets, certains affreusement mutilés.* »

L'*Oberleutnant* Haussmann dépeint des conditions fréquemment rencontrées dans les Balkans au début de l'année 1944 ; une situation intenable pour le commandement allemand. Il faut absolument entreprendre quelque chose : briser, éliminer et (si possible) s'emparer vivant de Tito, des membres de son état-major et des missions militaires extérieures.

La *Funkaufklärung* à la recherche de Tito

La surveillance « électronique » par les ondes, la dite *Funkaufklärung*[8], avait débuté son travail dès l'année précédente. Une section de la *Nachrichten-Abteilung 4* – 4e groupe de renseignements et transmissions –, stationnée à Salonique dans le nord de la Grèce et sous les ordres du *Hauptmann* Wollny, avait été transférée à Belgrade à l'été 1943. Depuis cette ville danubienne, elle avait commencé la surveillance et le déchiffrage des échanges radio entre les unités de partisans. Les spécialistes allemands de l'*Abhör* – écoute – n'ont pas éprouvé de grandes difficultés pour déchiffrer les transmissions-radio de l'état-major supérieur des communistes yougoslaves : quelques mois plus tard, ils avaient déjà tout sous leur contrôle. En revanche, déterminer l'emplacement des émetteurs-radio posait quelques problèmes, à cause de la nature du terrain et aussi de la conduite hautement mobile des opérations par les unités adverses. Leurs lieux de stationnement et bases d'appui changent rapidement, ce qui exige une extrême réactivité des services allemands. Cela change au début de l'année 1944, alors que Tito établit son Quartier Général dans la petite ville de Drvar, pour lui et son état-major supérieur. Grâce aux échanges-radio continuels émis et reçus depuis un même lieu, dès le mois de mars, Drvar est identifié avec certitude comme le lieu où séjourne Tito. Une *Luftaufklärung* – reconnaissance aérienne – engagée en complément vient conforter cette hypothèse, car elle repère aux alentours et sur la ville elle-même les marquages au sol de pistes provisoires d'atterrissage destinées à des avions d'approvisionnement et à la réception de largages alliés.

En outre, des mouchards originaires de cette zone et des agents infiltrés identifient eux aussi la bourgade de Drvar (située dans l'ouest de la Bosnie-Herzégovine, sur l'axe ferroviaire Banja Luka–Split) comme le lieu d'établissement du QG du chef des partisans yougoslaves.

Dès la fin de l'été 1943, la dite *Einheit Kirchner* – unité Kirchner –, du nom de son chef, l'*Oberleutnant* Kirchner, est créée par la *Division « Brandenburg »* près de Vienne, chargée de la lutte anti-partisan et de la localisation du QG de Tito. En octobre, après une instruction spéciale, l'unité (forte d'une section) est transférée à Banja Luka, en Bosnie septentrionale. Deux mois plus tard, en décembre, une autre unité de la *Division « Brandenburg »*, dirigée par le *Hauptmann* Böckl, est envoyée à Banja Luka depuis la Grèce. Là, les deux éléments sont fusionnés sous les ordres de ce dernier, répartis cette fois en deux sections renforcées pour l'engagement : l'une est commandée par Böckl en personne, l'autre par Kirchner. Les *Brandenburger* parviennent à nouer des contacts avec des chefs locaux des Tchetniks tels qu'Uros

Une des rues de Banja Luka aujourd'hui. Dans le fond, la mosquée Fehrat-pacha, principale mosquée de la ville. Au printemps 1944, Banja Luka est tenue par forces allemandes et croates. « *(Photographie Paul Cherrier, droits réservés)*

Quelques marches plus haut, juste devant la cabane de Tito, Randolph Churchill, fils du *Prime Minister* britannique Winston Churchill. Il porte la tenue en drap standard de l'armée britannique : un Battle Dress 37.

Drenovic ou Lazo Tesanovic, mais aussi avec des maires, des colporteurs, des marchands ambulants et des paysans. Cela leur permet de rassembler des informations importantes concernant les mouvements de partisans communistes.

Vers la fin 1943, ils apprennent que Tito a déplacé son QG à Jajce, en Bosnie centrale. Le détachement de Böckl conçoit un plan : enlever (au pis aller supprimer) le chef des partisans au cours d'une attaque-surprise nocturne, vêtu d'uniformes communistes.

Un autre plan prévoit de larguer deux cadavres d'hommes portant l'uniforme britannique à proximité de Jajce, pour faire croire aux partisans que les parachutes de ces deux hommes ne se seraient pas ouverts, autrement dit qu'ils auraient trouvé bêtement la mort en voulant accomplir leur mission : rencontrer Tito. Ces deux parachutistes devraient avoir sur eux une missive adressée personnellement, expressément à ce dernier ; une lettre piégée qui, dès qu'il l'ouvrirait, le tuerait. Au final, aucun de ces deux plans n'a pu être mis sur pied, car entre-temps l'*Unternehmen « Schwarz »* (opération « noir ») a été déclenchée par la Wehrmacht et a contraint Tito à quitter rapidement son QG de Jajce, dès janvier 1944.

Fin février, le *Hauptmann* Böckl est retiré de sa fonction et remplacé par le *Major* Ernst Benesch qui, immédiatement, renforce considérablement l'unité, atteignant bientôt la taille d'un bataillon. La désormais dite *Einheit Benesch* réussit, en un laps de temps relativement court, à repérer le nouveau centre de commandement de Tito : une petite bourgade industrielle nommée Drvar, en Bosnie Occidentale, à environ 90 kilomètres au sud- ouest de Banja Luka. En outre, la *Funkaufklärung* vient confirmer ce lieu comme QG du chef des communistes yougoslaves.

Les *Abteilungen I* (espionnage) et *II* (contre-espionnage) de l'*Abwehr* – services de renseignements et de contre-espionnage de la Wehrmacht – jouent elles aussi un rôle décisif dans l'identification du lieu de stationnement de Tito. Ces deux services disposent de différentes unités militaires dans les Balkans. Dans le cadre de la *Heeresgruppe F* – groupe d'armées F –, il s'agit des *Front-Aufklärungs-Kommandos 111* et *201*[9]. Quant au QG de la *2. Panzer-Armee*, il dispose des *Front-Aufklärungs-Trupps 176* et *216* (*FAT 176* et *216*[10], ces derniers basés à Sisak, en Croatie, à une quarantaine de kilomètres au sud-est de Zagreb. Ensemble, avec les *Nachrichten-Offiziere* (officiers de renseignements, ou « *I c* ») des états-majors respectifs, ils récoltent les informations issues d'un large spectre de sources, comme l'espionnage, la surveillance-radio et téléphonique, des interrogatoires de prisonniers ou de déserteurs, le *Sicherheits-Dienst* – sécurité militaire –, la *Geheime Feldpolizei* – police militaire secrète –, les *Feldkommandanturen*, etc. L'exploitation et le croisement des données issues de toutes ces sources permettent, eux aussi, de confirmer le nouveau lieu de stationnement de Tito à Drvar.

La dernière confirmation s'effectue à la mi-mai 1944, quand l'*Abwehr* intercepte un télégramme entre l'attaché militaire yougoslave aux Etats-Unis, à Washington, et ses homologues de la *Royal British Army* basés au Caire, dans lequel Drvar est nommé comme le lieu de séjour de leur chef, Tito.

Drvar est localisé en profondeur dans la vallée de l'Unac, une rivière de montagne affluente de l'Una, bordé de champs et de prairies pentus, et fiché au cœur de moyennes montagnes et de zones boisées. Dans cette contrée sauvage au relief accidenté se trouvent de nombreuses grottes naturelles dans la roche calcaire. Ce réseau de cavités, parfois très ramifié (quelquefois en profondeur), procure aux habitants de la région une protection contre les combats et les bombardements, mais offre également aux partisans communistes des refuges sûrs. En outre, du point de vue tactique, Drvar est particulièrement approprié pour Tito, avec sa situation très retirée et isolée : seules trois voies praticables mènent jusqu'à la petite bourgade ; des axes routiers qui, d'ailleurs, s'avèrent être aisés à défendre.

Avant la guerre, Drvar comptait tout de même 3000 habitants environ, mais ce nombre s'est

Un partisan, portant un blouson de coupe britannique, pose avec deux jeunes adolescents en uniforme. Le garçon de droite porte à son ceinturon un groupe de cartouchières de prise et une grenade elle-aussi allemande *(Eierhandgranate)*. Ces gamins permettent avant tout aux partisans d'accomplir des actes de renseignement et de liaison.

constamment réduit en raison des lâchers de bombes par les aviations allemande et croate : à peine quelques centaines de personnes y résident encore en 1943/44. Une importante scierie (alimentée abondamment par les forêts environnantes) et une fabrique de cellulose attenante procuraient un travail non négligeable à la population.

Au printemps 1944, côté allemand, tout le monde tombe d'accord sur le fait qu'à Drvar est bien installé le QG de Tito. En revanche, à quel endroit séjourne-t-il réellement, lui, en chair et en os? Où loge-t-il, où dort-il, où travaille-t-il ? Des questions en suspens – dont les réponses ne viendront qu'une fois l'engagement effectué –. Quant à la (ou aux) grotte(s) où réside Tito, l'on ne sait rien, l'on ne dispose d'aucune info, pas même une vague idée.

Tout au plus, des bruits propagés par quelques mouchards, auxquels aucune oreille sérieuse n'ose prêter attention. La *Funkaufklärung* ne suit qu'en permanence la station-radio de l'état-major supérieur des partisans, cette dernière est tenue possiblement pour le lieu de séjour du maréchal Tito. Par ailleurs, les membres des services d'exploitation de clichés aériens interprètent une ample aire entourée de murs, non loin du centre-ville, comme une « *Zitadelle* »...

De tels jugements préalables et peu fondés (dont nous verrons par la suite qu'ils sont erronés) constitueront l'une des causes des difficultés des parachutistes SS, lorsqu'ils interviendront sur place.

Comme dans toutes les armées du monde, la beauté féminine fait impression sur les combattants de Tito. Une partisane (peut-être une meneuse) visiblement très appréciée de ses camarades : elle semble écoutée. Les tenues, notamment les calots, sont d'inspiration soviétique. A gauche, le soldat de face est armé d'un pistolet-mitrailleur PPSh-41 et porte un ceinturon allemand, les hommes à droite de fusils Mauser. Ce cliché provient d'un film tourné en 1944.

Les clichés de ces pages, pris par les Allemands, proviennent certainement de l'appareil de ce partisan en train de prendre une photo.

Cette carte allemande, présentant les frontières issues du dépeçage du royaume de Yougoslavie du printemps 1941, indique les lieux où l'opération «Rösselsprung» va avoir lieu. «

L'opinion de Skorzeny

En parallèle, durant la même période, un autre homme, l'Autrichien Otto Skorzeny, mieux connu depuis la libération épique de Benito Mussolini au Gran Sasso en septembre 1943, reçoit pour mission de l'*Oberkommando der Wehrmacht*, et même de Hitler en personne, de localiser cette personnalité de plus en plus gênante de Tito, en vue de le faire prisonnier ou de le supprimer.

A la mi-avril 1944, le *SS-Sturmbannführer* Skorzeny s'envole pour Belgrade, dans le but de récolter des informations auprès des éléments de l'*Abwehr* détachés là-bas. Mais l'ensemble des documents et des récits se révèlent être contradictoires, incomplets, c'est-à-dire inexploitables. Pour essayer de se procurer une meilleure image de la situation sur place, Skorzeny poursuit son enquête vers Agram et, là-bas, avec l'aide de ses hommes du *Jagdverband Südost* – formation de chasseurs de la zone balkanique –, à la mi-mai il découvre que le QG de Tito se trouve à Drvar.

D'après le jugement de Skorzeny quant à la situation d'ensemble et l'analyse de toutes les

possibilités, seule une opération secrète de type commando (une action-éclair, un audacieux coup- de-main avec des effectifs réduits) serait en mesure de conduire au succès pour soit enlever, soit tuer Tito. Pour représenter ses plans, ce « virtuose en opérations spéciales » envoie son propre *Adjutant* – aide de camp –, le *SS-Hauptsturmführer* Adrian von Fölkersam, auprès du *Hauptquartier* (quartier général) du XV. *Gebirgs-Armeekorps* – 15e corps d'armée de montagne – établi à Banja Luka, auprès du *KG* [11], le *General der Infanterie* Ernst von Leyser [12].

Ce dernier, ayant échafaudé ses propres plans, exprime sa réticence. En premier lieu, ce général de la Wehrmacht rejette ce qu'il considère comme « une ingérence de la SS », et il le fait clairement ressentir au *SS-Hstuf.* von Fölkersam.

Or, Skorzeny est d'avis qu'un succès est impossible en cas d'intervention « de rapt » montée en grande envergure, telle que le général von Leyser la souhaiterait volontiers, et qu'il la mettra très bientôt en œuvre. Skorzeny sait qu'une telle opération manquerait de discrétion, ne serait-ce qu'au stade de ses préparatifs initiaux, et finirait très vite par trahir le secret... Les événements postérieurs lui donneront raison.

Le *SS-Sturmbannführer* Otto Skorzeny achève là-dessus son séjour à Agram et repart en avion pour dresser son rapport à Berlin. Pour lui, l'affaire est toute vue... et vaine par avance.

Tito a vent des préparatifs allemands

Côté communiste, les informations et messages ennemis collectés, issus des sources les plus diverses, convergent de différentes unités, sont analysés, examinés, interprétés puis transmis à l'état-major supérieur. Un long processus, qui entraîne de nombreux retards et des estimations erronées. Pour cette raison, dans une instruction du haut état-major est formellement lancée dès mai 1942 la constitution de formations de renseignements et de reconnaissance pour toutes les unités de partisans.

Depuis le 13 mai 1944 existe la « Commission pour la Défense du Peuple » au sein du Comité National du Mouvement de Partisans, l'OZNA (*Odeljenje za Zaštitu Naroda*). Elle regroupe l'ensemble des éléments de renseignements et de reconnaissance de Tito ; c'est la centrale effec-

Otto Skorzeny, photographié ici à Budapest en 1944, reste persuadé de l'insuccès de l'opération *Rösselsprung* telle qu'elle est montée par la Wehrmacht... *(Collection particulière, droits réservés)*

La « garde féminine » du chef des communistes yougoslaves. La femme du milieu et celle de gauche sont armées de pistolets-mitrailleurs britanniques Sten et d'armes de poing. La partisane de droite, elle, s'appuie sur une carabine italienne Carcano Mod. 1891 calibre 6,5 mm à baïonnette escamotable. Les tenues sont d'inspiration soviétique, la combattante de droite porte une Gymnastiorka.

L'homme de la photo page suivante, en bas, pose avec deux autres camarades (au milieu et à droite). Souriants, ils ne savent pas encore l'ampleur de ce qui, très bientôt, va les frapper de plein fouet.

tive de tous les groupes de reconnaissance de l'Armée de Libération du Peuple, elle examine les informations et transmet celles qui sont valables au haut état-major.

Au printemps 1944, Tito est au courant des mesures allemandes le visant. L'un de ses mouchards est le sergent Anton Serajnik, nom de code « Tone », infiltré dans la *188. Inf.-Div.*, employé plus précisément comme interprète au sein de la *Ic-Abteilung* – bureau de renseignements – de l'état-major divisionnaire. Là, il apprend qu'une opération allemande contre le chef suprême des partisans est imminente. S'il n'est pas en mesure d'identifier le lieu et la date précise de cette action, Serajnik fait quand même parvenir cette information – par l'intermédiaire de personnes de confiance – auprès de la cellule centrale de renseignements yougoslave, dirigée par Tomacić. Ce dernier met alors en garde Tito et son état-major.

Le 27 mars 1944, les dires d'un ex-partisan viennent conforter cette hypothèse. L'homme, un nommé Tetarić, est passé depuis peu dans le camp allemand, or il travaillait auparavant dans l'intendance du 1er corps prolétarien, qui stationne aux alentours de Drvar.

Ainsi a-t-il pu, après sa désertion, fournir des informations assez précises aux services allemands sur Tito, son bataillon d'escorte, les effectifs de ses gardes et les unités communistes stationnant sur Drvar et ses alentours. Les mesures allemandes en cours afin de préparer une opération d'envergure n'avaient pas échappé à Tetarić.

Mauvais coup pour lui : le 27 mars il est tombé entre les mains de ses anciens frères d'armes, qui l'ont soumis à un interrogatoire « musclé », au cours duquel il a dévoilé ce qu'il savait. Juste après, ce déserteur a reçu la peine conformément prévue pour son « crime » : le peloton d'exécution.

La supposition – désormais devenue une quasi-certitude – comme quoi les préparatifs du commandement allemand sont sur le point d'aboutir, est encore renforcée quelques semaines plus tard. Le 4 mai, au cours d'un sabotage de train transportant des soldats de la Wehrmacht, un document important tombe entre les mains des partisans. Les membres de la 11e brigade de la « Kozara » (appartenant à la 4e division) viennent de s'emparer de pièces écrites auxquelles est joint un croquis de Drvar, présentant la situation précise de toutes les organisations militaires et civiles se trouvant dans la ville, ainsi que des détails quant aux missions militaires alliées et aux dispositions de sûreté du haut état-major de Tito. Un bombardement sans doute prolongé du QG est également décrit...

A la centrale de renseignements (*obaveštajni centar*) du 5e corps (incluant Drvar), qui expertise les documents capturés, il est maintenant clair que les Allemands possèdent suffisamment d'informations pouvant servir de base pour une attaque contre Drvar, et qu'ils peuvent frapper à tout moment ! Ainsi, les intentions allemandes concernant Tito et son état-major ne représentent plus l'ombre d'un secret. Certes, si au début des hostilités c'était des coureurs, des courriers et

Ci-contre, de haut en bas.
Dans la grotte de Drvar, l'état-major des partisans communistes derrière Tito.

Drvar fourmille de jeunes hommes et femmes. Certains vêtus de tenues militaires complètes (d'origine britannique, yougoslave, italienne, allemande, etc.), d'autres simplement de tel ou tel effet, voire uniquement de vêtements civils, donnant à ces derniers l'allure « de brigands ».

même des enfants qui transmettaient des renseignements et les ordres entre les formations de partisans, à partir de 1943, les insurgés yougoslaves disposent d'appareils-radio capturés (ou achetés) aux Italiens ou largués par les Anglo-américains au cours de vols d'approvisionnement. Ces moyens modernes de communication par les ondes sont présents en nombre suffisant, ils permettent de fournir rapidement au QG de Tito toute information essentielle et de coordonner toute action ou contre-mesure en un laps de temps très court.

Par ailleurs, les échanges-radio entre l'*OKW*, l'*OB-Südost* et la *2. Panzerarmee* ont éveillé l'attention de la reconnaissance-radio britannique, à Bletchley Park[13], quant à une opération allemande imminente. Elle parvient, par déchiffrage, à identifier le nom de code « *Rösselsprung* ». Cependant, le lieu et l'envergure de l'opération restent encore obscurs.

Lorsque les vols de reconnaissance de la Luftwaffe s'accroissent au-dessus de Drvar et de ses environs, et que, le **23 mai** un *Aufklärer* – appareil de reconnaissance – survole plusieurs fois la ville à basse altitude, le *Lieutenant Colonel* Vivian Street, le second du chef de la mission militaire britannique, le *Brigadier* Fitzroy Mac Lean (ce général de brigade est absent à ce moment-là), est pris de méfiance et songe à de prochaines attaques aériennes. Aussitôt, il transmet ses craintes à Tito quant à de probables bombardements de Drvar d'ici peu de temps, et organise, par mesure de précaution, le déplacement du QG de la mission militaire britannique.

L'état-major supérieur communiste prend lui aussi des mesures préventives, afin de préserver son QG. Toutefois, ils font là une erreur de jugement de poids : ils s'attendent « seulement » à un bombardement dans un avenir proche, pas à une action aéroportée allemande...

L'IMPLANTATION DES PARTISANS À DRVAR

La routine de Tito

Le **22 janvier 1944**, Tito est arrivé à Drvar avec les membres essentiels de son état-major et son bataillon d'escorte. Au début, il a fait établir sa résidence dans une maison située au cœur de la petite ville, mais à cause des attaques aériennes de la Luftwaffe se multipliant, il a pris la décision de se replier dans une grotte environnante, plus sûre, à flanc d'une crête située au nord de Drvar. Ce refuge surplombe la vallée de la petite rivière Unac, il est perché à une quinzaine de mètres au-dessus du pied d'une paroi rocheuse à pic, au fond d'une fissure boisée. Pour atteindre l'étroit accès à sa grotte, il faut d'abord emprunter un escalier dont les marches sont creusées à même la roche. Cette grotte s'élargit de façon si vaste vers son fond, qu'elle offre suffisamment d'espace pour abriter Tito et l'ensemble des proches collaborateurs de son état-major !

Si la brigade du génie n'est constituée au sein de l'état-major supérieur qu'en **mars 1944**, ses sapeurs ont immédiatement travaillé d'arrache-pied à rendre la grotte habitable, grâce à divers aménagements. En outre, au-devant de ces « appartements », la cavité est assez vaste pour permettre l'édification d'une grande cabane en bois, dotée d'une véranda, qui procure à Tito un panorama remarquable vers l'Unac, le bourg de Drvar et le reste de la vallée, y compris vers ses accès. Un ennemi surgissant inopinément peut ainsi être sur-le-champ repéré et aisément combattu.

En bref, une remarquable position de défense, dans une situation géographique et stratégique proéminente. L'entrée de la grotte et la baraque en bois se fondent à merveille dans le ravin boisé, à tel point qu'elles ne nécessitent toutes deux aucun camouflage flagrant.

Lorsqu'aucune attaque aérienne n'est en vue, cet endroit très discret et calme sert de lieu d'habitation et de travail au chef des partisans yougoslaves. Pour assurer la protection rapprochée de la grotte, cinq gardes armés de pistolets-mitrailleurs sont postés, trois d'entre eux juste à l'entrée et les deux autres dans une petite cabane de guet.

Dès lors qu'au début du printemps 1944 les frappes de la Luftwaffe se sont accrues contre Drvar et ses alentours, et que tous les indices laissent présager une prochaine attaque allemande, Tito est parti s'établir à Bastasi, un petit village situé à six kilomètres à l'est de Drvar, où il trouve là aussi un refuge sûr dans une autre grotte, et où il passe une grande partie de ses journées. Le soir, il a fréquemment pour habitude de repartir avec sa jeep jusqu'à Drvar, où son QG reste localisé, et où les membres de son état-major continuent de séjourner.

Les unités présentes sur Drvar

Dans la petite ville serbe de Bosnie, du **2** au **4 mai 1944** doit être organisé un événement particulier : le deuxième « Congrès de la Jeunesse Antifasciste Yougoslave » (*Ujedinjeni Savez Antifasisticke Omladine Jugoslavije* ; USAOJ). A cette fin, depuis le mois d'avril, quelques centaines de jeunes délégués – arrivés de toutes les régions de Yougoslavie – séjournent sur place. Le point culminant de l'événement doit être un discours d'ouverture prononcé par Tito dans les grands ateliers de la fabrique de cellulose, face à 816 membres de ce congrès réunis pour l'occasion.

Outre ces 816 délégués du deuxième congrès antifasciste, sur Drvar cantonnent deux bataillons de la brigade du génie, 137 élèves-officiers (stationnés à Zavade/Sipovljani, village situé à trois kilomètres au sud-est de Drvar) et 350 hommes du bataillon d'escorte de Tito, sans oublier environ 200 civils (qui, potentiellement, peuvent prêter main forte en cas d'affrontement).

Le bataillon d'escorte est divisé en quatre compagnies : la 1re compagnie stationne sur Drvar, la 2e à Bastasi, la 3e est employée en défense antiaérienne au nord et au sud de Drvar, équipée pour cela de sept mitrailleuses lourdes de DCA d'origine italienne « de prise », montées sur affût. La 4e compagnie est affectée à la protection des missions militaires alliées.

En outre, le Ier corps prolétarien comprend une petite section blindée équipée de trois chars italiens de type CV-35. Elle est stationnée à un kilomètre au sud de la bourgade, dans le hameau de Trninic Brijeg. Dans un rayon plus large autour du centre-ville cantonnent les effectifs de six divisions, dont les 1re et 6e divisions du Ier corps prolétarien sous les ordres du Major-Général Koca Popovic, dans les montagnes à l'est et à l'ouest de Drvar. Au nord et au nord-est se trouvent les 4e, 10e et 39e divisions du Ve corps du Major-Général Slavko Rodic et, au sud-est de la bourgade, la 9e division du VIIIe corps dalmate du Major-Général Vladimir Cetkovic. Alors que les signes d'une attaque du IIIe Reich se multiplient, le haut état-major des partisans ordonne le transfert sur

En haut. Josip Broz dit « Tito » et le général Kocha Popovitch.

A l'intéreur de l'une des constructions en bois de Drvar, des officiers yougoslaves préparent une mission. Remarquez les portraits des trois grands, accrochés, au mur : Churchill, Staline et Roosevelt – un clin d'œil aux accords de Téhéran de la fin de 1943. Ces photos ont été prises lors du reportage d'un correspondant de guerre anglais. *(Collection particulière, droits réservés)*

Les Britanniques ravitaillent en permanence les partisans communistes serbes de Tito, et non plus les Tchetniks à partir de 1943. Ici, un partisan récupère un un ballot sous les yeux des membres de la *Royal Air Force*. *(Collection particulière, droits réservés)*

Drvar de la 2e brigade de la 6e division. Le **28 avril** 1944 est opérée sa relève par la 3e Brigade de la Lika, rattachée à la même division. Puis, lorsque la menace semble passée, le 15 mai cette brigade est déplacée vers Trubar, à 13 kilomètres à l'ouest de la ville, en tant que réserve de la division.

Les attachés militaires extérieurs

Les membres des missions militaires alliées, envoyés par leurs gouvernements respectifs auprès du QG de Tito, séjournent eux aussi à Drvar. La plus ancienne et la plus expérimentée des trois missions s'avère être la britannique, qui s'est infiltrée en Yougoslavie dès mai 1943 grâce à des agents du *SOE* (*Special Operation Executive*). Elle est dirigée par le *Brigade General* Fitzroy Mac Lean, un homme de confiance du *Prime Minister* Winston Churchill.

Un autre membre éminent de sa délégation de 18 hommes est Randolph Churchill, le fils du Premier Ministre. Néanmoins, ces deux hommes ne se trouveront pas à Drvar le jour de l'attaque aéroportée allemande. Mac Lean sera à Londres pour faire son rapport et Randolph Churchill parviendra à quitter la ville dans les temps avec un groupe de partisans.

La mission militaire des Etats-Unis est envoyée en août 1943 par l'*OSS* (*Office of Strategic Services*), conduite par le *Major* Linn M. Farish. Elle compte également un groupe de trois hommes : des météorologues de l'*USAAF* – aviation américaine – dirigés par le *Captain* Cecil E. Drew. Jusqu'en septembre 1944, les Américains seront subordonnées aux Britanniques, plus expérimentés qu'eux dans cette région.

Enfin, le 23 février 1944, la mission militaire soviétique est arrivée en Yougoslavie sur l'aérodrome de Bosanski Petrovac[14], à ce moment-là couvert de neige, typiquement hivernal, au moyen de planeurs américains *Waco*. Elle est placée sous la direction du Lieutenant-Général Nikita Korneïev.

Afin que le maréchal des partisans de Yougoslavie, combattant aux côtés des Alliés, puisse être connu du grand public en Grande-Bretagne, aux Etats-Unis, au Canada et autres pays occidentaux non occupés par le Reich, quatre correspondants de guerre (reporters et photographes) se joignent aux deux missions occidentales : John Talbot pour l'agence Reuters, Stoyan Pribichevich pour les magazines *Fortune* et *Time*, ainsi que deux photographes officiels, les reporters-photo *Chief Petty Officer* (premier maître) G.E. Fowler pour l'US-Navy et le *Sergeant* Max Slade pour la *British Army Film and Photo Unit*.

A l'extérieur de Drvar sont aménagées trois pistes d'atterrissage provisoires. En raison du danger croissant, les missions britannique et amé-

Page ci-contre. Un aperçu – non exhaustif – du matériel en dotation parmi les partisans, en 1943-1944: vareuse britannique, musette, bidon et havresac italiens, ceinturon allemand de prise (l'emblème national de la boucle gratté), quart allemand, groupe de cartouchières yougoslave (de l'Entre-deux-guerres), munitions britanniques et italiennes, etc. *(Droits réservés)*

ricaine dénichent un lieu de résidence plus sûr à l'ouest de Drvar, celle de l'URSS s'établit quant à elle à 1,6 kilomètre au nord-ouest de la ville.

Dans l'ensemble, assez peu d'unités de partisans stationnent dans le périmètre interne de Drvar. A cause des craintes dues à l'activité aérienne et aux bombardements croissants de la Luftwaffe, les forces ont été volontairement dispersées dans les alentours. Cette somme de « petits détails » d'importance n'est que partiellement (voire absolument pas) connue de la *deutsche Aufklärung*, or elle aurait dû nécessiter une mise au point totalement différente du plan d'attaque, y compris dans la répartition des forces.

Comme l'Histoire le montre presque toujours, un travail de reconnaissance et de recherche de renseignements insuffisant ou incomplet peut être une source de pertes (humaines et matérielles) et d'insuccès.

NOTES

1. Bosanski Novi, ou Novi Grad, petite ville bosniaque située entre les Monts Grimec et Kozara, à 70 kilomètres (à vol d'oiseau) au nord de Drvar.
2. A 25 kilomètres à l'est de Novi Grad, en Bosnie-Herzégovine.
3. Dans les troupes montées, *Rittmeister* correspond au rang de *Hauptmann* (capitaine) NDT.
4. Village croate frontalier de la Bosnie, situé sur la rivière Una.
5. Ville à 80 kilomètres au nord-est de Drvar, actuelle capitale de la République Serbe de Bosnie.
6. Ou Slavonski Brod, ville du nord de la Bosnie-Herzégovine, à 70 kilomètres au nord-est de Banja Luka.
7. Localités situées respectivement à 80 et 70 kilomètres au nord de Drvar.
8. Service de recueils de renseignements par radio-interception et radiogoniométrie NDT.
9. 111e et 201e détachements de reconnaissance de campagne.
10. 176e et 216e équipes de reconnaissance de campagne.
11. *Kommandierender General*, général commandant de corps d'armée.
12. De la fin de l'année 1943 jusqu'au 20 juillet 1944, Ernst von Leyser (1889-1962) commande ce 15e corps d'armée de montagne NDT.
13. Domaine situé dans la ville de Bletchley, dans le centre de l'Angleterre. C'est, durant la Seconde Guerre mondiale, le principal site de décryptage du Royaume-Uni.
14. A une vingtaine de kilomètres au nord de Drvar.

8 L'UNTERNEHMEN « RÖSSELSPRUNG »

Les Allemands se préparent

Ordre de l'*Oberbefehlshaber-Südost*, le *Feldmarschall* Maximilian Freiherr von Weichs, à l'intention de la *2. Panzerarmee*

Le 15 octobre 1943, une première instruction de l'*OKW* a été transmise à l'*OB-Südost* (fonction occupée par le *GFM* Maximilian von Weichs), soumettant des propositions pour une opération « *contre les personnalités de commandement des bandes insurgées opérant dans l'espace sud-est européen, en particulier contre Tito* ».

A peine sept mois plus tard, le **6 mai 1944**, un ordre correspondant à cette ligne est transmis à la *2. Panzerarmee*, commandée par le *Generaloberst* Lothar Rendulic, afin de mettre au point des plans pour enlever le QG du chef suprême des partisans communistes yougoslaves sur Drvar.

La conduite de cet *Unternehmen « Rösselsprung »* est entre les mains du ***XV. Gebirgs-Armeekorps*** – 15e corps d'armée de montagne –, sous les ordres du *General der Infanterie* Ernst von Leyser.

Malgré sa dénomination, la ***2. Panzer-Armee*** ne dispose pas de ses propres unités blindées. Elle s'articule comme suit :

-Le *XXI. Gebirgs-Armeekorps*, comprenant les *297.* et *181. Infanterie-Divisionen.*

-Le *V. SS-Freiwilligen-Gebirgs-Armeekorps*, avec la *369. (kroatische) Infanterie-Division* et la *118. Jäger-Division*, ainsi que la *7. SS-Freiwilligen-Gebirgs-Division « Prinz Eugen »*.

-Le *XV. Gebirgs-Armeekorps* formé de la *264. Infanterie-Division*, de la *373. (kroatische) Infanterie-Division* et la *392. (kroatische) Infanterie-Division.*

-Le *Befehlshaber „Syrmien"* (commandement de corps d'armée), avec la *13. Waffen-Gebirgsdivision* de la *SS « Handschar »*, unité de Bosniaques musulmans des Waffen-SS.

-Le *LXIX. Armeekorps z.b.V.* (69e, corps d'armée d'emploi particulier), composé de la *1. Kosaken-Division* et de fractions de la *Division « Brandenburg »*.

Suivant cet ordre du 6 mai, la *2. Panzerarmee* doit se préparer pour une poussée dans la zone de Bugojno – Jajce – Banja Luka – Prijedor – Bihać – Knin. A cette fin, le **12 mai 1944**, les éléments de commandement de cette 2e armée blindée et ceux qui lui sont subordonnés du *XV. Gebirgs-Armeekorps*, du *V. SS-Gebirgs-Armeekorps* (quartiers généraux de corps d'armée), plus ceux des forces aériennes de Croatie (*Fliegerführer Kroatien*), se retrouvent pour une concertation au quartier général de la *2. Panzerarmee*, à Agram. Il s'agit de discuter et de fixer tous les détails de l'opération planifiée sous le nom de code de « *Rösselsprung* » – saut de cavalier – en terme d'échecs.

Le lendemain **13 mai**, une série de principes est communiquée à l'*OB-Südost*, prenant en considération les expériences du combat anti-partisans rassemblées jusque-là. Une semaine plus tard, le **21 mai**, la version définitive de l'étude et de l'organisation du plan d'opération est prête. L'*OB-Südost* présente l'ensemble à Hitler, et ce dernier lui donne son assentiment.

Les forces prévues pour être engagées dans le cadre de l'opération « Rösselsprung » sont :

- Des éléments de la *7. SS-Freiwilligen-Gebirgs-Division « Prinz Eugen »*, à savoir le *SS-Gebirgsjäger-Regiment 13.*

- Le *Grenadier-Regiment (mot.) 92* du *Heer.*

- Le *1. Regiment « Brandenburg »* (moins son *I. Bataillon*) renforcé par une compagnie de volontaires croates.

- La *Panzer-Abteilung 202*, issue de la réserve opérationnelle de l'*OB-Südost.*

- Une *Kampfgruppe* (forte des effectifs d'un régiment) de la *373. (kroat.) Inf.-Div.*, qui comprend le *Stab* – état-major –, les *II.* et *III. Bataillone* de l'*Inf.-Rgt. 384.*

- L'*Aufklärungs-Abteilung 373* (*A.-A. 373* ; groupe de reconnaissance de la 373e division d'infanterie croate).

- L'*Aufklärungs-Abteilung* de la *1. Gebirgs-Division*, qui est débloquée par l'*OKW.*

et enfin, pour l'engagement aéroporté (*Luftlande-Einsatz*),

- Le ***SS-Fallschirmjäger-Bataillon 500***.

L'ancien commandant de la *7. SS-Freiwilligen-Gebirgs-Division « Prinz Eugen »*, le *SS-Brigadeführer* Otto Kumm, a laissé dans ses mémoires un extrait du *Korpsbefehl* – ordre d'opération de corps d'armée – de cet engagement d'envergure :

« ***Korpsbefehl* du 21. 5. 44**

Le commandement communiste suprême établi en Bosnie Occidentale, avec ses structures d'approvisionnement et ses états-majors dans le secteur de Drvar (état-major de Tito et les missions militaires alliées) et de Bos. Petrovac (centre d'approvisionnement et aérodrome). Dans tout ce territoire, environ 12 000 hommes avec armes lourdes (y compris artillerie et défense antichar), de même que prétendument quelques blindés dans la zone de Petrovac. Ligne de pénétration (*Einfallstraße*) densément minée et bloquée. Une forte résistance ennemie est à attendre de la part de la 1re division (prolét.), dans la zone O [ouest] et SO [sud-ouest] de Mrkonjicgrad, ainsi que de la part de la 6e division (Lika), dans le secteur à l'E [est] du cours supérieur de l'Unac.

(Objectifs) L'ennemi sera attaqué concentriquement par des *Fallschirmjäger* et la Luftwaffe, avec comme finalité l'élimination du commandement adverse, de ses installations d'approvisionnement et de ses états-majors dans la zone de Drvar–Petrovac, ainsi que des bandes insurgées comprises dans le secteur.

Direction (*Führung*) assurée par le commandement du *XV. Gebirgs-Armeekorps.*

Nom de code « *Rösselsprung* »

Page ci-contre. Un membre du *Fallschirmjäger-Bataillon 500* lors de la bataille de Drvar.

Page suivante. Carte de la région de Drvar; la localité se trouve au sud de L'Unaca. *(Carte dessinée par Paul Cherrier, droits réservés)*

La réussite est d'une portée cruciale pour la conduite générale des combats menés dans l'intérieur des terres aussi bien que ceux de la zone littorale. Une attitude déterminée, téméraire et l'investissement maximal de chaque soldat sont la condition essentielle d'un succès complet.

Par une poussée énergique, la *7. SS-Geb.-Div. « Prinz Eugen »*, avec une *Rgts-Gruppe* (groupement tactique de la taille d'un régiment) et un *Pz.-Gren.-Sturm-Btl.* – bataillon d'assaut d'infanterie portée – à ses ordres, enfoncera la résistance ennemie à l'E de la Sana[1] et, ensuite, elle devra venir à bout des bandes [de partisans] en progressant entre ce cours d'eau et l'Unac, à l'intérieur et puissamment au N [nord] du massif forestier montagneux, et ce en un large front. Elle devra s'emparer des installations de ravitaillement et empêcher une retraite vers l'E des bandes et états-majors battus près de Drvar. Là, depuis Banja Luka le *Kgr.Sturm-Btl.* [groupement tactique de la taille d'un bataillon d'assaut], auquel est aussi subordonnée la *Pz.-Kp. 202* – 202e compagnie blindée –, progressera le plus rapidement possible tout d'abord vers Kljuc[2] (1er objectif d'attaque) pour s'emparer là-bas du point de passage utilisé par les bandes. Comme premier objectif d'attaque, la *Rgts.-Gruppe* de la *7. SS* gagnera la zone s'étendant au S [sud] des sources de la Sana, autour de la station ferroviaire de Mlinista[3], en avançant depuis Jaice[4] par la voie ferrée et la route, en passant par Savici[5]. La *verst. SS-A.-A. 105* – 105e groupe de reconnaissance SS renforcé –, avec sous ses ordres une *SS-Pz.-Kp.* – compagnie blindée SS –, briseront les bandes adverses se trouvant sur le Livanskopolje[6], prendront possession des installations de ravitaillement de ce secteur, puis empêcheront un décrochage des bandes, de leurs états-majors et des missions militaires alliées vers le S, en poussant sur Drvar par Bos. Grahovo[7]. L'*A.-A. 369* (groupe de reconnaissance de la 369e division d'infanterie), subordonnée à la *SS-A.-A. 105*, progressera depuis Livno vers Glamocko Polje[8] à l'encontre des forces adverses décrochant de Drvar en direction du SE [sud-est]. Prendre solidement possession de Livno est essentiel. Toutes les forces du génie disponibles sont à placer à disposition des différents groupements tactiques.

La *373. Div.* interviendra avec une *Rgts.-Gruppe* (*Kampfgruppe Willam*) le Jour-X à 5 h 00 depuis la zone de Srb[9], et ce en progressant le plus rapide-

(suite page 129

Quelques habitations de Drvar (village au peuplement serbe), autour de l'église orthodoxe, nichées entre les versants rocailleux abrupts et les prairies et pâturages d'ovins.

Vers l'Osječenica
Vers Bos. Petrovac, Krupa & Banja Luka
Unac
Vers le Ćunjevača (1705 m)
Vers
rubar
Srb
Eglise
Drvar
ZONE INDUSTRIELLE
CIMETIÈRE
Vers
Vers le Mont Metla (1265 m)
Prnjavor
Trninic Brijeg
Vers Bos. Grahovo & Knin
Vers le Jadovnik & le Mont Šator
N
500 m

L'église orthodoxe de Drvar, toujours en place, et au premier plan un bâtiment présentant encore les traces d'un conflit... Soit de 1944, soit de 1995, lors de la guerre de l'éclatement de la Yougoslavie communiste. La rue principale de Drvar offre encore à voir quelques bâtiments remontant aux Habsbourg ou aux années 1920 et 1930, épargnés par les conflits récurrents. *(Photographies Paul Cherrier, droits réservés)*

DRVAR, AUJOURD'HUI

La zone industrielle de Drvar, qui présente toujours ses hautes cheminées, photographiée en mai 2018.

Quelques maisons épargnées des combats, juste au nord de la «Zitadelle».

DRVAR, AUJOURD'HUI

A Drvar, aujourd'hui, les lieux où les *SS-Fallschirmjäger* combattront pour tenter de capturer Tito, le 25 mai 1944... Ici, un ancien et imposant lotissement pour ouvriers, en bordure des usines. *(Photographies Paul Cherrier, droits réservés)*

Une cage d'escalier construite à la veille de la Première Guerre mondiale, près de l'ancienne gare. L'on imagine bien la tension qui a pu régner pour les assaillants aéroportés allemands, au moment de «nettoyer» de tels bâtiments...

Quelques jardins en bordure est de Drvar, tels qu'ont sans doute pu les voir les *SS-Fallschirmjäger* en mai 1944.

DRVAR, AUJOURD'HUI

La petite ville industrielle de Drvar est nichée dans la vallée de l'Unac, une rivière de montagne peu profonde. Elle est bordée des crêtes du Lunjevača et du Jadovnik, au sud de Bosanski Petrovac et à l'ouest de Jajce. La silhouette de la localité est marquée par les ateliers de l'usine produisant des wagons, avec de hautes cheminée. *(Photographies Paul Cherrier, droits réservés)*

Le château d'eau de Drvar, retrouvé sur plusieurs photos de 1944, est toujours debout, un siècle après sa construction.

La zone industrielle, florissante durant les Années 60 et 70 (sous le «règne» de Tito), est désormais largement abandonnée. En arrière-plan, le mont Jadovnik.

Photo prise par les Allemands: la zone industrielle de Drvar en 1944, vue depuis le nord de la «Zitadelle», avec en arrière plan le Lunjevaca. Au centre de l'image, l'on reconnaît le château d'eau, toujours en place en 2018.

Les *SS-Fallschirmjäger*, répartis dans les différents appareils de largage ou planeurs (comme ici), attendent l'ordre « Embarquez ! » *(Maschine besetzen !)*. Chacun des hommes de ce groupe a déployé un filet de camouflage à larges mailles par-dessus son casque de saut. L'homme au premier plan emporte un étui de canon de MG *(Laufschützer)* et – détail peu commun – a adapté son équipement individuel de manière à ce que sa gourde *(Feldflasche)* soit portée dans le milieu du dos, sans doute fixée au *Brotbeutel* (musette à pain). Autrement dit, il n'a pas placé les passants de son *Brotbeutel* à son ceinturon, mais visiblement dans les dés dorsaux du haut de ses bretelles de suspension, un expédient non règlementaire permettant plus de confort à l'intérieur du planeur. Quant à lui, l'homme visible à droite a disposé sa gourde sur le devant de son ceinturon. Le pilote est déjà à son poste.

ment possible en direction de Drvar via Trubar[10]. Ce même jour, cette *Rgts.-Gruppe* relèvera à tout prix le *SS-Fallschirm-Btl. 500* à Drvar. Une fois la jonction établie, le *Fallsch.-Btl.* sera subordonné à la *Kgr. Willam*. Tous les postes de commandement et missions militaires adverses rencontrés sont à éliminer. Avec certaines fractions, il s'agira ensuite de pousser sur Bos. Petrovac[11] tout en tenant fermement le secteur de Drvar. La *Kgr. Willam* devra être maintenue à un niveau le plus puissant possible (artillerie, armes lourdes, génie).

Une autre *Kgr.* de cette division, si possible de la taille d'un bataillon, devra être engagée le Jour-X à 5h00 depuis Lapac[12] vers Vrtoce[13] en passant par Kulen Vakuf[14]. Il est important de prendre rapidement possession de Vrtoce et, ensuite, suivant la situation, d'ouvrir la route Bihac – Vrtoce par une poussée vers le NO.

Le *Mot.-Rgt. 92* – 92e régiment motorisé de grenadiers –, avec l'*Aufkl.-Abt. 54* et un groupement tactique régimentaire de la *2. kroat. Jg.-Brigade* – 2e brigade de chasseurs croates – placée sous ses ordres, progresseront le Jour-X à partir de 5h00 depuis la zone de Bihac et de Bos. Krupa[15] en direction du SE, afin de s'emparer le plus vite possible de Bos. Petrovac, d'anéantir les bandes et états-majors s'y trouvant et également de prendre l'aérodrome et les installations de ravitaillement rencontrées. Une progression résolue de cette *Kgr.* aura une portée essentielle.

Ensuite, le *verst. Gren.-Rgt. (mot) 92*[16] progressera vers Drvar, tout en dégageant et en nettoyant le secteur de Bos. Petrovac avec certaines de ses fractions, afin d'empêcher un quelconque décrochage de l'adversaire vers le N sur la route de Drvar ; il établira le contact avec le *SS-Fallsch.-Btl. 500* et la *Kgr. Willam*.

Le *1. Rgt. « Brandenburg »*, avec des groupes de combattants croates placés sous son commandement, progressera de Knin vers Bos. Grahovo et, ensuite, opérera partiellement en engagement *z.b.V.* (« d'emploi particulier ») contre la ligne Prekaja-Drvar.

Le Jour-X, le ***SS-Fallschirm-Btl. 500*** sautera tôt sur Drvar, après une préparation du terrain par des Stukas, avec pour mission d'œuvrer dès son débarquement à l'élimination immédiate et sans égards du haut état-major de Tito.

Par l'engagement de puissantes forces aériennes et avant le largage des éléments aéroportés sur la zone-cible, le *Fliegerführer Kroatien* – forces de l'air de Croatie – anéantira préalablement les groupes et états-majors ennemis identifiés, les positions de couverture et de DCA par des attaques concentrées, pour contraindre ainsi l'adversaire à se retrancher dans ses abris. Le *SS-Fallsch.-Btl. 500* se préparera comme suit jusqu'à midi du « Jour-X - 1 » [24 mai] sur les différents terrains de décollage :

La ***Gruppe Rybka*** (*Fallsch.-Springer* – parachutistes –) avec son état-major, les *2.* et *3. Kp.* ainsi qu'une section de la *4. Kp.* à Gr. Betschkerek (314 hommes), et le reste de la *4. Kp.*, la *1. Kp.* ainsi que 40 hommes de l'*Abt. Benesch* – détachement du *Major* Ernst Benesch –, 6 hommes de l'*Abwehr* ainsi qu'un *Lw.-Verb.-Trupp* – équipe de liaison de l'Armée de l'air – à Agram (320 hommes).

Avec la deuxième vague de *Fallsch.-Springer* : le reste de la *2. Kp.* et la *Fallsch.-Ausb.-Kp.* à Banja Luca (220 hommes). Dès le début de l'embarquement, le *SS-Fallschirm-Btl. 500* sera directement placé sous les ordres du *Fliefü. Kroatien* et, une fois le largage effectué, il sera subordonné au *XV. Geb.-AK*. Après l'établissement de la liaison avec l'une des *Kgr.* assaillantes, le *Btl.* sera alors placé sous le commandement de cette dernière, en vue d'une poursuite homogène des combats.

Les unités de ravitaillement approvisionnent les aérodromes en indispensable carburant. Equipements et munitions sont aussi chargés dans ces Ju 52. Partout règne une activité foisonnante.

1. Dans le cadre de l'opération *Rösselsprung*, des appareils doivent d'abord être retirés de différents terrains d'aviation d'Europe pour rejoindre les Balkans.
2. Sur ce terrain d'aviation de campagne, aménagé dans une plaine bordée de hauteurs rocheuses, des Ju 52 de transport côtoient quelques Stukas.
3. Le même terrain, un Ju 52, en arrière-plan une montagne entièrement dépourvue d'arbres ; un environnement quasi-méditerranéen.

Etc., transmissions, approvisionnement, liaisons (*Meldewesen*) [...]

11) A partir du Jour-X, *Korps-Gefechtsstand* – quartier général de corps d'armée – à Bihac.

XV. la Nr. 13/44 Gkdos. Chefsache (le chef d'état-major du XVe corps d'armée de montagne. Ordre hautement secret du commandement N° 13/44). »

Conduite des opérations prévue pour les *Luftlandetruppen*...

Les troupes aéroportées allemandes, qui doivent atterrir à Drvar et ses alentours immédiats en trois vagues, sont constituées du *SS-Fallschirmjäger-Bataillon 500* sous le commandement du *SS-Hauptsturmführer* Kurt Rybka, renforcé par des éléments de la Wehrmacht du *1. Luftlande-Regiment* (auquel appartient le *Hauptmann* des *Fallschirmjäger* Bentrup, rattaché de circonstance au bataillon), ainsi que par une quarantaine de soldats appartenant à ladite « *Einheit Benesch* » : il s'agit de « *Brandenburger* » placés sous les ordres du *Leutnant* Gerhard Dowe, dont la tâche consistera à mener des interrogatoires de partisans et des membres des missions militaires extérieures capturés.

Outre ces unités participent aussi quelques Tchetniks ayant une bonne connaissance des lieux, de même que des Croates servant comme *Kampfdolmetscher* – interprètes – ainsi que le *Trupp* – équipe – du *Leutnant* Walter Savadil du *Front-Aufklärungs-Trupp 216* (*FAT 216*), dont la tâche consistera à mettre en sûreté les supports écrits importants, les documents chiffrés et les journaux de marche quotidiens capturés. Ce *Trupp*, appelé « *Trupp Savadil* », quittera Sisak[17] au moyen d'un unique camion à destination de Zagreb.

Arrivé là-bas, il sera incorporé à la *Gruppe Witzemann* et, aux premières lueurs de l'aube du 25 mai, il sera transporté à l'aérodrome de Lučko, en périphérie de Zagreb.

2

En accord avec les différents pilotes de planeur (*Lastensegler-Flugzeugführer*), le *SS-Untersturmführer* Hugo Witzemann prend en main la répartition des hommes dans chacun des engins à sa disposition. Chaque planeur d'assaut DFS 230[18] peut accueillir, outre le pilote, neuf hommes avec équipement et armement complets. Autrement dit, les 34 planeurs disponibles pour lui peuvent emporter 340 soldats, dont 34 pilotes. L'*Ustuf.* Witzemann répartit les 306 places restantes comme suit : 247 hommes du *SS-Fallschirmjäger-Bataillon 500* (à savoir toute sa *1. Kompanie* et sa *4. Kompanie* moins une section), les 40 soldats de l'*Einheit Benesch*, les six hommes du *Trupp Savadil*, quatre *Fernmelder-Funker* – opérateurs-radio – issus de la *SS-Nachrichtenschule Metz* (école SS des renseignements et transmissions de Metz), quatre autres opérateurs-radio du *Luftwaffen-Nachrichten-Verbindungstrupp* – équipe de liaison des transmissions de l'Armée de l'air –. N'oublions pas cinq des treize correspondants de guerre affectés à

Vue en surplomb de l'aérodrome. Le relief accidenté et rocheux peut donner un avant-goût aux *SS-Fallschirmjäger* de ce qui les attend dans la cuvette de l'Unac.

Dans très peu de temps, ces Junkers 52 parachuteront une partie des SS-Fallschirmjäger.

cet engagement, auxquels nous devons beaucoup pour la réalisation de cet ouvrage (Notons que deux de ces treize *PK-Männer* – membres des compagnies de propagande –, à savoir les *SS-PK Oberscharführer* Adolf Kunzmann et Walter Henisch, seront parachutés aux côtés des sautants du bataillon ; six autres effectueront leurs reportages et films depuis les appareils d'escorte, dans les airs).

Comme il n'y a pas assez d'appareils de transport disponibles pour accomplir un engagement parachuté en une seule vague, et pas non plus de *Lastensegler* en nombre suffisant pour un débarquement aérien de l'ensemble du bataillon, le *SS-Hauptsturmführer* Rybka est contraint de scinder ses hommes en deux vagues d'assaut successives.

Un groupe de la **première vague** devra être parachuté sur Drvar, et un autre déposé au moyen de *Lastensegler*. Plusieurs heures plus tard, le largage parachuté d'une compagnie de parachutistes SS – c'est-à-dire **la seconde vague** – est planifié sous la direction du *SS-Hauptsturmführer* Obermaier. Deux autres planeurs de type DFS 230 de la *II./LLG 1* (*II. Gruppe* du *Luft-Lande-Geschwader 1*[19] devront atterrir sur Drvar dans les mêmes temps qu'Obermaier, avec des munitions. Les exemples suivants montrent que le maintien de l'opération dans un secret absolu est un point essentiel...

...et quelques précautions vis-à-vis des auxiliaires balkaniques !

Afin de parer le plus possible à toute éventuelle trahison, il est renoncé à l'implication de toute unité non-allemande dans ces préparatifs. La *373. (kroatische) Infanterie-Division* constitue cependant la seule exception, qui prendra part de façon unifiée à *Rösselsprung*.

Toutefois concernant cette division, par mesure de sécurité seuls les personnels de commandement allemands sont mis au courant. Pour ce qui est de la quarantaine de soldats du *Major* Ernst Benesch appartenant au *4. Regiment « Brandenburg »*, auxquels ont aussi été adjoints quelques Tchetniks (Serbes anticommunistes) en raison de leur connaissance précise des lieux, l'objectif de l'opération ne leur sera communiqué qu'au matin du 25 mai 1944, lorsque les hommes se trouveront déjà installés dans leurs *Lastensegler* (ils seront même déjà dans les airs, à ce moment-là !).

Même les membres des troupes aéroportées, qui avaient été transférés du Sud de la France vers la Yougoslavie dès le début mars 1944 avec leurs *Lastensegler*, sont maintenus dans le secret par un strict isolement du monde extérieur, stationnés intentionnellement à l'écart, sur les aérodromes de campagne de Lučko (près de Zagreb) et de Cerklje, distante d'une vingtaine de kilomètres de la capitale croate. Ils restent entièrement confinés là-bas jusqu'au moment final du décollage, le 25 mai.

Les autres unités prévues pour cette opération sont elles-aussi laissées volontairement dans le flou quant au lieu et à la date de l'engagement, et ce jusqu'au dernier moment. Dans le *Vorbefehl* – ordre préparatoire – du **20 mai 1944**, 5 heures 45 du matin, organisant le transfert du *SS-Fallschirmjäger-Bataillon 500*, seuls sont mentionnés les aéroports de Groß-Betschkerek (dans le Banat serbe, Veliki Bečkerek ou Zrenjanin), de Zagreb (Agram) et de Banja Luka ; pas en revanche l'objectif. Les chefs de chaque groupe recevront des ordres complémentaires une fois arrivés sur les aérodromes, le Jour-X. Ce *Vorbefehl* stipule uniquement :

« *Jusqu'à la réception de consignes complémentaires, les colonnes* [autrement dit chaque groupe d'engagement NDA] *restent à leurs aéroports. Puis, par mesure de précaution, c'est l'état-major de la* 2. Panzerarmee *qui donnera l'ordre. Dans le cas où, au deuxième jour suivant le transfert des troupes, aucune disposition n'aurait encore été reçue, il faudra s'adresser par voie téléphonique ou télégraphique à l'état-major de la* 2. Panzerarmee. ».

Un Henschel 126 monoplan qui, bientôt, interviendra avec ses armes de bord dans le combat au sol.

Des bombardiers en piqué de type Ju 87, les célèbres Stukas, volent vers Drvar. En 1944, cet appareil est nettement déclassé.

Même un ordre complémentaire du *SS-Hauptsturmführer* Rybka (qui, en tant que commandant du *SS-Fallschirmjäger-Bataillon 500*, endosse l'autorité de commandement sur le bataillon, mais aussi sur toutes les fractions prenant part à l'action aéroportée), transmis de nuit ce même jour à minuit, ne comporte aucune information quant à l'objectif. Sauf pour les *Ia*, *Ib*, *IVa* et *V* (membres des bureaux de l'état-major du bataillon), les ordres de division et de bataillon dans lequel est désigné l'objectif – Drvar – ne sont transmis que dans la nuit du 23 au 24 mai 1944 pour la toute première fois.

Tout de même, le **24 mai** le *Hstuf.* Kurt Rybka précise l'objectif de l'engagement imminent : « *Pour tous les éléments constituant le bataillon, les efforts de l'opération sont concentrés sur l'état-major supérieur de Tito. Aussitôt qu'il sera précisément su où se trouve cet état-major, toutes les fractions du bataillon débarquées à proximité de cet objectif essentiel devront les éliminer sans aucun égard ni délai. Si possible, les personnalités importantes devront tomber vivantes entre nos mains. Les écrits valables de l'ennemi seront*

Fieseler « Storch ». Cet avion d'observation se révelera d'une importance capitale lors de l'opération « *Rösselsprung* ». *(profil Nicholas Gohin © 2018)*

Le Fieseler « Storch », ou « cigogne », sera temporairement le seul lien direct entre les aéroportés encerclés à Drvar et le reste du monde.

Partout, le ciel est constellé d'avions. Ici, un ensemble attelé de la *III. Gruppe* du *Luftlandegeschwader 1* : un planeur remorqué par un Henschel.

En cette aube du 25 mai 1944, un Dornier 17 remorque un planeur DFS 230

Dans leur première phase d'engagement, ces Henschel 126 (Hs 126) sont employés pour remorquer les DFS 230 jusqu'au dessus de l'objectif.

à conserver. Dans les locaux d'état-major, éviter absolument tout incendie, afin que les hommes des services de renseignements puissent récupérer les pièces [écrites] *de valeur.* »

Dans son ouvrage *Das Unternehmen Rösselsprung*, Karl-Dieter Wolff relate quant aux préparatifs du volet aéroporté de l'opération :

« *Le transport de chaque* Kampfgruppe *depuis Kraljevo s'accomplit suivant un plan bien réglé, que Rybka ne dévoile que dans la nuit du 20 au 21 mai dans un ordre complémentaire. Avec ses propres véhicules, la* **1. Gruppe** – « *camouflée* » *comme simple unité d'infanterie – sous les ordres du* **SS-Ustuf. *Haselwanter*** *atteint Belgrade le 22 mai à 12 heures (midi), puis elle est transportée par chemin de fer jusqu'à Groß-Betschkerek. Le groupe stationne à huit kilomètres de cette localité jusqu'aux premières heures du 25 mai. De leur côté, comme planifié, la* **Gruppe 2** *et la* **Gruppe 3**, *respectivement sous les ordres du* **SS-Ustuf. *Witzemann*** *et du* **SS-Hstuf. *Obermaier***, *quittent Kraljevo le 21 mai à 14 heures 02 par transport ferroviaire.*

A Nova Gradiška[20], *gare de débarquement pour la* **Kampfgruppe Obermaier** (Gruppe 3), *les camions de ce groupe sont déchargés, de même que le ravitaillement, les armes et les munitions des deux autres groupes* (Gruppen 1 et 2). *Le* Hstuf. *Obermaier assure le stationnement de ses hommes dans les environs de cette localité et, le 24 mai, il les fait transférer à proximité immédiate de l'aérodrome de Banja Luka, Zaluzani. Une fois arrivé sur place, au moyen d'une communication-radio chiffrée, il annonce à 17 heures au commandant de bataillon Rybka (qui, entre-temps, est arrivé à Groß-Betschkerek) l'*« *état de préparation à l'engagement* » (Einsatzbereitschaft) *de son groupe.*

Suivant les ordres, la **Kampfgruppe Witzemann** (Gruppe 2) *poursuit toute seule son trajet jusqu'à la gare de destination de Zagreb. Une fois là-bas, Witzemann établit le contact avec les deux aérodromes de Zagreb-Lučko et Cerklje, et s'entretient avec le commandant des unités de planeurs quant à la répartition détaillée de ses groupes dans les différents aéronefs, suivant celle proposée dans le projet de Varnbühler*[21].

Près de l'aéroport de Cerklje, au cours du 24 mai arrivent également les soldats de l' « Einheit Benesch » *affectés pour l'opération sur Drvar, sous le commandement du* Leutnant *Dowe. Après que les membres du* Trupp Savadil [*équipe du* Lt. *Walter Savadil NDA*] *aient établi leur jonction avec les hommes de l'*Ustuf. *Witzemann, de leur côté tout est fin prêt pour le décollage. Dans la nuit du 24 au 25 mai, les trois groupes ont accompli les ultimes préparatifs.*

Au quartier de l'état-major du bataillon établi à Groß-Betschkerek, dans l'intervalle, les Gruppen *2 et 3 ont confirmé par message-radio qu'elles se trouvaient à proximité immédiate des aéroports d'envol et aussi qu'elles étaient* einsatzbereit – *prêtes à l'engagement –.* »

La question des aéronefs de transport et d'appui

Pour l'opération « *Rösselsprung* », le ***Fliegerführer Kroatien*** – chef des forces aériennes de Croatie, subordonné au *Luftwaffen-Kommando Südost* – dispose des unités suivantes:

-La ***1./DFS-Schleppgruppe 1***, 1re escadrille du premier groupe d'avion-remorqueurs, qui comprend cinq ensembles attelés combinant remorqueurs Hs (Henschel) 126 et planeurs d'assaut DFS 230.

- La ***2./DFS-Schleppgruppe 1***, composée de trois ensembles attelés avec Ju 87 et DFS 230.

Page précédente, de haut en bas.
Deux membres de la Luftwaffe sont allongés auprès de conteneurs de largage *(Abwurf-Behälter)* à section carrée, garnis, posés sur leur amortisseur en tôle ondulée. Tout est apprêté et marqué de façon à ce que les différents groupes retrouvent immédiatement leurs conteneurs respectifs une fois au sol.

Plusieurs *SS-Fallschirmjäger* contrôlent encore une fois leurs conteneurs de largage de ravitaillement *(Versorgung-)* et d'armes *(Waffen-Behälter)*. Ensuite, ils les disposeront dans les puits de lance-bombes des avions.

En haut.
En bordure d'un aérodrome, dans une fosse, les armuriers *(Waffenwarte)* ont aligné les bombes aériennes à fragmentation, dont ils contrôlent les fusées *(Zünder)*.

Ci-dessus et ci-contre. Sur l'aérodrome de campagne (*Feldflugplatz*). L'objectif de l'opération est dorénavant connu, des officiers d'état-major discutent encore des derniers détails à l'aide de cartes en les comparant avec des photos de leur objectif, tout près d'un groupe de pilotes en combinaison de vol. Les ordres sont donnés, chacun connaît sa mission.

Les planeurs stationnés sur la piste d'envol attendent l'engagement.

- La ***III./LLG 1***, 3e groupe de la 1re escadre aéroportée[22] composée de 17 ensembles attelés, regroupant 12 Henschel 126 et cinq Avia[23] remorquant uniquement des planeurs de type DFS 230.
- La ***II./LLG 1***, 2e groupe de la 1re escadre aéroportée, huit ensembles attelés constitués de Ju 87D remorquant des planeurs DFS 230.
- La ***II./TG 4***, 2e groupe de la 4e escadre de transport[24], équipée de 37 Junkers Ju 52 pour le transport et le largage par parachute des *Fallschirmjäger.*

Au tournant de l'année 1943/44, la seule unité de planeurs stationnée dans les Balkans était la *Schleppgruppe 1* – 1r groupe de remorquage –, qui comprend deux escadrilles de planeurs de type DFS 230 et une escadrille supplémentaire de type Go 242.

Cependant, comme les forces directement disponibles de cette *Schleppgruppe 1* s'avèrent être insuffisantes pour une opération d'une telle envergure, deux autres groupes du *LLG 1* ont dû être transférés en renfort dans la zone d'engagement.

A cet effet, dès la fin février 1944, était envoyée en Yougoslavie la *III./LLG 1* en provenance de Nancy et de Strasbourg, sous le commandement du *Hauptmann* Karl, un groupe composé de quatre escadrilles de planeurs DFS 230.

Plus précisément, cette *III. Gruppe* est transférée à Alibunar (en Serbie[25]) puis, le 7 mai, vers Kruševac[26]. De plus, en mars 1944, quatre escadrilles supplémentaires, celles de la *II./LLG 1* sous les ordres du *Hptm.* Jahnke, quittent Strasbourg-Polygone[27] et Mannheim-am-Rhein pour rejoindre les aérodromes du secteur d'Agram. Puisqu'il est prévu de débarquer les deux vagues

d'assaut sur Drvar avec un intervalle de temps de plusieurs heures, les capacités de transport requises pour *Rösselsprung* sont dorénavant suffisantes.

En soutien des troupes au sol et pour bombarder les objectifs repérés sont affectés :

- la ***NSGr. 7*** (*Nachtschlachtgruppe 7* – 7e groupe d'assaut nocturne) équipée d'appareils monoplans à ailes parasol de type He 46, de Fiat CR 42 et de Caproni 314.
- la ***II./SG 151*** (2e groupe de la 151e escadre d'avions d'assaut (54)) doté de Ju 87 « Stukas ».
- la ***I./SG 2*** (subordonnée à la *Luftflotte 4* – 4e flotte aérienne) est rameutée en renfort depuis l'aérodrome de Huși, dans le nord-est de la Roumanie, juste avant le commencement de l'opération. Ce groupe est lui-aussi équipé de Ju 87.
- la ***13./SG 151*** (13e escadrille de la 151e escadre d'avions d'assaut) doit elle aussi appuyer d'attaque sur Drvar et, une fois avoir déposé ses bombes, monter jusqu'à 2000 mètres pour procurer « un barrage aérien » (*Sperreflug*) au-dessus de la zone d'action, et ce jusqu'à ce que tous les *Fallschirmjäger* soient largués et que les *Lastensegler* aient atterri. Effectivement, côté allemand il est à craindre que, dès le début de l'attaque sur Drvar, les partisans sollicitent en urgence un soutien des forces aériennes anglo-américaines stationnant sur plusieurs bases d'Italie méridionale et centrale. C'est pourquoi les groupes de chasse du *Fliegerführer Kroatien*, constitués de la ***IV./JG***

(suite page 142)

Ci-dessous, de gauche à droite.
Un des Henschel 126 utilisé par la *III./LLG 1* en Croatie.

Le planeur DFS-230 est largement utilisé par les paras du bataillon lors de l'assaut sur Drvar.
(profils Nicholas Gohin © 2018)

Double page précédente.
Un camion amène les hommes sur le terrain d'aviation : pilotes, Fallschirmjäger, sans oublier d'éventuelles « *Maskottchen* » (chien de la compagnie ou du groupe).

Les officiers d'état-major discutent de l'opération carte en mains.

27 et de la ***II./JG 51***, sont aussi engagés pour sécuriser le débarquement des forces aéroportées contre de possibles ripostes alliées dans les airs.

L'ordre de mission pour ces deux *Gruppen* – groupes – équipées de Me Bf 109 stipule que, tôt le matin du 25 mai, elles devront survoler la zone d'engagement aéroportée en « barrage aérien » à 2500-3000 mètres de hauteur, là encore jusqu'à ce que parachutistes et planeurs aient achevé leur débarquement.

Vers midi, la seconde vague aéroportée d'assaut devra être sécurisée suivant une tactique similaire contre toute mauvaise surprise venue du ciel.

Par surcroît, le *Fliegerführer Kroatien* peut compter sur la ***Nahaufklärungsstaffel Kroatien*** – escadrille de reconnaissance rapprochée de Croatie – équipée d'une dizaine d'appareils Hs 126 (Henschel) et de deux Do 17 (Dornier), de même que sur la mise à disposition de la ***Sanitätsflugbereitschaft 5*** – 5e escadrille d'ambulances aériennes – dotée de plusieurs Fi 156 « Fieseler Storch » et de deux Junkers Ju 52.

Dans l'ensemble, le *Fliegerführer Kroatien*, qui est à ce moment-là l'*Oberst* Walter Hagen, dispose des forces suivantes pour appuyer dans le cadre de « Rösselsprung » les troupes aéroportées de Kurt Rybka, mais aussi celles progressant au sol:

-Déjà cités, les bombardiers en piqué « Stukas » de la ***I./Schlachtsgeschwader 2*** (*I./SG2*, 1re groupe de la 2e escadre d'assaut) et de la ***II./ Schlachtsgeschwader 151*** (*II./SG151*), ainsi que des Heinkel He 46 et des Fiat CR 42 « Falco » de la ***I./Nachtschlachtgeschwader 7***.

-Les chasseurs Messerschmitt Bf 109 de la ***I./ Jagdgeschwader 51*** et de la ***IV./Jagdgeschwader 27*** sans oublier, appartenant à l'aviation de l'État indépendant de Croatie, des chasseurs de fabrication italienne M.C. 202 Macchi « Folgore » et des bombardiers allemands Dornier Do 17.

Plan d'opération détaillé des *Luftlandekräfte* – forces aéroportées – pour le Jour X

Les différents commandants responsables des *Fallschirmjäger* reçoivent les derniers et définitifs *Einsatzbefehle* – ordres de mission – le 23 mai 1944.

Comme évoqué plus haut, une préservation du secret la plus stricte possible est de rigueur, jusqu'aux tous derniers instants, c'est pourquoi les hommes ne sont informés plus en détail qu'au tout dernier moment, le 25 au matin (!), alors qu'ils sont déjà arrivés sur les aérodromes et peu avant le décollage. Alors, ils apprennent enfin le *Ziel* – l'objectif – de leur attaque. En s'appuyant sur des photos aériennes, il leur est présenté les zones d'atterrissage, les axes d'attaque et les *Einzelaufträge* – missions imparties à chaque groupe –. Voici la substance de l'ordre concis transmis sur l'aérodrome à tous les aéroportés:

« *Le* SS-Fallschirmjäger-Bataillon *saute en trois vagues* (Wellen) *sur Drvar, QG de Tito : Une première vague de parachutistes à 7h00, une deuxième vague de planeurs à 7h05 et une vague supplémentaire de parachutistes à 12h00 (midi). Tous les locaux des services d'état-major, ceux des missions militaires extérieures, etc. sont à liquider et le matériel capturé à mettre en sûreté. S'attendre à l'intervention des forces aériennes alliées. S'attendre aussi à une relève venue de l'extérieur par trois divisions attaquantes sous trois jours environ.* »

La répartition effective des forces, le montant des effectifs et l'affectation des missions aux différents groupes se présentent comme suit **:**

Les unités transportées par planeurs sont divisées en **six *Kampfgruppen*** – groupements tactiques –, chacune se voit affecter ses propres objectifs d'attaque, bien définis.

- La ***Gruppe « Panther »*** avec 110 hommes, répartie dans onze planeurs, doit s'emparer de la « *Zitadelle* » de Drvar, dans laquelle est supposé se trouver le QG de Tito.

- La ***Gruppe « Draufgänger »*** – groupe « casse-cou » –, avec 70 hommes divisés dans sept planeurs, reçoit pour mission d'occuper le « *Westkreuz* » – carrefour occidental de Drvar –, un important croisement dans la périphérie de Drvar. Ce groupe doit également s'emparer d'une grande bâtisse voyante, dans laquelle est supposée être installée la centrale téléphonique et télégraphique des lieux, autrement dit le nœud essentiel des communications du QG de Tito.

- La ***Gruppe « Greifer »*** – groupe « griffe » –, regroupant 40 soldats répartis dans quatre planeurs, reçoit l'ordre de capturer la mission militaire britannique (nom de code « London »), qui séjourne près du village de Prnjavor, situé à un demi-kilomètre au sud-ouest de Drvar.

- La ***Gruppe « Stürmer »*** – groupe « assaillant » – totalise 50 hommes répartis dans cinq planeurs, et doit faire prisonnier les attachés de la mission militaire soviétique (nom de code « Moskau »), qui stationnent en bordure nord-ouest de Drvar.

- La ***Gruppe « Brecher »*** – groupe « broyeur » –, là aussi 50 hommes dans cinq planeurs qui sont chargés de s'emparer des conseillers de la mission militaire US (nom de code « Amerika »), qui logent à environ un kilomètre au sud de la ville, dans le village de Trninic Brijeg.

- Pour finir, la ***Gruppe « Beißer »*** – groupe « dominos » –, 20 hommes installés dans deux *Lastensegler*, doit d'abord investir une station-radio (nom de code « Warschau »), établie à deux kilomètres au sud de Drvar. Puis, elle devra se joindre à la *Gruppe « Greifer »* et l'appuyer dans la capture des Anglais.

Nous l'avons vu, les avions-remorqueurs, les planeurs et les pilotes de ces deux types d'aéronefs (avec et sans moteur) proviennent de différentes unités de la Luftwaffe, auparavant stationnées dans plusieurs pays et territoires occupés. Leur réunion pour *Rösselsprung* s'articule comme suit :

- La ***1./Schleppgruppe 1*** (1re escadrille du 1er groupe de remorquage), cinq ensembles attelés comprenant cinq planeurs de type DFS 230 tractés dans les airs par cinq appareils motorisés Hs 126.

- La ***2./Schleppgruppe 1*** regroupant trois planeurs DFS 230 remorqués par trois Ju 87.

- La ***II./Luftlande-Geschwader 1*** (2e groupe de la 1re escadre aéroportée) constituée de neuf DFS 230 tractés par neuf Ju 87.

- La ***III./Luftlande-Geschwader 1*** composée de dix-sept DFS 230 remorqués par douze Hs 126 et cinq Avia 534[28].

Les trente-quatre appareils de remorquage doivent décoller de deux aérodromes croates (Lucko et Cerklje) localisés à proximité directe de Zagreb, à vol d'oiseau à 170 kilomètres au nord-ouest de Drvar.

De leur côté, les pilotes de planeurs *(LS-Flugzeugführer)* d'une même *Kampfgruppe*, portant des combinaisons de saut de parachutistes, en pleine discussion finale *(Abschlußbesprechung)*. Les planeurs stationnés sur la piste d'envol attendent l'engagement.

Ci-dessous. Un Junkers Ju-52 de la *II./LLG 1* *(profil Nicholas Gohin © 2018)*

Tout juste débarqués du camion qui les amenés sur place, les paras posent avec leur « *Maskottchen* » (chien de la compagnie ou du groupe).

L'*erste Welle* – première vague – de *Fallschirmjäger* devra décoller de Nagy Betskerek (Groß Betschkerek), bourgade située à 70 kilomètres au nord de Belgrade et à 240 kilomètres au nord-est de Drvar. Ses 35 appareils de transport de type classique Junkers 52 sont issus de la ***II. Gruppe*** du ***Transport-Geschwader 4*** ; les hommes y sont répartis en trois groupements tactiques :

-La ***Kampfgruppe « Rot »*** – groupement tactique rouge –, composée de 85 hommes, se voit attribuer une zone de largage s'étendant juste au sud de Drvar, près de la zone d'atterrissage des planeurs de la *Gruppe « Panther »*.

-La ***Kampfgruppe « Grün »*** – groupement tactique vert –, 95 soldats, doit être déposée au nord de Drvar, plus exactement entre la localité et le lit de la rivière Unac.

-La ***Kampfgruppe « Blau »*** – groupement tactique bleu –, 100 *Fallschirmjäger* qui seront normalement largués à l'est de la ville, immédiatement en arrière des bâtiments et halls de la fabrique de cellulose.

Quatre à cinq heures après l'atterrissage de la première vague doit être déposée la ***zweite Welle*** (deuxième vague), totalisant 220 *Fallschirmjäger* ainsi que deux planeurs chargés de munitions et d'approvisionnement. Ces diables verts devront décoller de l'aérodrome de Zaluzani, près de Banja Luka, à environ 90 kilomètres au nord-est de Drvar. Leur transport sera assuré par le ***Transport-Geschwader 4***, grâce à vingt Junkers 52. De leur côté, les ensembles attelés de la *II./LLG 1* s'envoleront de Cerklje.

Un ancien Fallschirmjäger rattaché au groupe du *SS-Untersturmführer* Witzemann (*Gruppe 2*) se souvient:

« *Je suis allé jusqu'à Agram avec la* Gruppe Witzemann *puis, à proximité de l'aérodrome, on nous a installés dans une école. Interdiction formelle de quitter le bâtiment et d'entrer en contact avec une quelconque personne extérieure au groupe. Aucun parmi nous, excepté notre chef Witzemann, ne sait quel engagement nous attend... Nous passons la nuit dans cette école et, très tôt le lendemain, vers 4 ou 5 heures, nous sommes réveillés. Toute la compagnie doit se rassembler dans l'une des pièces.*

Enfin, nous apprenons de la voix de notre Kompaniechef *pour quel type d'engagement il va falloir prendre les airs. Grâce à d'astucieuses lunettes bicolores, nous pouvons admirer des clichés aériens de Drvar en trois dimensions. On peut distinguer les traits et points marqués sur ces photos, cette fois chaque groupe* (Gruppe) *et section* (Zug) *est informé avec minutie quant à son lieu d'atterrissage, son axe d'attaque, son objectif, etc. Tandis que les* Schützen-Kompanien *débarqueront par parachute, la* 4. (schwere) Kompanie *sera majoritairement déposée au moyen de planeurs.*

Cet exposé met un accent tout particulier sur Tito, qui doit absolument être pris mort ou vif. Afin de pouvoir l'identifier, une photo au format d'une carte postale nous est montrée. Ce portrait, le représentant en uniforme de maréchal, est passé de main en main, et d'un seul coup disparaît.

Curieusement, personne ne l'a redonné à Witzemann, qui nous l'avait passée au début... En fait, nous retrouverons cette photo plus tard, à Drvar, sur le cadavre d'un soldat de notre compagnie ».

Les trois groupes aéroportés

Trois *Gruppen* aéroportées sont formées, afin de pouvoir transporter en territoire ennemi l'intégralité du *SS-Fallschirmjäger-Bataillon 500*, plus les parachutistes de la *Division « Brandenburg »* spécialement détachés de leur unité d'origine pour participer à l'opération, mais aussi les forces spéciales (notamment du *Major* Benesch et du *Leutnant* Savadil), les indispensables *Dolmetscher* – interprètes –, les *Funker* – opérateurs-radio – ainsi que les soldats serbes ou croates anticommunistes embarqués pour des tâches très spécifiques.

Dans la **première vague** (*erste Welle*), décollant de Groß Betschkerek, le *SS-Hauptsturmführer* Rybka et son *Stab* – état-major –, les *2.* et *3. Kompanien* du bataillon de même qu'une section de la *4. (schwere) Kompanie* doivent sauter en parachute ; au total 314 hommes.

Ces *Fallschirmjäger* sont notamment répartis entre les *Gruppen « Blau »* (100 soldats), *« Grün »* (95) et *« Rot »* (85) décrites plus haut, et doivent s'emparer du centre-ville de Drvar, y réduire au silence la résistance adverse puis, en action coordonnée avec d'autres *Gruppen*, empêcher une possible tentative de sortie des partisans.

Ci-dessus. Le *Bataillons-Kommandeur* des parachutistes SS, le *Hstuf.* Kurt Rybka, effectue un exposé et transmet les ordres fraîchement reçus à ses hommes.

Ci-contre. Les hommes vérifient une fois pour toutes l'intérieur de leurs conteneurs de ravitaillement et d'armes, puis ils les placeront dans les puits de lance-bombes de cette « Tante Ju ».

Décollant d'Agram, 340 autres soldats doivent être déposés par planeurs et constituent ainsi la **deuxième vague** (*zweite Welle*). Celle-ci est dirigée par le *SS-Untersturmführer* Witzemann et rassemble tout le reste de la *4. (schwere) Kompanie*, la 1. *Kompanie*, les 40 soldats de l'*Einheit Benesch*, six hommes de l'*Abwehr-Trupp* – équipe de l'Abwehr –, sans oublier enfin le *Luftwaffen-Nachrichten-Verbindungstrupp*, équipe de liaison de transmissions de l'Armée de l'air.

Au sein de cette 2e vague, six *Kampfgruppen* (Panther, Draufgänger, Beißer, etc.) reçoivent leurs missions respectives décrites précédemment.

Le plus tôt possible, autrement dit 3h30 à 4 heures après le largage de la première vague, le *SS-Hauptsturmführer* Obermaier entrera en scène après son décollage de l'aérodrome de Banja Luka avec vingt Junkers 52, deux planeurs DFS 230, les membres restants de la *2. Kompanie* et l'ensemble

(suite page 148)

Ci-dessous. Sur l'aérodrome, de petits groupes d'officiers d'état-major (Offiziere des Stabes) discutent encore des derniers détails auprès d'un appareil monoplan qui semble prêt au décollage.

Vérification par le personnel au sol des crochets de remorquage avant le départ en mission des Henschel 126.

de la *Fallschirm-Ausbildungs-Kompanie* ; au total à peu près 220 hommes. Cette **troisième et dernière vague** viendra renforcer leurs camarades des deux vagues aéroportées précédentes.

Au soir du **24 mai 1944**, presque toutes les *Kampfgruppen* de la *2. Panzerarmee*, participant quant à elles à l'opération *Rösselsprung,* en progressant et combattant au sol, ont occupé leurs bases de départ respectives près de Knin, Srb et Bihać et sont *angriffsbereit* – prêtes pour l'attaque –. L'unique exception, ce sont les forces de la 7. *SS-Freiwilligen-Gebirgs-Division « Prinz Eugen »* qui ne peuvent achever leurs préparatifs que le lendemain 25 mai, vers 4 h du matin. Alors, tout est fin prêt pour l'attaque-surprise.

Ajoutons qu'évidemment les autorités de commandement et les rapports de subordination sont clairement réglés chronologiquement : « *Dès le début du chargement* [dans les appareils de transport NDT], *le* SS-Fallschirmjäger-Bataillon 500 *est subordonné au* Fliegerführer Kroatien *et, dès son largage accompli, subordonné immédiatement au* XV. Gebirgs-Armeekorps. *Après l'établissement de la liaison avec l'une des* Kampfgruppen *progressant au sol jusqu'à Drvar, le bataillon sera rattaché à cette dernière pour obtenir une poursuite homogène du combat* ».

Double page précédente.
Dans un DFS 230 : exercice de pointage avec la mitrailleuse de bord (un MG.15) qui n'est pas vraiment pris au sérieux...

Le Jour-X : 25 mai 1944

L'*Unternehmen Rösselsprung* débute le **25 mai** à **6 heures 30** du matin par le bombardement de Drvar. En prélude, deux chasseurs Fw 190 (Focke Wulf 190) pilonnent plusieurs objectifs au sol avec leurs canons de bord, puis quinze « Stukas » bombardent différentes cibles sur la ville, en cherchant au passage à éliminer d'éventuelles positions de DCA. Dès cette action, l'ensemble des liaisons-radio du QG de Tito est coupé ; seules subsistent les liaisons téléphoniques avec son 5ᵉ corps et sa 1ʳᵉ division. Alors que ces attaques aériennes ne sont pas encore terminées, vers 7 heures 00 apparaissent dans le ciel les Junkers 52 amenant la première vague de parachutistes SS...

Aux premières lueurs du jour, vers **6 heures**, les Junkers ont décollé des aérodromes de Bihać, Banja Luka, Groß Betschkerek, Plešo[29], Gorica[30], Lučko[31] et Cerklje[32]. En approchant de l'objectif de Drvar, il faut d'abord survoler la ligne de crête ceinturant la ville, culminant à 1700 mètres, pour ensuite perdre en altitude en réduisant la cadence des moteurs et atteindre la hauteur de largage désirée, qui est très basse, environ 120 mètres au-dessus du sol, afin que les *Fallschirmjäger* ne restent pas exposés trop longtemps dans les airs à un possible feu défensif des partisans.

Avec l'étranglement des moteurs et, ainsi, la baisse de puissance, les lourds engins passent même jusque sous la barre des 100 mètres au-dessus de la zone de parachutage. Autrement dit, à peine éjectés des avions les *Springer* – les sautants – descendent quelquefois presque trop vite vers le sol.

En tous cas, le largage de cette première vague (articulé en trois *Gruppen* totalisant 314 paras) se déroule conformément au plan. Outre les habituelles « blessures de saut » pratiquement inévitables, les premiers blessés allemands sont à déplorer dès les attaques aériennes de la Luftwaffe, et ce à cause de la riposte ennemie rapidement engagée. Une fois l'atterrissage effectué :

les *Springer* doivent – comme durant l'instruction – se dégager du harnais en un éclair, enrouler la voilure, empoigner armes et autres appareils puis, au pas gymnastique, rejoindre les points de ralliement prévus. Les regroupements sont réalisés en à peine un quart d'heure, les différentes *Gruppen* sont toutes *kampfbereit* – prêtes au combat – et passent à l'attaque. Avec son état-major, le *SS-Hauptsturmführer* Kurt Rybka, commandant du bataillon et de cette action aéroportée, se trouve rattaché à la *Gruppe « Rot »*.

Dans la deuxième vague, qui n'intervient pas même dix minutes après la première, 340 hommes répartis en six *Gruppen* atterrissent en planeurs. Chaque *Kampfsegler* – planeur de combat – DFS 230 transporte dix hommes, pilote inclus, plus une partie de l'équipement lourd qu'il est impossible de larguer dans des *Abwurf-Behälter* – conteneurs–, et qui doit rester sur les hommes ou à leur portée de main immédiate.

L'atterrissage des *Lastensegler* est turbulent, requérant de la part des *LS-Flugzeugführer*–pilotes – une dextérité et un savoir-faire très poussés. A ce moment-là, la ville et la cuvette de l'Unac au fond de laquelle elle se trouve nichée sont enveloppées d'une épaisse chape mêlant fumée et poussière, causée par les impacts de bombes et les incendies. Conséquence : pour les pilotes, la visibilité vers chaque objectif assigné n'est que partiellement claire, voire totalement absente. En raison de ces mauvaises conditions visuelles et du feu défensif adverse, l'un des planeurs de la *Gruppe « Greifer »* (action contre les attachés militaires britanniques) détache trop tôt son câble de remorquage et s'écrase à une dizaine de kilomètres de Drvar. Comme cela pourra être éclairci plus tard, le *Gruppen-Führer* – chef de groupe – l'*Oberleutnant* Bredendeck (qui était aussi le pilote), avait souffert d'une blessure mortelle par un projectile reçu dans les airs, et n'avait donc plus été en mesure de redresser son aéronef pour se poser.

Egalement en vol, probablement lors de son *Sturzflug* – descente en piqué –, un autre *LS-Flugzeugführer*, le *Gefreiter* Schubert de la *II./LLG 1*, est atteint mortellement et s'écrase avec tous les *Fallschirmjäger* qu'il transportait : pas un seul homme n'a pu s'en sortir. L'*Unteroffizier* Kielmann, pilote de la *III./LLG 1*, parvient quant à lui à atterrir avec son planeur, mais il est tué juste auprès de son appareil en voulant s'en extraire. En revanche, tous les hommes qu'il transportait réussissent à bondir indemnes hors du planeur.

Au moment précis de son atterrissage, un autre *Lastensegler* se posant à proximité de la grotte se retrouve dans le champ de tir de plusieurs fusil-mitrailleurs ennemis, qui font alors converger leurs feux sur lui. Une fois le planeur immobilisé, tous les occupants sont déjà mortellement touchés à l'intérieur.

Donc, certains équipages de planeurs ont connu 100% de pertes avant même d'avoir pu engager le combat contre l'adversaire. En outre, les nombreux cratères de bombes, les éboulis, roches en affleurement et autres espaces au relief accidenté de cette contrée entravent un atterris-

(suite page 152)

Deux jeunes pilotes posent devant l'un de leurs planeurs, de bonne humeur, inspirant la sérénité et le sang-froid. Le jour de l'engagement, ils seront responsables de la vie des dix hommes embarqués dans leur planeur...

Cliché aérien de Drvar pris au cours des combats : on reconnaît entre autres la zone industrielle, avec l'usine de wagons. Les conséquences des bombardements sont notables : les toitures sont volatilisées, mais les cheminées s'élèvent encore.

sage *glatt* – sans heurts –, causant diverses blessures parmi les occupants des planeurs. A peine sont-ils arrivés au sol, que le feu de riposte des partisans se renforce, occasionnant des pertes supplémentaires. Malgré ces rudes conditions d'atterrissage, vers 7h45 le débarquement de ces deux premières vagues peut être considéré comme *erfolgreich*, accompli avec succès.

Une fois détachés, les câbles de remorquage des planeurs, les Stukas de la *II./LLG 1* retrouvent leur emploi traditionnel, en intervenant dans le combat avec leurs canons de bord ou en larguant des bombes sur les positions identifiées des partisans, sur les crêtes bordant la cuvette de Drvar. Par ailleurs, ce 25 mai, les appareils de la *NSGr. 7* (7e groupe nocturne d'assaut) appuient l'attaque des troupes aéroportées allemandes par plusieurs sorties. A ce stade (primaire) de l'opération, les *Fallschirmjäger* largués par parachute ont subi des pertes pouvant globalement être qualifiées d'*erträglich* – supportables –, tandis que ceux acheminés par *Lastensegler* en ont encaissé de plus lourdes. A l'issue des combats, les dépouilles de cinq *LS-Flugzeugführer* seront recueillies. Aux côtés de leurs *Kameraden* du *SS-Fallschirmjäger-Bataillon 500*, ils trouveront leur dernier repos en terre bosniaque.

Des pertes en hommes, mais aussi en matériel, qui ne sont pas négligeables. Tous les *Flammenwerfer* emportés dans les planeurs ont été endommagés lors de l'atterrissage, voire totalement détruits pour ceux qui se sont écrasés en atterrissant, aucun d'entre eux n'est utilisable sur place. Notons que l'armement individuel « léger » antichar, depuis peu de temps en dotation dans l'armée allemande, comme les *Panzerfäuste* ou encore lesdits « *Ofenrohre* » – surnom des *Panzerschrecke*, version allemande du bazooka –, n'appartiennent pas à la dotation des parachutistes SS pour l'opération, car le commandement ne s'attendait pas à une riposte ennemie sous forme de blindés... une dangereuse erreur, les partisans disposant sur Drvar de plusieurs véhicules blindés légers chenillés récupérés auprès des Italiens. Encore une fois, les *Fallschirmjäger* ont dû faire les frais des insuffisances de l'*Aufklärung* – reconnaissance – ayant précédé l'opération. L'un de ces blindés passe même à l'attaque...

(suite page 155)

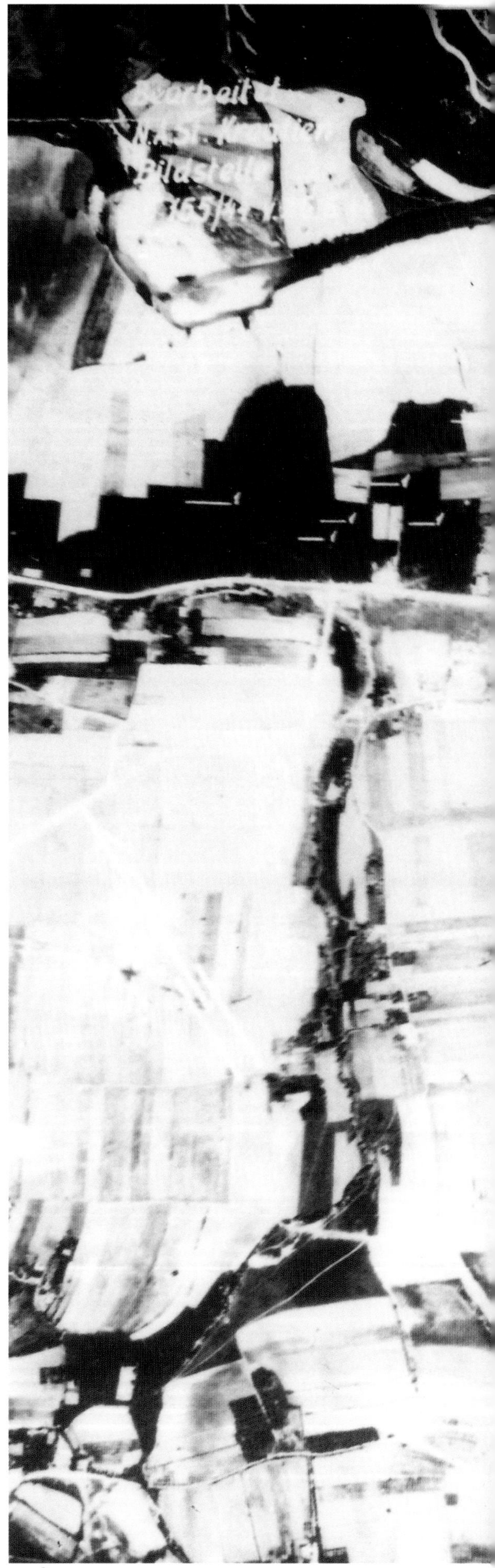

Des avions de reconnaissance *(Aufklärer)* de la Luftwaffe survoleront la zone d'engagement pour prendre des clichés en série, à haute altitude, après le début de l'opération aéroportée. Grâce à ces photos, prises à un moment précis et en un point bien déterminé de leur route, les spécialistes des services d'exploitation des photos aériennes en charge de la Croatie peuvent annoter les changements s'étant produits dans la zone d'objectifs *(Zielgebiet)*. Rassemblement de troupes (camouflées ou non), véhicules isolés ou en colonnes... une foule de détails peut être annotée. Cette photo a déjà été analysée par les *Luftbildauswerter* – membres des services d'exploitation (d'analyse) des photographies aériennes – : en haut à droite figure une légende indiquant les planeurs, les parachutes, les aménagements défensifs et les cratères de bombes.

lwirkungsbild Drvar
1:100 000 Blatt 74 □ 14 Ost 65583
Maßstab ~ 1:8 000
Erflogen
N.A. St. Kroatien
Beob.: Oblt. Huhn
1= Lastensegler
2= Fallschirme
3- Verteidigungsanlagen
O= Bombentrichter

Plusieurs photographies d'une même série prise par un *Aufklärer* au dessus de Drvar durant les combats. Certaines indiquent la direction : O (est) et NO (nord-est). Une nappe très dense de fumée et de poussière s'élève, résultat de nombreux incendies provoqués par des bombes.

Page suivante, au centre. Cette fois, les remorqueurs sont des Junkers 87, appartenant à la *II. Gruppe* du *Luftlandegeschwader 1*, qui tractent des DFS 230 B-1 en direction de Drvar.

Page suivante, en bas. La zone industrielle de la fabrique de wagons au cœur d'une grêle de bombes. L'un des Henschel 46 de l'aviation croate (dont on distingue la silhouette sombre) participe également à l'*Unternehmen « Rösselsprung »*.

Même s'il est dépassé, en 1944 le «Stuka» continue d'être largement employé sur certains théâtres d'opérations, comme dans les Balkans. *(Profil de Nicholas Gohin, © 2018)*

Double page suivante. Vue depuis un avion de remorquage (plus précisément, depuis le poste de l'observateur d'un Hs 126) prise vers l'arrière, permettant d'admirer les planeurs retenus par un câble. Une fois qu'à quelques kilomètres de l'objectif celui-ci est décroché, toute la responsabilité jusqu'à l'atterrissage échoit au pilote. Il doit successivement identifier le lieu d'atterrissage, jauger l'angle de descente pour arriver au bon endroit, ouvrir le parachute de freinage, passer du vol en piqué *(Sturzflug)* au vol en plané *(Gleitflug)*, décrocher le parachute et enfin poser son aéronef sans moteur pour *in fine* l'immobiliser avec un minimum de casse possible…

Le *SS-Untersturmführer* Hermann Wabersich relate cet épisode :

« Dans le cadre de l'assaut parachuté du 25 mai 1944 contre le QG du maréchal Tito établi à Drvar, je dirige une Kampfgruppe*. Au cours des combats pour la ville, tout à coup un tank fait son apparition ! Quelques-uns parmi nous demandent qu'on ramène le* Flammenwerfer*, mais au moment où celui-ci aurait dû être prêt à l'emploi, il s'avère qu'il a été endommagé lors de l'atterrissage du planeur le contenant... bref, il est utilisable ! Ce char prend notre groupe sous un feu nourri, nous infligeant au début de très nombreuses pertes. Notons que concernant l'emport d'armes antichars, suivant la vision des échelons supérieurs de commandement il y avait été purement et simplement renoncé.*

Supposant que – peut-être – le maréchal des partisans cherchait à esquiver sa capture en s'étant caché dans ce char, après l'exécution de notre premier objectif de combat, je me résous à attaquer moi-même l'engin. Je retire ma Springerkombination *(combinaison de saut), m'élance vers le char, parviens à l'escalader pour placer ma blouse juste devant sa fente de vision. Le pilote, ne pouvant plus rien distinguer, roule en avant puis en arrière, il heurte plusieurs fois les murs de bâtiments et des piliers situés sur le terrain de la fabrique qui, le matin-même, donc peu avant notre largage, avait été bombardée. Me trouvant encore sur ce tank, je suis grièvement blessé et je dois sauter sur le sol (bilan : une artère sectionnée avec forte perte de sang et une balle dans le haut de*

(suite page 166)

Vue depuis le poste de pilotage d'un planeur DFS 230 B-1 en direction de l'avant et de son avion-remorqueur Henschel He 126. On distingue le câble de remorquage, unique lien matériel entre les deux aéronefs. Lorsque que, peu avant l'arrivée sur l'objectif, il sera décroché, les avions-remorqueurs passeront au combat contre les cibles au sol avec leurs bombes et armes de bord, afin d'appuyer les soldats aéroportés.

Cette fois, les remorqueurs sont des Junkers 87, appartenant de la *II. Gruppe* du *Luftlandegeschwader 1*, qui tractent des DFS 230 B-1 en direction de Drvar.

Autre pilote, dont le planeur est remorqué par un He 126.

Le pilote de planeur dans son étroit poste de pilotage observe attentivement vers sa droite.

1

2

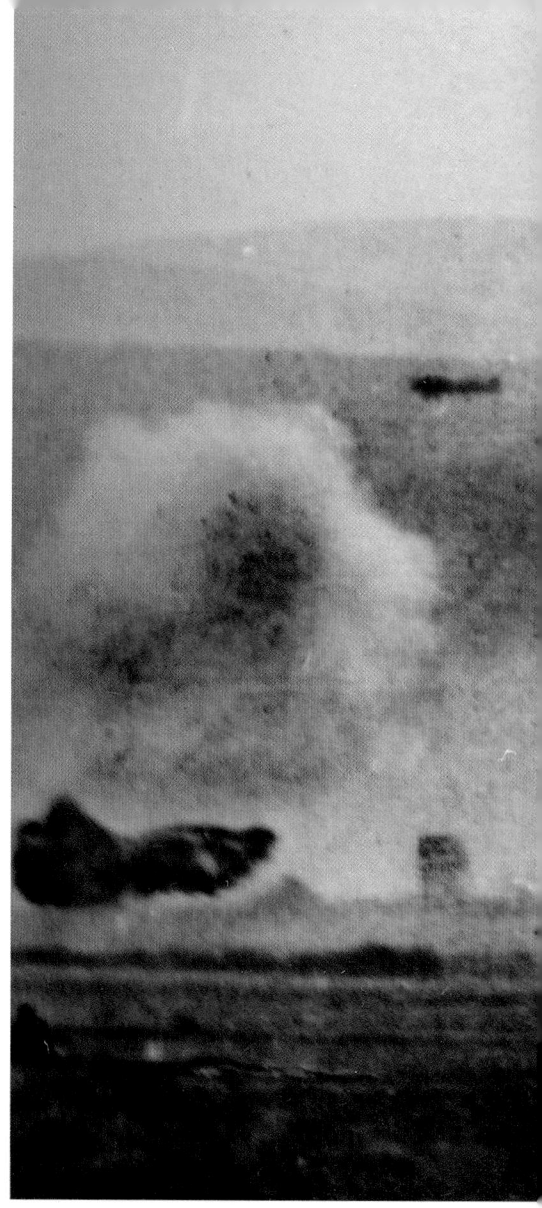

3

4

5

1. *Es ist soweit !* – On y est ! –. Au cœur d'un écran de fumée créé par les explosions et les engins fumigènes, s'esquissent les silhouettes de Fallschirmjäger.
2. En plein largage. Sur cette photo prise depuis la porte d'un avion de transport, l'on aperçoit deux sautants et, en dessous d'eux, une fumée dense et angoissante.
3. Une formation de Ju 52 larguant ses parachutistes en ligne et en masse, au dessus de la vallée encaissée de Drvar, heureusement parcourue de labours et de prairies.
4. La bourgade bosnienne en plein *Bombenhagel* – grêle de bombes –, son modeste noyau urbain et industriel est une véritable fournaise.
5. *Die dritte Welle* – la troisième vague – : vers midi, la *II. Gruppe duTransportgeschwader 4* largue sur Drvar les hommes du *Hstuf.* Obermaier.

Le planeur de droite a atterri en labourant profondément le sol. Lors de l'atterrissage, les patins *(Kufen)* font office de train d'atterrissage, ici ils n'ont laissé derrière eux qu'une trace relativement courte dans la terre légère des champs cultivés.

Au milieu de la fumée et la poussière, des sautants en pleine descente. A gauche, on aperçoit la voilure de l'un d'eux s'affaissant: l'homme vient à l'instant de toucher le sol. Au loin se dessine le spectre de la zone industrielle, avec l'une des cheminées.

Partout dans les champs et prairies bordant Drvar sont éparpillés planeurs et parachutes.

mon bras gauche). Mon intention, parvenir à diriger ce char dans un profond fossé, à quelques mètres de nous seulement, pour qu'il s'y renverse, a échoué. Une fois dedans, il n'aurait certainement plus été en mesure d'en sortir par ses propres moyens.

De son côté, l'Oscha. Walter Hummel essuie une légère blessure en essayant de détruire ce même char avec une Gewehrgranate *– grenade à fusil –. Les deux ou trois blindés dont les partisans disposent ici n'avaient visiblement pas été repérés par notre reconnaissance, d'où le fait que personne ne les aient pris en compte. D'après mes connaissances actuelles, même l'espion Tetarić, passé soit disant de notre côté, n'avait rien relaté quant à leur présence à Drvar. Ensuite, malgré sa blessure l'*Oscha. *Hummel (qui est mon* Stellvertreter *– commandant en second–) reprend l'attaque en main contre la* « Zitadelle », *un autre objectif extrêmement proche, par le chemin le plus court.* ».

Le combat dans Drvar

Une fois rassemblés, les *Fallschirmjäger* poussent vers le centre-ville, défendu avec acharnement par les délégués du Congrès de la Jeunesse Communiste et même des civils, parmi lesquels des femmes et même des enfants. Justement, le fait que des femmes prennent les armes,

les parachutistes SS doivent hélas très vite s'y faire. Par contre, la vue des enfants armés, ouvrant le feu sur eux ou leur lançant des grenades, les déconcerte et les rend encore plus amers. Les affrontements particulièrement âpres autour du bâtiment du comité d'arrondissement de la Ligue de Jeunesse Communiste et de celui contenant l'émetteur-radio, sont menés de part et d'autre avec une grande violence et, lorsque, vers **8h45**, les dernières résistances y sont liquidées, il ne gît plus qu'une foule de corps sans vie de partisans ou de civils. Le fait évoqué dans quelques publications comme quoi « *dans la foulée, des défenseurs* [ont été] *fusillés* » fait principalement référence aux femmes qui n'entendaient à aucun prix déposer les armes et qui ont tenu jusqu'à la dernière cartouche avec un fanatisme des plus saisissants.

D'un courage forcené, elles ont résolument fait le choix de tomber au combat.

Vers **9 heures**, la bataille pour la bourgade de Drvar peut être tenue pour « gagnée », les éléments aéroportés ont occupé le « *Westkreuz* » et la supposée « *Zitadelle* »... Toutefois, Tito et son état-major n'ont toujours pas été trouvés. Notons que, du côté allemand, on ne connaît pas son lieu précis de résidence. Environ 400 prisonniers, nombre d'entre eux portant des uniformes

(suite page 176)

Les fusiliers-parachutistes progressent à travers la fumée. Ils portent un équipement réduit au strict nécessaire pour le combat: K.98k ou MP.40, ceinturon avec bretelles de suspension retenant les porte-munitions, musettes à grenades, plus une baïonnette, voire une bêche.

Photo prise hors des combats (les hommes posent en souriant, singeant l'action), qui permet de bien apprécier l'armement des *Fallschirmjäger* : pistolet P.08, fusil K.98k, MP.40 et le très puissant MG.42, fusil-mitrailleur baptisé avec crainte « scie d'Hitler » par les Alliés. Notons que plusieurs paras portent des brodequins de montagne.

Ci-contre, de haut en bas. L'arrivée des renforts vue depuis le mur de béton du cimetière de Drvar.

En bas. Les partisans résistent opiniâtrement, mais ne sont pas en mesure de repousser le premier assaut des *Fallschirmjäger*. Partout gisent des corps de Yougoslaves, victimes de cet épouvantable combat.

Ce planeur DFS 230 B-1 est parvenu à atterrir avec une haute précision sur l'objectif, à quelques mètres seulement du mur de ladite « *Zitadelle* ». A l'angle de la paroi se trouve une mitrailleuse lourde de DCA abandonnée par les communistes, sans doute réutilisée par les Allemands. En arrière-plan, un monoplan Hs 126 en survol en rase-mottes. *(Photos prises sans doute par le SS-PK A. Kunzmann, collection R.W.A. Franz)*

Depuis le mur de béton (construction civile) du cimetière de Drvar, les *SS-Fallschirmjäger* observent le largage de containeurs dans les champs et prairies alentours : ceux-là n'atterrissent pas loin de leurs positions. Vers midi ce 25 mai 1944 est déposée la 3e et dernière vague aéroportée du bataillon, sous les ordres du *SS-Hauptsturmführer* autrichien Josef Obermaier.

La prairie, bordant le flanc est du cimetière, où les planeurs de la *Kampfgruppe «Panther»* ont atterri au matin du 25 mai 1944. «

italiens « de prise », sont capturés puis remis aux *Brandenburger* et aux spécialistes de l'*Abwehr*, afin qu'ils soient soumis à un *Verhör* – interrogatoire –. Parmi eux se trouvent également des membres des missions militaires anglaise et américaine et plusieurs correspondants occidentaux. Les prisonniers sont chargés de chercher les blessés des parachutistes, mais aussi ceux des leurs, puis de les transporter au point de rassemblement des blessés installé dans le cimetière, pour qu'ils soient pris médicalement en charge. Les hommes capturés sont aussi employés pour déplacer des munitions. A ce stade de l'opération, les possibles partisans et civils qui, alors que les combats sont terminés, sont surpris avec des armes ou à tirer en embuscade sur les Allemands, sont sur-le-champ exécutés – conformément au droit international de la guerre –.

Certes, dans la ville, subsistent suffisamment d'indices permettant de déduire la présence de Tito dans les parages, mais où se trouve-t-il exactement ? Personne ne le sait chez les Allemands et aucun prisonnier ne se hasarde à l'évoquer. Tous les habitants de Drvar, qui connaissent bien sûr la grotte, gardent le silence, les interrogatoires des prisonniers ne donnent eux-non plus aucun résultat notable, pas même un élément d'information nouveau. Son supposé QG, la « *Zitadelle* », a été abandonné et, parmi les cadavres, personne n'est identifié comme pouvant être le maréchal des partisans.

Cependant – maigre consolation –, les *SS-Fallschirmjäger* ont pu s'emparer de l'impeccable uniforme de maréchal de Tito, flambant neuf et repassé depuis peu, retrouvé chez le tailleur des lieux, fin prêt pour le jour de fête imminent : le 52e anniversaire de Tito. Tous les papiers importants et autres pièces écrites à caractère politique ou militaire sont immédiatement remis aux officiers de l'*Abwehr* pour être examinés. Comme cela se révélera dans la foulée, quasiment aucune connaissance « nouvelle » ou décisive ne pourra être apprise de ces masses de documents capturés. Toutes les pièces-clé avaient été soit emportées auparavant par le commandement des partisans, soit détruites dans les temps.

Le lieu où Josip Broz Tito se trouve et comment il a pu s'échapper « à la barbe » des *SS-Fallschirmjäger*

Tito avait passé la nuit du 24 au 25 mai dans la baraque en bois située juste devant sa grotte, perchée dans la paroi abrupte du Lunjevatcha. La veille, il s'était rendu du petit hameau de Bastasi jusqu'à Drvar (distants de six kilomètres), en vue de préparer la fête de son 52e anniversaire avec ses camarades communistes, qui doit avoir lieu ce 25 mai.

Au soir du 24 mai, les préparatifs sont lancés et Tito donne une réception pour ses collaborateurs les plus proches et les représentants des trois missions militaires extérieures. Lorsque les premières attaques aériennes et bombardements débutent le lendemain matin, Tito se rend immédiatement dans sa grotte, dans laquelle à ce moment-là se trouvent sa maîtresse et secrétaire Zdenka, son fidèle chien de berger, quelques membres féminins et masculins de son état-major, dont Kardelj, Milutinović et Sreten Zujovic et Olga (sa deuxième secrétaire), mais aussi des membres de sa garde du corps ; en tout douze hommes et femmes.

Au matin du 25 mai, les *Fallschirmjäger*, qui progressent en combattant jusqu'à proximité de la grotte, butent sur une forte résistance. La garde rapprochée de Tito, constituée d'hommes armés de pistolet-mitrailleurs, ouvre immédiatement le feu sur les assaillants allemands. D'autres partisans et des membres du bataillon d'escorte interviennent aussi dans ce combat.

Une fois le premier effet de surprise surmonté, ce bataillon d'escorte qui, entre-temps, voit ses effectifs atteindre plus d'une centaine d'hommes dans les parages de la grotte, prépare sans attendre sa défense sous les ordres de l'état-major supérieur de Tito. Déjà, vers **8 heures** (une heure après l'atterrissage des premiers parachutistes), les élèves-officiers qui prenaient simultanément part à un exercice à environ 1,5 kilomètre des lieux, accourent en urgence (venant du sud-ouest) et se mêlent énergiquement aux échanges de tirs avec là aussi une centaine d'hommes. Ayant encaissé des pertes, les « diables verts SS » sont d'abord contraints de refluer, suite à quoi ils s'en tiennent à prendre sous leur feu le périmètre de la grotte avec leurs MG et *Granatwerfer*. La Luftwaffe, elle aussi, intervient dans l'action mais sans pouvoir procurer une aide substantielle, car au sol les deux camps s'affrontent de très près, ce qui a déjà conduit à des pertes du côté allemand.

Percevant la fusillade qui s'amplifie en direction de ce versant de montagne (où est encastrée la grotte), le *SS-Hauptsturmführer* Rybka suppose que ses hommes ont dû tomber sur Tito et son état-major supérieur et, vers **10h30**, il envoie deux

Une jeune partisane capturée est interrogée par des interprètes *(Dolmetscher)* de la Luftwaffe. Elle porte un blouson de coupe britannique de type Battle Dress 37.

Partout dans Drvar et aux alentours gisent les corps sans vie de nombreux partisans et civils (la différence entre les deux étant très souvent bien mince...). Ils ont résisté jusqu'à la dernière cartouche... notamment les femmes, à en croire les témoignages de *Fallschirmjäger*.

Union Jack et Stars & Stripes, deux immenses drapeaux des missions militaires britannique et américaine ont été dénichés en parfait état. Devant un bâtiment à l'architecture assez moderne (présentant lui-aussi diverses traces des combats), les *SS-Fallschirmjäger* présentent avec fierté cette imposante *Kriegsbeute* – prise de guerre – . Remarquons que le soldat au milieu, tenant les deux drapeaux, a fixé un tromblon pour grenades à fusil à l'extrémité de son K.98k. *(Photo : SS-PK A. Kunzmann, collection R.W.A. Franz)*

« *Tito's Uniform hab'n wir geschnappt !!!* » Nous avons pris l'uniforme de Tito ! Les hommes présentent ce trophée intact au photographe. Les attributs distinctifs de maréchal sont clairement visibles sur la tunique (comparer avec la photographie de Tito en page 104). *(Photo SS-PK A. Kunzmann)*

Gruppen supplémentaires en renfort par là-bas, pour tenter (s'il en est encore temps) de s'emparer du maréchal et de son état-major. Soutenus par un *sMG* – mitrailleuse –, ces soldats empruntent un sentier étroit en direction de la baraque en bois et de la grotte, mais eux-aussi sont cloués par le feu défensif fourni de l'état-major de Tito et de son bataillon d'escorte.

Depuis cette position défensive favorable que constituent la grotte et la cabane de rondins bâtie juste devant, au milieu de la roche affleurant, une résistance opiniâtre et continue est opposée aux parachutistes SS qui cherchent à s'en emparer. Cela permet à Tito et à son entourage proche de filer vers **11h15**, grâce à un second accès (secret) à cette « tanière ». Par cette issue bien dissimulée (un simple trou dans le sol), Tito et ses collaborateurs directs doivent ensuite descendre à la corde jusque dans le lit d'une petite rivière ravinée (un modeste affluent de l'Unac NDT) située juste en contrebas. Puis, sous couvert des arbres d'un verger, de broussailles et de roches, une fois passé le ruisseau le groupe de fugitifs escalade les pentes jusqu'à un plateau surplombant la grotte, où il est recueilli par d'autres partisans. Durant cette évasion, la bien-aimée de Tito, Zdenka, pose un problème au groupe par son comportement quasi hystérique. De même, son chien Tigre les met tous en danger par ses aboiements répétés : Tito, qui lui serre fermement le museau, réfléchit un instant

Fraîchement repassé, l'uniforme se trouvait encore dans l'atelier du tailleur des lieux. Les hommes sont ravis ; une belle prise de guerre pour les aéroportés allemands... faute d'avoir pu attraper l'homme qui aurait dû le porter pour sa fête d'anniversaire, le 25 mai 1944 !
L'homme à la casquette *(Einheitsfeldmütze)*, portant une vareuse confectionnée dans de la toile bariolée italienne (telo mimetico), n'est ni un Waffen-SS, ni un membre de la Luftwaffe ; peut-être appartient-il aux « Brandenburger »...
(Photo SS-PK A. Kunzmann)

à le supprimer par une balle de pistolet dans la tête, mais il n'en a pas le courage[33].

Renforcés par un groupe de partisans de Rankovič[34] combattant au-dessus de la grotte, Tito divise le groupe en deux escouades « de repli »: l'une dirigée par lui, l'autre par son chef d'état-major Jovanovič. Par divers détours, ils traversent le Mont Sator[35] en direction de Potoci, avec le danger omniprésent d'être surpris par d'éventuels *Brandenburger* opérant dans les parages *in Volltarnung* – en camouflage intégral –. Or, ils tombent en chemin sur des éléments allemands à leurs trousses mais, heureusement pour Tito, ces derniers ne reconnaissent pas qui ils ont en face d'eux et ne s'attardent pas à les poursuivre. La 3e brigade de Krajina (ou Kraïna) [36], ayant reçu pour mission de couvrir ce repli en urgence, est mêlée à plusieurs reprises à de violents combats défensifs, occasionnant des pertes.

Des membres des missions militaires extérieures ont également réussi à s'enfuir vers Potoci, où un bataillon de la 1re brigade prolétarienne se trouve sur place. Mais Tito ne s'y trouve pas non plus en sûreté, car les éléments allemands ratissent déjà les alentours avec minutie, explorant scrupuleusement chaque chemin de fuite possible du maréchal. Malgré ces conditions précaires, avec l'appui de la 3e brigade de Krajina et d'autres bandes de partisans accourues en renfort, le maréchal et ses accompagnateurs, les officiers des missions d'attachés militaires alliés, le Comité National et d'autres membres dispersés de son haut état-major et du bataillon d'escorte parviennent à se replier jusqu'à la zone de Kupreško Polje, finalement atteinte huit jours plus tard, le 3 juin 1944.

Etant donnée sa fuite précipitée et l'absence totale de liaisons téléphoniques, Tito a perdu le contact avec ses propres troupes et ne peut donc pas engager de contre-mesures. En revanche, la présence de la radio du *Captain* Hilary King (servant comme officier de renseignements au sein de la mission britannique) représente une véritable aubaine ; il a pu en emporter une intacte lors de sa fuite ! Grâce à elle, ils peuvent contacter les Alliés présents en Italie et « rameuter » des escadrilles de chasse et de bombardiers, un soutien considérable pour soulager les partisans. D'ailleurs, dès la soirée du 25 mai 1944, le chef du Ier corps prolétarien, Koca Popovič, a pu solliciter un appui urgent des forces aériennes alliées. Ainsi au cours des jours suivants Drvar connaîtra-t-elle un bombardement sans exemple d'une ville et de ses environs ; seront notamment visées les positions allemandes bien identifiées. Ce que la Luftwaffe n'avait pas détruit lors de ses attaques en prélude à l'assaut aéroporté du 25 mai, sera réduit en cendres par la RAF et l'USAAF. Partisans, civils, hommes, femmes et enfants enfermés par précaution dans un camp de prisonniers après la fin des combats, trouveront la mort à cause de ces bombes. Par la suite, la propagande de Tito les présentera comme des victimes sauvagement massacrées par les « fascistes allemands ».

Non seulement ce poste-émetteur britannique permet de solliciter un soutien dans le ciel, mais aussi une mise en sécurité de la personne « précieuse » de Tito. Le général Korneïev, chef des attachés militaires soviétiques, réclame par les ondes l'un des avions stationnés sur l'aérodrome de Bari, sur la côte des Pouilles, pour permettre à ses compatriotes et à lui-même de s'envoler hors de

(suite page 184)

Un cadavre est fouillé, dont les traits font beaucoup penser à ceux du chef suprême des partisans yougoslaves, Josip Broz Tito. Il ne s'agit en réalité que d'un membre de son état-major. *(SS-PK A. Kunzmann)*

Le planeur DFS 230, pouvant embarquer dix hommes avec armes et équipement, est largement employé lors de l'opération Rösselsprung. *(Profil de Nicholas Gohin © 2018)*

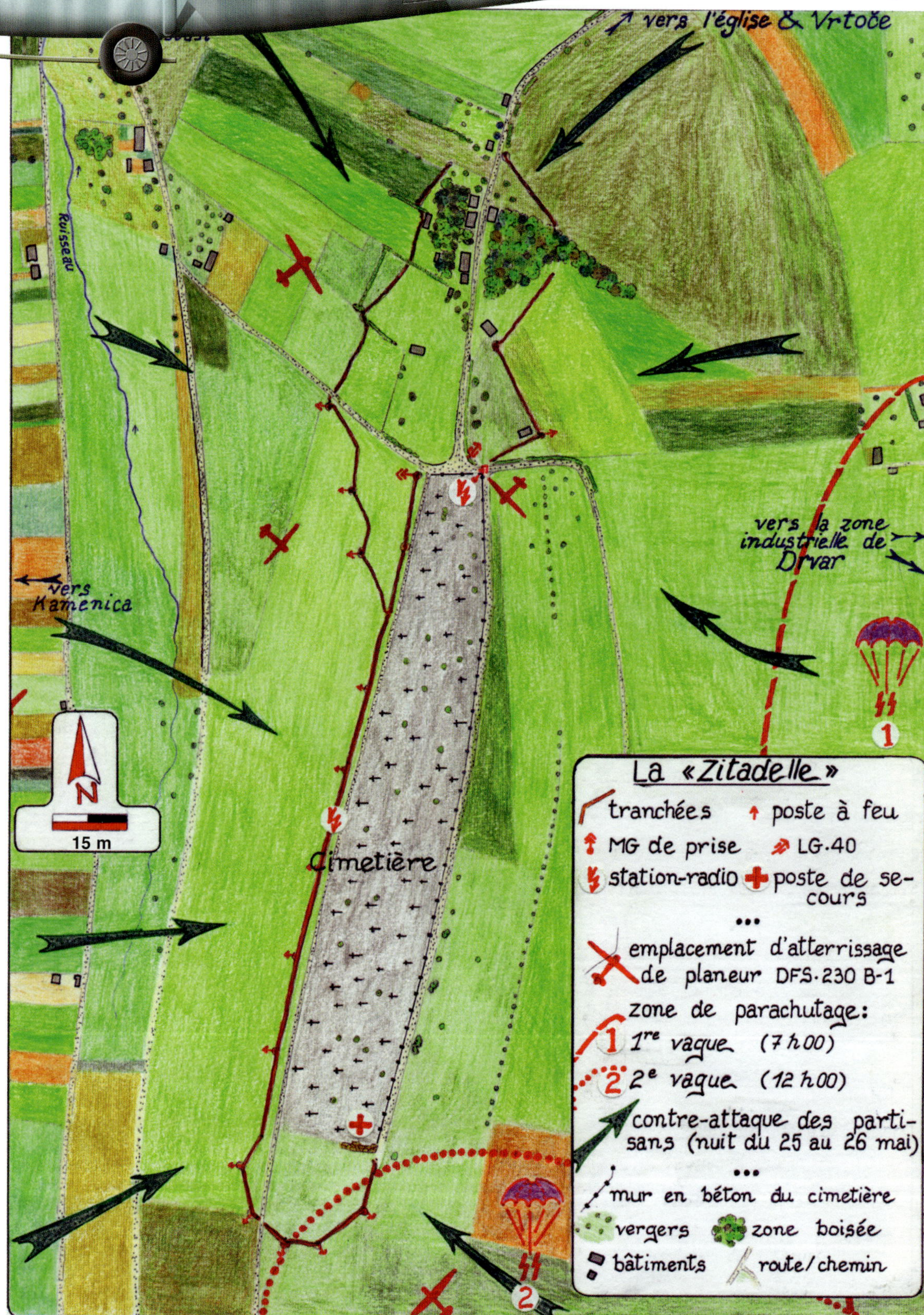

La zone de largage et d'atterrissage des parachutistes du *Bataillon 500 autour de la* « Zitadelle ». *(Dessin @ Paul Cherrier)*

Sans doute auprès du « fossé défensif », l'officier adjudant-major du bataillon *(Batl.-Adju.)*, l'*Ostuf.* Otto Mertely, explique sa mission à un agent de transmission *(Melder)*. En fin d'après-midi, Mertely est parvenu à se frayer un chemin jusqu'au cimetière avec les restes éprouvés de la *Gruppe* Obermaier. Une fois arrivé à ce point de ralliement, étant donnée la grave blessure du *Hstuf.* Rybka (qui l'a rendue hors de combat), le Tyrolien Mertely reprend le commandement par intérim de toutes les forces encerclées. *(Photo SS-PK A. Kunzmann)*

Entre le mur de béton (à l'architecture retrouvée sur de nombreux clichés) du cimetière et l'aile d'un planeur (à droite, celui retrouvé page 171), un groupe de *SS-Fallschirmjäger* progresse courbé, prudemment. Leur équipement individuel est allégé au maximum: bêche portative au ceinturon, musette à pain fixée au dos de leurs bretelles de suspension. Peut-être le groupe à droite transporte-t-il avec difficulté un mortier.

Yougoslavie. Il propose à Tito de se joindre à eux, qui dans un premier temps refuse catégoriquement d'abandonner sa patrie. Puis, quand le *Lieutenant Colonel* Vivian Street de l'armée de Sa Majesté lui soumet l'idée de le transporter dans la foulée de Bari vers l'île balkanique de Vis, aux mains de ses partisans, finalement il se laisse convaincre.

Dans la **nuit du 3 au 4 juin**, un avion Dakota occupé par un équipage soviétique (piloté par Sornikov) se pose sur la piste provisoire de Kupreško Polje, venant récupérer Tito, sa maîtresse et les membres de son état-major supérieur, le général Korneïev, le *Lt Col* Street et sans doute aussi le chien Tigre. Cette « cargaison de haute valeur » s'envole pour Bari, sur la côte adriatique italienne. Avec ce Dakota « soviétique » ont atterri six autres appareils américains, dans lesquels sont embarqués les 74 membres restants de l'état-major de Tito, ses gardes du corps, les conseillers militaires alliés, plus 118 partisans blessés, eux aussi à destination des Pouilles.

Ainsi l'opportunité pour le commandement allemand de retrouver la trace de Tito (et de le capturer vivant) durant ces huit longues journées entre le 25 mai et le 3 juin 1944 a-t-elle été définitivement laissée passer...

Une situation tumultueuse

Revenons sur Drvar au matin du 25 mai, où le *SS-Fallschirmjäger-Bataillon 500* est confronté à de nouvelles difficultés lorsque, vers **9h30**, les partisans lancent leurs premières contre-attaques. De leur côté, les paras tentent d'assainir la situation par plusieurs ripostes, afin notamment de rejeter l'ennemi du côté des hauteurs boisées au sud-ouest de la ville.

Peu avant midi, vers **11h50**, il semble que les parachutistes SS soient en passe d'emporter la décision : la troisième (et dernière) vague aéroportée, sous les ordres du Badois le *SS-Hauptsturmführer* Obermaier, arrive au-dessus de sa zone de largage avec vingt Junkers 52 de la *II./TG 4* (2e groupe de la 4e escadre de transport) ; les *Fallschirmjäger* commencent à s'élancer dans le vide. Cette fois, l'atterrissage n'est pas aussi aisé que pour la vague précédente ; alors qu'ils sont encore retenus à leurs suspentes de parachute dans le ciel, en pleine descente les hommes de la *Gruppe Obermaier* sont accueillis par un rude feu défensif. Les premiers sautants sont donc mis hors de combat avant même d'avoir pu toucher le sol ; même pour ceux ayant pu atterrir indemnes, d'autres pertes sont rapidement à déplorer. Notons que dès le moment du largage et juste après, les Junkers 87 de la *II./LLG 1* interviennent, faisant leur possible pour éliminer les positions adverses identifiées et autres « nids de résistance » des communistes yougoslaves.

Bien que les hommes débarqués soient immédiatement engagés en appui de la contre-attaque lancée en direction des crêtes boisées au sud-ouest de Drvar, ils ne parviennent à enregistrer aucun succès décisif. Dans un contexte difficile, ils progressent tout de même jusqu'à mi-pente de ces hauteurs, mais pas au-delà, où se trouvent les positions adverses bien aménagées dans les roches et surélevées.

Ces dernières se révèlent être imprenables. De plus, pour ne rien faciliter cette *Kampfgruppe* est menacée de flanc par des éléments ennemis venant du sud.

Ainsi un décrochage méthodique est-il ordonné, avec sécurisation du flanc menacé. Les attaques féroces des partisans, exerçant une forte pression sur les « diables verts SS », peuvent tout de même être contenues. Cependant plus tard, certains groupes de *Fallschirmjäger* ayant repris la sécurisation des pentes se dressant vers le nord-est de Drvar, du terrain industriel de la fabrique et du « *Westkreuz* », devront se replier sur le cimetière.

Les soldats aéroportés sont dépourvus de tout appui d'artillerie. Certes, les canons légers spéciaux ont bien été emmenés, mais les munitions manquent pour les alimenter. D'ailleurs, en fin d'après-midi deux planeurs DFS 230 de la *II./LLG* emportant avec eux du renfort en munitions, dont des obus absolument indispensables de 10,5-cm

(suite page 188)

Le terrain est scruté attentivement à la jumelle *(Fernglas)*, vers l'ouest. Où sont donc les partisans ? Dans combien de temps lanceront-ils leur prochaine attaque ? Les hommes sont à la fois tendus et épuisés. Photo prise depuis le fossé sommaire bordant la « *Zitadelle* » vers l'ouest. *(SS-PK A. Kunzmann)*

Epuisés, les *SS-Fallschirmjäger,* et ceux des autres unités ayant participé à l'opération aéroportée, s'accordent un certain répit auprès du mur du cimetière, sur une colline bordant la ville. Une mitrailleuse ennemie de DCA est encore en place à l'angle du mur (celle également visible précédemment, sous un autre angle), une *Funkstelle* – station-radio – avec son indispensable antenne a également été installée par les hommes des *Nachrichten*. En contrebas, les contours de l'église de Drvar. *(SS-PK A. Kunzmann)*

Le situation a totalement évolué.
A partir de la soirée, les partisans font se succéder leurs attaques. D'abord des groupes de choc *(Stoßtrupps)*, puis une attaque concentrique en formant un *Schwerpunkt* (point d'effort principal), lancée simultanément de tous les côtés. Tous ces assauts, aussi violents soient-ils, sont repoussés par les aéroportés allemands ; les quelques infiltrations jusqu'à leurs positions sont « nettoyées » en corps-à-corps. Sur cette photo, les Fallschirmjäger semblent épuisés, certains scrutent le déluge de projectiles traçants. On note également deux planeurs, entre la *« Zitadelle »* et le *Westkreuz.* Le grand bâtiment visible au second plan à gauche est, sans aucun doute, la centrale de transmissions des partisans (l'objectif de la *Gruppe «Draufgänger»* au matin du 25 mai). *(SS-PK A. Kunzmann)*

Cliché pris non loin de celui de la page précédente (on reconnaît la même rangée d'arbres en arrière-plan). La tension semble redescendue (peut-être cette photo a-t-elle été prise le 26 mai), de nombreux soldats ont ôté leur *Springerhelm* pour coiffer leur *Feldmütze*, plus légère. Divers équipements individuels parsèment ce « fossé défensif » sommaire. Le parachutiste allongé au premier plan est-il une victime des rudes affrontements précédents ou alors (bien plus probable) simplement plongé, sous le coup de l'épuisement, dans un profond sommeil ? *(SS-PK A. Kunzmann)*

tirés par ces pièces, atterrissent sur Drvar. En revanche, face au feu adverse intense et meurtrier, ils ne peuvent pas être déchargés immédiatement. Les tentatives désespérées pour récupérer ces « précieux obus » équivalent au suicide, et se terminent toutes parla mort des courageux soldats qui s'y hasardent. Au fil de cette journée du 25 mai, la situation des munitions devient globalement de plus en plus tendue.

Remarquons que plusieurs Junkers 52 de la *II./TG 4*, qui ont décollé de Banja Luka, larguent des containers afin de remédier à cette dangereuse pénurie de munitions.

Pipe en main, le *Bataillons-Kommandeur* Rybka, un officier jovial et calme, tel que les hommes ont pu l'apprécier durant des semaines. Il était très estimé parmi ses soldats pour son côté humain, son esprit de *Kameradschaft* et également sa bravoure.

Pour le *SS-Fallschirmjäger-Bataillon* et les groupes qui l'ont accompagné dans cette vallée, la situation prend un tour encore plus défavorable lorsque trois bataillons appartenant à la 3e brigade de la 6e division de la Lika[37] cherchent à les encercler.

La *Gruppe Obermaier* se retrouve contrainte de se confiner dans le centre-ville de Drvar et, en combattant, elle tente de se frayer un chemin jusqu'au « noyau » de l'opération, le cimetière, où sont installés le commandement du bataillon et le poste de secours. Mais Obermaier trouve la mort, et une quarantaine de *Verwundeten* – blessés – doivent être laissés sur place. Ils sont déposés dans l'église de Drvar, leurs camarades pensant qu'abrités dans ce lieu sacré, ils pourront rester épargnés de possibles mauvais traitements de la part des partisans.

Puis, sous le commandement de l'*Adjutant* d'Obermaier, le *SS-Obersturmführer* Mertely, les hommes en état de combattre de la *Kampfgruppe* réussissent à rejoindre leur point de ralliement, la « Zitadelle », derrière les murs du cimetière.

Dans le même temps, le 5e corps des partisans et la 1re division reçoivent l'ordre d'entraver par tous les moyens possibles la progression vers Drvar des forces allemandes marchant depuis la zone de Bihać et de Jajce. Attaques, embuscades et harcèlements permanents, obstacles dressés sur les routes et fréquents dynamitages, plus tout le reste de la « panoplie habituelle » caractérisant la guérilla balkanique, visent à affaiblir et à éparpiller au maximum les unités allemandes, et à les détourner le plus possible de leur trajectoire pour empêcher (ou retarder) toute relève par elles des *Fallschirmjäger* assiégés, qui s'affaiblissent d'heure en heure.

En réalité, le plus grand succès contre les troupes allemandes « terrestres » et leurs auxiliaires avançant sur les routes et autres axes de communication revient à l'aviation alliée, avec ses harcèlements incessants. Les véhicules dépendant des routes, avant tout les camions et autres engins à roues pneumatiques, subissent de lourdes pertes. Comme expliqué plus haut, Tito et les missions militaires ont pu solliciter assez vite un appui aérien, or la situation critique dans laquelle se trouvent le maréchal communiste et ses partisans apparaît immédiatement claire pour les Alliés, qui réagissent sans perte de temps. Ainsi l'indispensable *Entsatz* – relève – destiné aux soldats aéroportés, de plus en plus à l'étroit par leur encerclement, sera retardé de plusieurs heures, et même quasiment d'une journée. En fait, il s'en est fallu de peu que cette aide extérieure arrive trop tard...

Les *SS-Fallschirmjäger* en détresse

Pas uniquement dans les alentours de Drvar, dans le centre-ville également la situation s'envenime de façon croissante. Vers **15 heures**, une éloquente communication-radio est envoyée au commandement allemand de l'opération, à Agram : « *Sommes dans positions entièrement à la vue* [de l'ennemi], *prise en charge blessés insuffisante, ennemi concentre forces importantes* ».

Vers **16 heures**, un Henschel 126 du groupe de reconnaissance rapprochée de Croatie survole les *Fallschirmjäger* à très basse altitude (regroupés dans la « Zitadelle », dont de nombreux blessés) et largue un porte-message fumigène: il ne faut plus compter sur l'arrivée des troupes de la relève ce 25 mai. Les embuscades tendues à ces dernières et autres dynamitages de routes ralentissent et retardent leur progression vers Drvar.

A peu près au même moment, autour de 16 heures, les bataillons de la division de la Lika réussissent à encercler presque entièrement les forces aéroportées allemandes, acculées désormais sur la stricte défensive. Dès auparavant ont eu lieu de féroces combats rapprochés et, vers **18 heures**, le *SS-Hauptsturmführer* Rybka doit ordonner le repli aux éléments de son bataillon établis

La station-radio *(Funkstelle)* assure les liaisons les plus capitales, notamment avec le *Generalkommando* (état-major de corps d'armée) et – encore plus importante – avec le commandement des forces aériennes engagées. Par l'emploi de leurs bombes et canons de bord contre les positions et groupes ennemis « infestant » les alentours de la « *Zitadelle* », les aviateurs de la Luftwaffe procurent un soulagement notable aux aéroportés contraints à une défensive précaire au sol. Dans la nuit du 25 au 26 mai, un obus de mortier tombera en plein sur cette Funkstelle, la rendant inutilisable. Ici, on voit l'équipe de *Funker* en plein travail, entourée d'équipements divers (*Zeltbahn* barriolée, ceinturon, bidons...), Karabiner 98k posé sur le rebord du « fossé défensif ». Leo Schaap, dont nous retrouvons régulièrement le journal de marche, est visible au premier plan avec les écouteurs, derrière lui (sans couvre-chef) Heinz Jamin et, en arrière-plan, un radio qui succombera la nuit suivante.
(SS-PK A. Kunzmann)

Au *Spaten*, le 25 mai les hommes ont amélioré en hâte des « tranchées » préexistantes peu profondes dans le sol sablonneux du cimetière. Ces positions modestes procurent un certain couvert face au feu adverse. Notons deux conteneurs à section carrée qui ont pu être placés en sûreté. L'homme assez âgé portant un bonnet au premier plan n'est pas un Allemand... Peut-être s'agit-il d'un Tchetnik aéroporté avec le bataillon. *(SS-PK A. Kunzmann)*

au « *Westkreuz* » et à ceux largués avec dispersion aux alentours de Drvar, s'accrochant au terrain près de leur lieu d'atterrissage. Ils doivent rejoindre le cimetière afin d'y constituer une base de défense commune, une « *Zitadelle* » cette fois digne de ce nom !

Toutefois, un petit groupe de *Fallschirmjäger* se retrouve écarté de son itinéraire de repli et, à environ un kilomètre au sud-ouest du cimetière, il est contraint de former une *Igelstellung* – position défensive « en hérisson » –.

Alors que les hommes se replient sur le *Friedhof* en menant un combat retardateur, une nouvelle accablante est transmise d'homme à homme : « *Le* Bataillons-Kommandeur *est grièvement blessé* ». Le *Hstuf.* Rybka, réputé pour son authentique

L'obscurité va tomber. A couvert d'un pan de bâtiment détruit, on se rassemble, on échange les impressions vécues et on contrôle les armes. Les munitions contenues dans les quelques caisses en possession des *Fallschirmjäger* sont réparties entre les hommes encore en état de combattre. *(Reporter non identifié de la Luftwaffe)*

Sur cette carte routière allemande aux frontières de 1941 (la Bosnie étant intégrée à la Croatie), on juge parfaitement de la nature de relief composant la zone où se déroule les combats. *(Collection particulière, droits réservés)*

esprit de *Kameradschaft* et de bienveillance pour ses *SS-Fallschirmjäger*, a été blessé par une grenade en fin d'après-midi lors de la bataille pour la *Höhle* de Tito. Il a d'abord dû être récupéré en combat rapproché par ses hommes, puis on l'a conduit en sûreté au point de prise en charge des blessés de la « *Zitadelle* ». Plus tard, Kurt Rybka, très affaibli, sera évacué au moyen d'un petit avion léger de type Fieseler Storch.

Face à ce rebondissement, c'est tout d'abord le *SS-Untersturmführer* tyrolien Haselwanter qui reprend le commandement du bataillon au cimetière, en consultant le commandant de bataillon blessé quant à la situation. Les commandants des trois *Schützen-Kompanien* (Wilhelm Schmidl, Kaulitz et Korngiebel) sont appelés auprès de lui ; tous tombent d'accord sur l'inutilité d'un *Ausbruchsversuch* – tentative de sortie – en direction des troupes de la relève.

Peu après, lorsqu'Otto Mertely arrive avec les restes de la *Kampfgruppe Obermaier*, étant le *SS-Fallschirmjäger* possédant le plus de temps de service, il reprend de droit le commandement du bataillon et ordonne une défense des plus strictes du cimetière, sans aucune forme de compromis. Cette décision s'avérera par la suite avoir été la bonne.

En définitive, c'est le *Hauptmann* Bentrup (appartenant aux parachutistes de la Luftwaffe, détaché auprès du bataillon), l'officier ayant sur place le plus d'années de service toutes branches confondues, qui reprend le commandement. Il est en accord avec les dispositions précédemment prises par ses confrères de la Waffen-SS et ordonne de poursuivre le retranchement des restes du bataillon derrière les murs et le fossé bordant le cimetière. Bentrup fait creuser des positions supplémentaires et prépare avec soin la « défense en hérisson » de la « *Zitadelle* ». Lui-aussi voit dans cette tactique défensive l'unique possibilité de tenir et de survivre le plus longtemps possible.

La situation des hommes retranchés devient de plus en plus désespérée. Confinés à l'étroit, les *Kameraden* blessés ou succombant gisent, cote à cote, au milieu des pierres tombales, le long du mur ou dans le fossé. Pendant que les *Fallschirmjäger* encore en état de combattre (indemnes ou blessés légers) résistent vaillamment, avec l'énergie du désespoir, près du mur en béton construit avant-guerre, munitions, médicaments, bandages, vivres et eau sont presque épuisés. Les hommes en souffrent bien sûr, mais aussi les nombreux

(suite page 195)

Au cours de la nuit du 25 au 26 mai 1944, la situation a failli tourner au fiasco. Dans la journée du 25, les partisans ont pointé mortiers et mitrailleuses lourdes sur le cimetière, bien visible pour eux depuis les hauteurs alentours. Cela leur a permis, durant les longues heures nocturnes, de pilonner les *Fallschirmjäger* par un feu d'annihilation *(Vernichtungsfeuer)* assez précis. Quelques coups au but juste derrière le mur ou dans le « fossé défensif » infligent des pertes sensibles aux assiégés. Le lendemain 26 mai au matin s'offre un spectacle frôlant la désolation: blessés, mourants et cadavres de Fallschirmjäger et de leurs prisonniers jonchent le cimetière de Drvar. Ici, quelques clichés impressionnants d'Adolf Kunzmann pris auprès du mur du cimetière.

Avec les rares moyens encore à disposition, répartis avec parcimonie entre les dizaines de blessés légers et graves, les médecins *(Ärzte)* ayant accompagné les *SS-Fallschirmjäger* procurent le meilleur soin possible à chacun, avec l'aide de plusieurs confrères prisonniers. Notons le conteneur de ravitaillement doté d'un train rouleur (marqué d'une croix rouge sur fond blanc pour le matériel de santé).
(Photo : SS-PK A. Kunzmann)

Un jeune pilote de planeur, l'*Uffz.* Willi Wicke, 23 ans, a été blessé au moment de l'atterrissage par les tirs adverses et se trouve maintenant entre les mains d'un Fallschirmjäger pour recevoir les premiers soins. Photo prise le 25 mai le long du mur du cimetière. Lors des affrontements intenses qui suivront dans la nuit, Wicke recevra une grave blessure au poumon et succombera peu après.
(Photo : reporter non identifié de la Luftwaffe)

prisonniers, qui se trouvent parmi eux dans l'enceinte du cimetière. Eux-aussi sont exposés au feu de leurs compatriotes sans pouvoir se mettre à couvert, et au manque d'eau, provoquant immanquablement une insatiable, insupportable soif.

En dépit de ces conditions précaires, les défenseurs ne perdent pas le courage, combattant jusqu'au bout de leurs limites et repoussant toutes les attaques, parfois en combat rapproché. Avec le manque de cartouches, les incursions et infiltrations des partisans doivent être combattues à l'arme blanche, au *Spaten* – bêche portative – ou encore, dans quelques cas extrêmes, au fameux *Kappmesser* – couteau à lame rétractable –. A partir du moment où les communistes, en surplomb, ayant bien en vue la zone du cimetière, commencent à tirer au mortier et à la mitrailleuse (installés sur les pentes des hauteurs attenantes au cimetière) sur les assiégés, tous savent que la fin ne peut plus être très loin.

Ce feu se prolonge durant une grande partie de la **nuit du 25 au 26 mai**. L'obscurité n'est pas

(suite page 200)

La «Zitadelle» de Drvar de nos jours. Des balles de 1944 sont toujours incrustées dans le mur du cimetière. Malgré l'intensité des combats et les bombardements croates de la région en 1995, le mur semble quasiment intact en 2018 !

L'angle nord-est du cimetière, où se trouvait une mitrailleuse de DCA des partisans en mai 1944 (comparer avec la photo de la page 171).

D'autres scènes captivantes immortalisées par Adolf Kunzmann, témoignage inestimable des braves reporters-photos ayant accompagné les soldats aéroportés au plus près des affrontements. Ce cliché est pris aux abords ouest du cimetière. Les défenseurs se hissent hors du fossé ou de leurs tranchées individuelles *(Schützenlöcher)* creusées auprès des pierres tombales, pour contempler l'imminent largage de conteneurs ou l'attaque des positions adverses par l'aviation amie. *(Photo : SS-PK A. Kunzmann)*

Des nuées de fumée parcourent les positions des SS-Fallschirmjäger. Le danger semble s'être éloigné, certains hommes ayant coiffé leur casquette. *(Photo : SS-PK A. Kunzmann)*

Etant donné les tirs ennemis, une fois parachutés les conteneurs doivent être mis en sûreté à toute vitesse. De toutes parts, les partisans sont aux aguets et tentent évidemment d'empêcher les *Fallschirmjäger* d'accéder jusqu'aux indispensables munitions et ravitaillement largués. *(SS-PK A. Kunzmann, droits réservés R.W.A. Franz)*

Ci-dessous.
La fumée s'élève depuis les collines bordant la cuvette de l'Unac, photo sans doute prise le 26 mai 1944. L'intervention de la Luftwaffe (dont des éléments de l'aviation croate équipée par le Reich) procure un net soulagement aux parachutistes SS. Bientôt, l'espoir s'éveillera avec l'apparition des premiers éléments de l'*Entsatz* (les forces de débloquement). Néanmoins, les montagnes visibles en arrière-plan grouillent encore de partisans.
(Photo : SS-PK A. Kunzmann)

Ci-dessus.
Tous les hommes qui le peuvent se sont redressés afin d'observer les pilotes de la Luftwaffe bombardant les positions des rebelles, ou qui les arrosent *im Tiefflug* (en vol rasant) avec leurs canons de bord automatiques. On distingue nettement les pierres tombales, le chemin et le fossé bordant le cimetière. Au premier plan est visible un fusil-mitrailleur tchèque ZB-26, posé sur son bipied le long du « fossé défensif » (s'agit-il d'une arme prise aux partisans ?).
(SS-PK A. Kunzmann, droits réservés R.W.A. Franz)

un problème pour les partisans qui, la veille, ont réglé correctement le tir de leurs mitrailleuses et mortiers sur le cimetière. Autrement dit, leur plan de feu n'est plus dépendant d'une observation directe et dégagée. Leurs projectiles tombent sans discernement sur la « *Zitadelle* », au milieu des tombes et juste derrière le mur en béton de moins de deux mètres de haut, sur une foule oppressée, à l'étroit, ne disposant que de maigres couverts. Les obus éclatant dans le point de rassemblement des blessés, modeste infirmerie à ciel ouvert, occasionnent encore davantage de pertes, dont un pilote de planeur, l'*Unteroffizier* Willi Wicke, blessé dès son atterrissage, qui est mortellement touché durant cette épouvantable nuit. Par ailleurs, la station-radio reçoit un coup au but. Chaque déflagration d'obus de mortier décime toujours un peu plus les défenseurs. En tous cas, pas un seul parmi les assiégés ne songe à la reddition, le traitement réservé aux prisonniers par les partisans étant bien connu... et redouté.

La venue de l'obscurité marque aussi l'interruption du soutien de la Luftwaffe, les partisans peuvent ainsi lancer des attaques encore plus intenses, d'autant que le 4e bataillon de la 3e brigade (appartenant à la 6e division de la Lika) est arrivé sur le champ de bataille, contribuant à renforcer sensiblement les adversaires des SS-Fallschirmjäger et de leurs camarades. Les combats atteignent un point culminant au moment où des unités de la 9e division dalmate et le 1er bataillon de la 1re brigade communiste interviennent dans le combat, contribuant à accentuer encore les pertes déjà très lourdes des « diables verts », ces derniers se trouvent dans un état croissant d'infériorité, plongés dans une

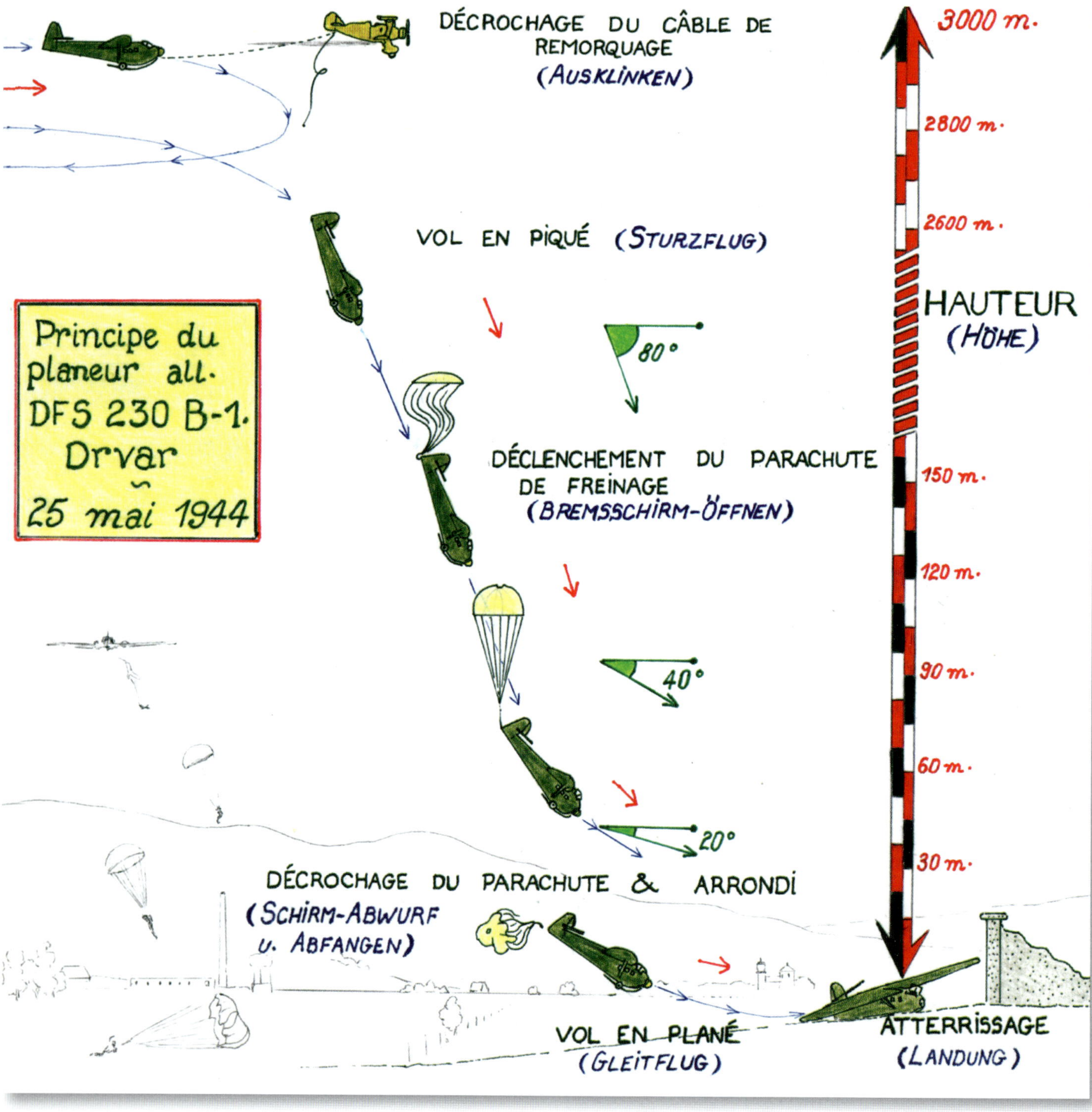

Principe d'utilisation du planeur avec parachute employé pour déposer les paras du *Bataillon 500* dans la cuvette de l'Unac. *(Dessin Paul Cherrier, droits réservés)*

Telle une ombre furtive ou un aigle silencieux, ce DFS 230 B-1 fonce en piqué vers la zone d'atterrissage repérée. Arrivé à proximité du sol, le pilote redressera pour tendre à l'horizontale (plané), puis il se débarrassera du parachute de freinage pour *in fine* se poser sur le patin d'atterrissage et s'immobiliser.

situation visiblement sans issue. Le dernier assaut concentrique des communistes yougoslaves est déclenché à **3h30 du matin**. En mobilisant leurs ultimes forces et ressources, les aéroportés allemands parviennent de justesse à le repousser, souvent en *Nahkampf*.

Pendant tout ce temps, la conduite des combats des *Landstreitkräfte* – forces de Terre –

Drvar se trouve à approximativement 70 km de Knin, 35 km de Srb et de 75 km de Bihać, qui sont les bases de départ des attaques des troupes au sol énumérées pages 120 et 129. Le terrain s'avère peu praticable, les routes et chemins le parcourant sont barrés ou minés et, à toute occasion favorable, les partisans dressent des embuscades. En outre, l'aviation alliée est rapidement active, elle domine largement l'espace aérien et les axes routiers. Ses *Jabos* n'ont qu'un court vol à effectuer pour intervenir, car ils peuvent décoller de l'aérodrome de campagne des communistes de Bosansko Grahovo, donc pas uniquement d'Italie. Les colonnes progressant vers Drvar sont constamment mêlées à des combats contre les bandes armées, mais en fait elles déplorent la majorité des pertes à cause des avions adverses. Attaques aériennes et autres bombardements anglo-américains entravent tellement la marche (supposée rapide au départ) des éléments de l'*Entsatz* – relève –, que l'aide aux *Fallschirmjäger* ne pourra arriver sur place que bien plus tard que prévu.

A titre d'exemple, l'intensité de la résistance des partisans est fidèlement dépeinte dans le récit établi par le commandant du *Regiment 1 « Brandenburg »*. A ce moment-là, ce régiment est renforcé par les *II.* et *III. Bataillone* du *Panzer-Grenadier-Sturm-Bataillon* (ces deux bataillons lui sont subordonnés) de la *2. Panzer-Armee*, mais aussi par un groupe de reconnaissance et une compagnie de volontaires croates:

« Bosnisch Grahovo [Bosanski Grahovo] *est situé au pied d'une crête de montagne, formée des monts Sator et Jadovnik, et sur le versant opposé s'étend un aérodrome surveillé par les 1e et 6e divisions prolétariennes de Tito. Ce terrain d'aviation est le premier objectif d'attaque de notre régiment renforcé. Pour cela, le* II./1[38] *est engagé frontalement depuis Peulje*[39]*, tandis que le* III./1, *depuis Bosnisch Grahovo, prend les hauteurs sous ses tirs et passe à l'assaut.*

Toutes nos tentatives avortent face au farouche feu défensif des unités d'élite communistes, soutenues par des pièces d'artillerie de montagne italiennes. Là, le II. Bataillon *subit des pertes tellement élevées qu'il a temporairement dû décrocher des positions atteintes par lui jusque-là, en abandonnant les blessés (ces derniers, lors de l'attaque suivante, seront retrouvés férocement mutilés, fusillés sommairement). Là-dessus, je requiers des renforts pour ce bataillon, afin de forcer pour le lendemain matin l'enlèvement des hauteurs (et de l'aérodrome) se dressant face à nous. Le* Rgt.-Gefechtsstand *est sur place. Dans la nuit, les partisans abandonnent leurs positions, si bien qu'au petit matin la hauteur peut être prise sans pertes par nos forces.*

L'aérodrome, atteint un peu plus tard, a lui aussi été vidé. Les derniers appareils, avec la mission anglaise, se sont envolés la veille (sans riposte de notre Flak, *car au moment du décollage les servants étaient occupés à nettoyer leurs pièces, qui n'étaient donc pas prêtes à ouvrir le feu). A ce stade des opérations, je reçois une communication-radio annonçant qu'une compagnie du* Panzer-Grenadier-Sturm-Bataillon *aurait été encerclée par les partisans sur le Mont Jadovnik et, quasiment à court de munitions, encourait le plus grand danger. Le* Kp.-Chef *avait suivi trop vite les partisans dans leur mouvement de décrochage, et s'était retrouvé coupé de ses éléments d'approvisionnement. Il s'agit donc pour moi de dégager cette unité avant qu'elle ne soit entièrement anéantie. Pour cela, le* Rgt.-Gefechtsstand *– poste de commandement du régiment – est transféré auprès du* III./1 *en direction de Bosnisch Grahovo et poursuit sa progression vers Drvar aux*

(suite page 212)

Ce *Lastensegler* rase le sol, dans quelques secondes il sera immobilisé. Il entrera d'abord plus ou moins violemment en contact avec le sol sur son patin d'atterrissage *(Kufe)*. Ce patin s'enfoncera dans la terre en laissant derrière lui un profond sillon, tel le soc d'une charrue. *(SS-PK A. Kunzmann)*

Quelques clichés toujours aussi époustouflants du SS-PK Kunzmann : Un planeur DFS 230 B-1 sous les tirs de riposte ennemis. Une fois l'engin immobilisé, les hommes bondiront vers l'extérieur et fonceront vers leurs points de rassemblement respectifs.

En haut à droite. Un planeur de même type immobilisé dans un champ, avec les montagnes bosniaques en arrière-plan, enveloppées de fumée. *SS-PK A. Kunzmann)*

Ci-contre et ci-dessus. Ces planeurs, touchés en vol, se sont renversés en percutant le sol ; ils sont entièrement récupérables… il est aisé de deviner le sort de leurs équipages. Les rares éléments récupérables sont démontés, le reste sera brulé. L'un des hommes sur la photo de droite présente un débris de l'aéronef paré du *Balkenkreuz* (croix noire bordée de blanc). En arrière-plan, l'on aperçoit les roches abruptes situées de l'autre côté de l'Unac, au delà de sa rive nord. *(SS-PK A. Kunzmann)*

Raus ! Il faut s'extraire à la vitesse de l'éclair de ce « bombardier de sparadrap », surnom donné par les soldats aéroportés à leurs planeurs. Outre la chance, la rapidité peut faire la différence entre les vivants et les morts. En tous cas, ici l'atterrissage a fonctionné. L'un des hommes, peut-être un chef de groupe, motive ses camarades. Détail intéressant : pour plus de commodité, ce *SS-Fallschirmjäger* semble avoir fixé les passants de ceinturon de son *Brotbeutel* (« musette à pain ») à la paire de dés dorsaux de ses bretelles de suspension, créant de facto un modeste sac à dos. L'homme auprès de lui jaillissant hors du planeur est armé d'un MG.42.
(SS-PK A. Kunzmann)

Au matin du 26 mai, un *Stoßtrupp* (équipe de choc) démolit par explosion le planeur du pilote Herhausen, ayant atterri la veille sur un terrain plat bien dégagé.

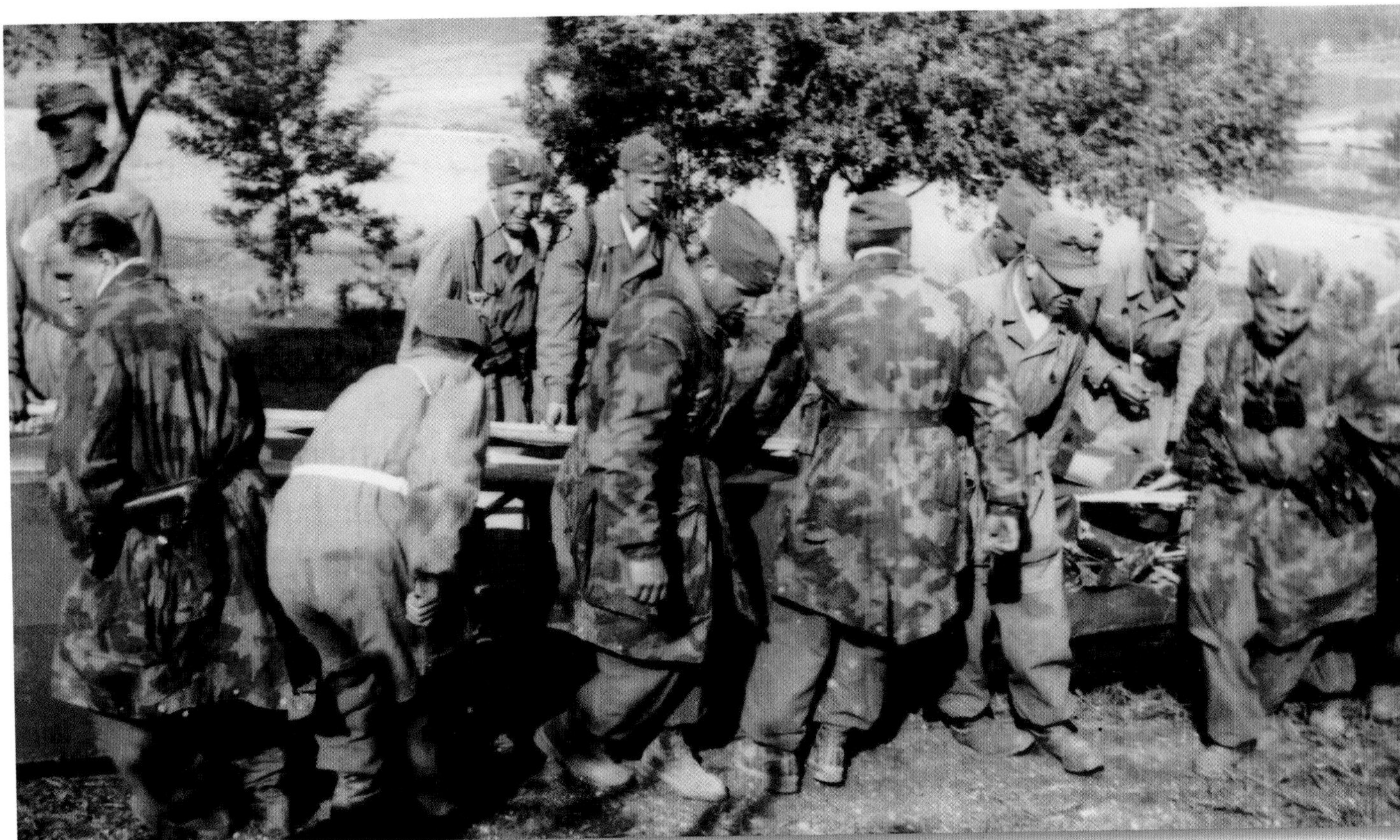

La marque d'identification de l'un des *Lastensegler* – parant le fuselage latéral de l'engin – est découpée en souvenir. Photo sans doute prise du côté de la «Zitadelle».

Rapidement, les forces de l'*Entsatz* s'établissent aux alentours de Drvar, dans la vallée de l'Unac. Ils ont déjà monté les tentes de leurs bivouacs. Leur silhouette fait penser à celle de nombre de leurs *Kameraden* combattant au même moment en Grèce ou dans le centre de l'Italie.

Les unités de l'*Entsatz* ont avec elles des biens d'approvisionnement, le présent tracteur semi-chenillé (SdKfz.10), à l'arrêt auprès d'un verger inclus dans la « *Zitadelle* », transporte de nombreuses caisses à munitions pour MG. Entre ce véhicule et les maisons de Vrtoce, un planeur abandonné rappelle l'assaut aéroporté. Certains bâtiments fument encore. Photo prise en direction du nord-ouest

Le même edroit aujourd'hui, à la limite nord du cimetière. *(Photographio Paul Cherrier, droits réservés)*

Pour se défendre contre l'aviation anglo-américaine très active, une 2-cm-Flak (qui a déjà tiré plusieurs dizaines d'obus, à en croire les étuis vides sur le sol) a été mise en batterie à découvert. Le deuxième soldat visible à gauche est un *Fallschirmjäger* ; les autres, avec leurs casquettes de type *Afrikamütze*, appartiennent à une unité de l'*Entsatz*, et ont leur mascotte avec eux.

Au départ adversaire d'Hitler, Dragoljub « Draža » Mihailović, le général des Tchetniks, a participé à la préparation de « *Rösselsprung* » du côté allemand. Sur cette photo prise sur Drvar, il pose après la fin de l'opération au milieu de *Fallschirmjäger* et de pilotes de planeurs. On reconnait l'un deux, le *Lt.* Hans Sieg, portant une vareuse et un bonnet d'aviateur. Les Tchetniks sont aussi présents dans la vallée de l'Unac et dans la Kraïna, zones largement peuplées de Serbes.

côtés de ce dernier, afin de prendre les hauteurs du Jadovnik par une manœuvre « en flanquement » et de désenclaver la compagnie menacée. De là, le régiment prend en chasse les partisans cherchant à décrocher vers le nord. Ces derniers, une fois que Tito a pu se mettre en sûreté, ne se mettent plus en situation de combat ».

26 mai 1944 : L'espoir renaît parmi les assiégés

Ce n'est que le lendemain matin (**26 mai**), aux premières lueurs du jour, que les partisans relâchent nettement leur pression contre le cimetière, craignant probablement une riposte de la Luftwaffe. Or, la première attaque de celle-ci débute dès l'aube, vers **5 heures**, et procure aux assiégés un soulagement sensible. Plusieurs Stukas et autres avions de bombardement s'en prennent aux partisans ; même les He 126 arrosent les positions adverses identifiées avec leurs canons de bord. Vers **7 heures**, douze Ju 52 surgissent dans le ciel pour larguer des conteneurs d'approvisionnement tant attendus sur le cimetière. A l'intérieur de ces *Behälter*, les assiégés trouvent entre autres d'indispensables munitions, du matériel sanitaire et des vivres. Malgré les tirs de riposte immédiatement déclenchés par les partisans, les « Tante Ju » déposent leur cargaison salvatrice en volant en rase-mottes, de façon à ce que les *Fallschirmjäger* puissent en réceptionner l'essentiel du contenu sans être exposés, et non pas l'éparpiller sur une aire étendue exposée aux feux adverses. Remarquons que ces appareils volent parfois si bas que, lors du largage, quelques parachutes à matériel n'ont même pas le temps de s'ouvrir en totalité.

(suite page 218)

L'engagement sur Drvar a pris fin. Seules y demeureront les sépultures des *Kameraden* tombés, et le souvenir de ceux qui ont eu la chance de s'en sortir.

Lors de leur repli (qui a pris la forme d'une débâcle) à partir de la matinée du 26 mai 1944, les partisans ont abandonné une mitrailleuse de fabrication soviétique à refroidissement par eau Maxim modèle 1910, sur son affût à roues pourvu d'un bouclier. *(Photo provenant de l'album privé d'un soldat allemand anonyme)*

ILLUSTRIERTER BEOBACHTER 1944 / Folge 26

Stukas und Schlachtflieger sind am Werk.
Gespannt verfolgen die ##-Fallschirmjäger die Wirkung der Einschläge.

Hier hatte Josip Broz
eine seiner Verwaltungsstellen untergebracht.

Sie kamen ihm zuvor.
Dieser Bandit schoß aus dem Hinterhalt auf unsere Truppen.

ILLUSTRIERTER BEOBACHTER

DIE „RESIDENZ ZUCHTHÄUSL

##-FALLSCHIRMJÄGER SPRINGEN INS
DER BANDENGRUPPEN DES JOSI

Vor kurzem meldete der Wehrmachtbericht die Zerschlagung des Zentrums der Bandengruppen des Zuchthäuslers ren Kämpfen, Gebirgsdivision

deutscher ##-Fallschirmjäger beginnt.

Rechts: Wieder sind einige Häuser von Banditen gesäubert.

En haut à gauche.
La une de l'*Illustrierter Beobachter* : un *Fallschirmjäger* portant genouillères de saut et musettes à grenades.

Ci-dessus et ci-contre.
Reportage photographique de la revue *Illustrierter Beobachter*, hebdomadaire de la NSDAP de 1926 à 1945, coûtant à l'époque 20 Pfennigs.

Titos Zentrum zerschlagen!

Luftlandetruppen und Fallschirmjäger jagten den Bandenhäuptling in die unwegsamen Berge und räumten sein „Hauptquartier".

In Kroatien haben Truppen des Heeres und der Waffen-## unter dem Oberbefehl des Generalobersten Rendulic, unterstützt durch starke Kampf- und Schlachtfliegerverbände, das Zentrum der Bandengruppen Titos überfallen und nach tagelangen schweren Kämpfen zerschlagen. Der Feind verlor nach vorläufigen Meldungen 6 240 Mann. Außerdem wurden zahlreiche Waffen aller Art und viele Versorgungseinrichtungen erbeutet. In diesen Kämpfen haben sich die 7. ##-Gebirgsdivision „Prinz Eugen" unter Führung des ##-Oberführers Kumm und das ##-Fallschirmjägerbataillon 500 unter Führung des ##-Hauptsturmführers Rybka hervorragend bewährt.
OKW-Bericht vom 6. 6. 1944.

In diese dunkle Höhle, die absolute Sicherheit bot, flüchtete der Bandenhäuptling ...

La presse allemande, contrôlée par le *Reichspropaganda-Minister* Goebbels, présente l'*Unternehmen « Rösselsprung »* comme une large victoire. La une a pour gros-titre : *« Le centre de Tito brisé ! »*.

1- Le Junkers 52, la « bonne vieille Tante Ju » comme on l'appelait à l'époque en raison de sa fiabilité, remorque un planeur DFS 230.

2. L'avion de remorquage avance sur la piste, le câble se tend, puis le planeur commence à rouler juste derrière, et gagne de la vitesse. Le bruit s'accroît, les à-coups s'ensuivent très rapidement, soudain un bruissement : c'est fait, le *Lastensegler* lourdement chargé a quitté le sol !

3. L'un derrière l'autre, deux ensembles attelés regroupant He 126 et DFS 230 en plein *Anflug Richtung Drvar* – vol en direction de Drvar.

1

2

3

4

5

6

7

4. Non loin de l'objectif, une fois que le câble de remorquage *(Schleppseil)* est décroché et que le planeur, en vol libre, se met à descendre en piqué vers son objectif, la « Tante Ju » étrangle ses moteurs, perdant de la vitesse puis de la hauteur, elle se place au dessus de la zone de largage et dépose sa file de Fallschirmjäger à la hauteur requise.

5. Partout, des aéronefs emplissent l'air à destination de la cuvette de l'Unac. Ici, un avion biplace à aile haute surélevée Henschel 126 tracte un planeur.

6. Deux Lastensegler DFS 230 B-1 en plein piqué *(Sturzflug)*, freinés grâce au parachute de queue.

7. Sur cette photo aérienne, l'on reconnaît à gauche le cimetière *(Friedhof)* de Drvar, de même qu'un hameau de la ville bordé de longues « tranchées » sommaires, sans aucun revêtement.

Les ensembles attelés de la *III. Gruppe* du *Luftlandegeschwader 1* aux premières lueurs de l'aurore, le 25 mai 1944.

Cliché pris par un avion de reconnaissance *(Aufklärer)* aux alentours directs de Drvar. On aperçoit la flèche marquée « WNW » indiquant l'orientation ouest nord-ouest.

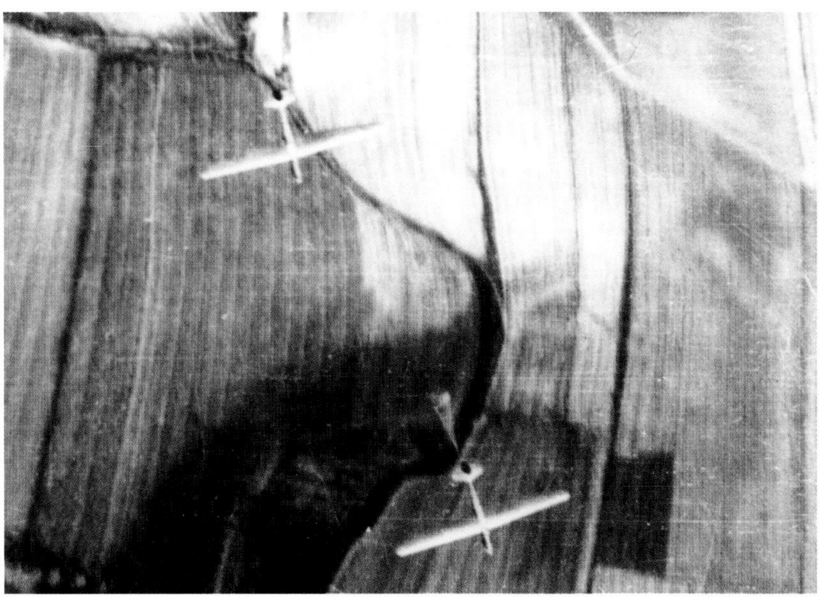

Autre espoir : l'établissement d'un premier contact-radio vers **7 heures** avec les éléments les plus avancés de la *(kroatische) Aufklärungs-Abteilung 373*, de même qu'avec quelques unités du *Grenadier-Regiment (motorisiert) 92*, lesdits « pompiers des Balkans ». La confiance est aussi rehaussée par un porte-message déposé par un avion de reconnaissance rapproché, confirmant que les forces de l'*Entsatz* sont en cours d'approche. Quelques heures plus tard, aux environs de **12h45**, un détachement avancé du *II. Bataillon* du *Gren.-Rgt. (mot.) 92* et des fractions des « *Brandenburger* » percent la ceinture d'encerclement communiste et établissent les premiers contacts directs avec les assiégés sur Drvar.

Le *Leutnant* Böger, de l'*Aufklärungs-Abteilung 373*, confirme que le 26 mai vers **11 heures**, la *1. Schwadron* (commandée par l'*Oberleutnant* Haussmann) de ce groupe de reconnaissance est la première des troupes de la relève à pouvoir établir la liaison avec les *Fallschirmjäger* encerclés, du côté du cimetière et de l'usine. Pour arriver jusqu'ici, les hommes de Haussmann ont dû s'ouvrir un passage avec difficulté, confrontés à de violents accrochages en milieu forestier. Qui véritablement est le tout premier à avoir pu tendre la main aux parachutistes exténués n'a plus aucune importance, l'essentiel étant bien sûr que la relève (et l'aide indispensable allant de pair) soit arrivée avant l'effondrement complet des aéroportés. Vers **midi**, par une chaleur suffocante, d'autres éléments de l'*Aufkl.-Abt. 373* entrent dans Drvar. Aux environs de **16 heures**, c'est au tour de la *Kampfgruppe Willam* (appartenant elle aussi à la *373. (kroat.) Inf.-Div.*) d'atteindre la cuvette de l'Unac. Précisons au passage que les dites « divisions de légionnaires croates », comme la *373. Inf.-Div.*, avaient été constituées dans le Reich, rassemblant des soldats originaires de Croatie encadrés par des personnels allemands.

La Luftwaffe elle aussi intervient à plusieurs reprises dans la bataille du 26 mai, parachutant des munitions supplémentaires grâce aux conteneurs. Notons en outre que les *Fallschirmjäger* parviennent à récupérer une mitrailleuse et des munitions dans un planeur. Peu à peu, l'intensité des combats faiblit et les partisans se replient, desserrant leur étreinte dans la vallée de l'Unac.

On peut affirmer que cet *Entsatz* a quasiment dégagé le *SS-Fallschirmjäger-Bataillon 500* « à la dernière minute ». La veille, avant le commencement de l'opération, le bataillon comptait 874 hommes, maintenant (à peine 48 heures après les premiers largages) seuls 250 environ sont encore en état de combattre. Tous les autres sont blessés ou tombés au cours de la bataille. Ce sont du

A quelques centaines de mètres en dessous de cet avion se trouvent deux planeurs, parachute de freinage ouvert, dont les pilotes ont déjà redressé pour tendre à l'horizontale et atterrir.
Dans le même secteur, cette fois un groupe de voilures de parachutes *(Fallschirmkappen)* dispersées dans un champ.

Le parachute de freinage est déployé, dans quelques secondes ce DFS 230 B-1 se posera.

Les planeurs se sont posés, visiblement sans dommages importants. La mitrailleuse de bord est encore fixée sur le flanc extérieur du poste de pilotage. Des caisses à munitions sont éparpillées sur le sol, un corps sans vie gît près du nez de l'engin : celui de l'*Uffz.* Kielmann, pilote de ce planeur.

Page suivante, en haut. Sur le vif, tout près d'un DFS 230 (au premier plan), un autre planeur atteint par des tirs se transforme en brasier.

Page suivante, en bas. En un éclair, l'équipage s'est extrait de ce DFS 230 ; une équipe de MG s'est immédiatement positionnée auprès de l'engin pour couvrir la progression du reste du groupe.

moins les chiffres retrouvés dans la littérature historique. D'ailleurs, il sera dorénavant constamment évoqué le fait que le *SS-Fallschirmjäger-Bataillon* a été « presque entièrement décimé » sur Drvar.

Par contre, les chiffres énumérés dans une communication télégraphique officielle (en date du 7 juin 1944) du bataillon de parachutistes SS envoyée à l'échelon supérieur, le *XV. Gebirgs-Armeekorps*, sont complètement divergents... ils font état de 50 tués, 132 blessés et 6 disparus (!)

Un *Unterführer* aujourd'hui décédé, qui ne souhaitait pas que l'on citât son nom, précise : « *Lorsque des unités amies supplémentaires atteignent Drvar, parmi lesquelles des fractions de la* 7. SS-Freiwilligen-Gebirgs-Division, *les partisans s'éclipsent complètement dans les montagnes. L'*Ostuf. *Mertely profite du retour d'une certaine liberté de déplacement pour envoyer sans attendre un* Stoßtrupp *– équipe de choc – à l'endroit précis où, la veille, la* Gruppe Obermaier *avait abandonné ses blessés. Le constat est terrifiant : tous ont été assassinés et mutilés de façon répugnante. Les partisans n'ont épargné aucun de ces hommes pourtant impuissants. Face à un tel déchaînement de haine et d'atrocités, dans la foulée, quelques Fallschirmjäger, pris d'une colère sans bornes, commettent plusieurs débordements « spontanés » contre des prisonniers. Mais il s'agit seulement de cas isolés, car notre commandement s'est immédiatement opposé à de tels actes de notre part. Rigueur absolue, oui, mais aucun mauvais traitement ou atrocité de notre part. Autrefois, dans chaque* Soldbuch *– livret individuel – figurait le décalogue du soldat allemand, que chacun connaissait. Celui qui n'observait pas ces règles pouvait s'attendre à de lourdes sanctions.*

Les partisans de Tito combattaient courageusement, souvent avec une énergie fanatique, pour leur patrie et l'idéal communiste. Le fait que ces bandes insurgées aient supprimé des prisonniers pour ne pas s'encombrer de leur présence, au vu de leur besoin permanent, presque indispensable, d'une liberté d'action et de mouvement maximale, pourrait à la rigueur se comprendre. En revanche, le soldat allemand estime inconcevable de maltraiter sciemment des prisonniers, d'aller jusqu'à les mutiler puis, une fois ces sévices infligés, de les exécuter et d'aller jusqu'à s'en prendre à leurs cadavres. Cette épouvantable façon d'agir, qui ne fait qu'encourager une surenchère de haines et suscite l'aversion, est presque une coutume guerrière pour les peuples des Balkans, et ne peut être admise que par ces derniers. »

Après la fin des combats, conformément au plan, le *SS-Fallschirmjäger-Bataillon 500* est subordonné à la *Kampfgruppe* de l'*Oberst* Willam, appartenant à la *373. (kroat.) Inf.-Div.* du *Generalmajor* Eduard Aldrian[40].

Les parachutistes SS passent quelques journées supplémentaires à Drvar, la ville est d'ailleurs lourdement frappée à plusieurs reprises *(suite page 229)*

Un cliché plus paisible, qui aurait pu être pris en temps de paix : un hameau des environs de Drvar (au pied des hauteurs du Bobara ou du Jadovnik, on aperçoit bien en arrière plan le bord du plateau de Kamenica), théâtre d'un affrontement sauvage entre les « paras SS » et les communistes yougoslaves.

Ci-dessus, à gauche.
Les premiers groupes de *SS-Fallschirmjäger* se rassemblent à couvert du mur de ladite « *Zitadelle* ». A son extrémité sud, un amas de pierres y est accolé : s'agît-il d'un bunker ou d'une quelconque défense improvisée ? Cet endroit sera choisi pour l'installation de l'infirmerie). Au loin, on aperçoit encore un planeur.

Photo prise à proximité du mur en direction du largage d'une nouvelle vague de *Fallschirmjäger*, sans doute la dernière, déposée vers midi le 25 juin 1944.

Ci-contre, à droite.
Largage en ligne depuis trois appareils ajouter à cette légende: En arrière-plan, le Jadovnik, le plateau de Kamenica et l'axe routier Drvar-Grahovo-Knin. «

Junkers Ju-87 utilisé comme bombardier lors de l'opération de désenclavement du bataillon, le 26 mai 1944.
(Profil de Nicholas Gohin © 2018)

Gelandet !
L'un des *SS-Fallschirmjäger* de la troisième vague vient d'atterrir auprès d'une antenne-radio, au sud de la « *Zitadelle* ».

Ci-contre. Alors que certains *Fallschirmjäger* se trouvent encore en pleine descente, voilures gonflées au dessus de leur tête, d'autres sont mêlés dans Drvar à un sévère combat de rues, maison par maison (*Häuserkampf*), contre les partisans et une poignée de membres des missions extérieures alliées.

Un très beau panorama d'ensemble : la descente des *SS-Fallschirmjäger* dans les prairies bordant Drvar, au milieu de planeurs déjà arrivés depuis plusieurs heures. Photo prise depuis les abords du cimetière en direction du sud et du Jadovnik. De tels clichés ne sont pas sans rappeler l'opération « *Merkur* » en Crète, exactement trois ans plus tôt. Au premier plan, l'on distingue bien les bariolures, la cheminée et les fuseaux de la voilure hémisphérique du parachute RZ.20.

Dans Drvar, quelques *SS-Fallschirmjäger* récupèrent de l'armement dans un conteneur, le 25 mai 1944. Photo sans doute prise sur la route principale de Drvar, entre la zone industrielle et le « *Westkreuz* » «

par l'aviation alliée, réduite encore un peu plus en ruines. Ces attaques occasionnent des pertes nouvelles parmi les *Fallschirmjäger* et aussi au sein des civils restés sur place ou des prisonniers non encore évacués.

Remarquons qu'un changement réjouissant est procuré par la découverte des réserves ayant appartenu aux missions militaires alliées… un assortiment varié, à profusion, de boissons alcoolisées, tranchant avec le slibovitz et autres liqueurs locales.

Notamment le délicieux whisky britannique s'attire une réelle popularité parmi les *Fallschirmjäger*, étant d'ordinaire difficile à dénicher ; une denrée rare, presque inaccessible pour le *Landser*. Manifestement, Winston Churchill avait bien veillé à ce que son fils Randolph et son neveu Jack, tous deux membres de la mission militaire britannique, ne manquent de rien, et surtout pas d'alcool! Notons que Randolph est parvenu à fuir à temps. Par mesure de précaution, au vu des indices ayant fait craindre une intervention allemande, avec l'une des unités yougoslaves, il avait quitté Drvar dès avant l'attaque.

Toutefois, dans la précipitation il avait oublié son passeport : un sympathique souvenir récupéré par les *Fallschirmjäger*. De son côté, Jack sera plus tard capturé lors des combats pour l'île de Brac, au large du port de Split, servant comme commandant adjoint du *N°2 Commando*, bataillon stationné sur l'île de Vis (ou Lissa).

Un autre neveu du Premier Ministre anglais servant dans les Balkans est le général de brigade Tom Churchill qui, début mai, avait justement repris le commandement de Lissa, plaque tournante incontournable pour le ravitaillement des troupes de Tito combattant sur le continent. Indiscutablement, les Churchill forment une famille totalement « sur le pied de guerre », et ce pas uniquement au Royaume Uni et aux quatre coins du British Empire, y compris dans le sud-est de l'Europe !

Sur Drvar, quatre correspondants de guerre de la presse à gros tirage américaine et anglaise, dont Talbot (correspondant de l'agence Reuter), et le représentant du magazine « *Life* », Stojan Pribičevič, sont tombés entre les mains des Allemands. Ils s'étaient portés volontaire pour rester dans les parages du QG de Tito, tandis que les autres membres des missions militaires occidentales avaient déjà quitté la cuvette de l'Unac.

Dans la zone adriatique, la plupart des officiers de la mission militaire britannique a pris activement part aux combats contre les forces du Reich. D'ailleurs, durant ces engagements plusieurs d'entre eux trouveront la mort, appartenant aux *40th* et *43th Royal Marines Commandos* (deux bataillons de la *2nd Special Service Brigade* qui mènent diverses opérations spéciales en Méditerranée). Citons par exemple le *Lt Col* « Pops » Manners

(suite page 234)

Double page précédente. Un groupe de parachutistes se déploie au pied de la colonnade de l'église orthodoxe de Drvar. L'homme accroupi au premier plan a passé une bande articulée de cartouches de MG autour de son cou ; il est probablement armé d'un pistolet belge de type GP-35. Les partisans n'entendent rien lâcher, ils doivent être délogés *Haus für Haus* – maisons après maison –. Or, les paras ne disposent d'aucun *Flammenwerfer* en état de marche…
L'église de Drvar en mai 2018, quasiment inchangée!

Des *SS-Fallschirmjäger* lourdement chargés, tous parés de bandes articulées de MG autour du cou, traînent grâce au train roulant un conteneur de largage, sur lequel sont posées des caisses à munitions pour 300 coups de MG. Un tel conteneur, pesant à lui seul une cinquantaine de kilos, peut facilement rassembler au moins un quintal de ravitaillement ! Chaque *Gruppe* de parachutistes reçoit quatre conteneurs, qui sont largués en même temps qu'elle. Son contenu est toujours déterminé en fonction de la nature de la mission de la *Gruppe* et de son arme (transmissions, service de santé…), on peut donc y trouver notamment des mortiers, diverses munitions, des postes-radio, du matériel sanitaire ou des vivres.

Des *Fallschirmjäger*, appartenant peut-être au même groupe, progressent prudemment dans les parages de l'église (là où, dans la nuit du 25 au 26 mai, les blessés de la *Kampfgruppe Obermaier* seront torturés puis massacrés). N'ayant aucun *Flammenwerfer*, les *SS-Fallschirmjäger* emploient lesdites *« geballte Ladungen »* – charges concentrées –, formées à partir de plusieurs corps de grenades à manche ou des grenades ovoïdes liées ensemble. Grâce à de telles charges hautement explosives, ils peuvent venir à bout des défenseurs les plus coriaces en faisant « volatiliser » les bâtiments dans lesquels ils s'accrochent. A quelques centaines de mètres au nord de cette église est située la grotte de Drvar, l'un des refuges de Tito...»

du *40th RMC*, qui succombera à ses blessures reçues en Yougoslavie.

A Drvar et ses alentours, tous les hommes tués reçoivent une sépulture, dans la mesure où, bien sûr, leurs cadavres ont pu être retrouvés dans ce paysage sauvage et confus. Les partisans tombés, eux aussi, sont regroupés dans une fosse commune.

Par ailleurs, lors du retrait des troupes allemandes de Drvar quelques mois plus tard, les planeurs qui n'avaient pas été détruits lors des atterrissages ou des combats seront rendus irrécupérables.

Concernant ces combats, le 6 juin 1944 (donc une fois les opérations terminées sur Drvar), le communiqué de la Wehrmacht annonce :

« *En Croatie, les troupes du Heer et de la Waffen-SS, sous le commandement du* Generaloberst *Lothar Rendulic, appuyées par de puissantes escadrilles d'assaut et de bombardement, ont attaqué par surprise le centre d'opérations des bandes armées de Tito et l'ont liquidé après des combats de plusieurs jours. Selon les estimations provisoires, l'ennemi aurait perdu 6 240 hommes. En outre, de nombreuses armes de tous types et de multiples installations d'approvisionnement ont été capturées.*

Au cours de ces combats, la 7. SS-Gebirgs-Division « Prinz Eugen » *sous le commandement du* SS-Oberführer *Otto Kumm et le* SS-Fallschirmjäger-Bataillon 500 *sous les ordres du* SS-Hauptsturmführer *Rybka se sont remarquablement distingués.* » Ainsi au début de juin 1944 l'*Unternehmen « Rösselsprung »* est-il terminé pour l'unique bataillon de parachutistes de la Waffen-SS. Après le départ définitif des survivants, outre quelques planeurs à Drvar ne restent que les tombes des camarades tombés.

Mentionnons au passage que, plus tard, Tito fera exposer les restes de *Lastensegler*, symbo-

(suite page 250)

Vue depuis le cimetière de Drvar. L'on retrouve le mur en béton, avec un planeur juste derrière (comparer avec la photo de la page 171 prise quasiment au même endroit, sans doute dans le même temps). En arrière-plan, la zone industrielle de Drvar.

Un *Fallschirmjäger* à couvert observe un groupe de ses camarades, progressant en contrebas de sa position.

Plusieurs *Lastensegler* abandonnés près de la « *Zitadelle* » (depuis laquelle cette photo a été prise, en direction de Kamenica et du Mont Metla).

En haut et au centre. Quelques *SS-Fallschirmjäger* auprès de la position d'un canon sans recul, défendant la «Zitadelle»

Ces membres du bataillon 500 progressent prudemment à couvert des tombes du cimetière orthodoxe.

La « *Zitadelle* », avec ses tombes et ses quelques broussailles, procure certains couverts pour les « assiégés », pas en revanche de protection viable contre des grêles de balles et d'éclats d'obus. Au loin, des parachutes descendent…

Non loin des pierres tombales, ces deux aéroportés sont assis dans l'un des « fossés défensifs » bordant la « *Zitadelle* », et s'accordent une *Zigarettenpause.* Peut-être l'homme de droite est-il un pilote de planeur, portant une combinaison non bariolée du type transitoire de 1940 (d'après les photos disponibles, il semble que ce soit le cas chez tous les *LS-Flugzeugführer* ayant pris part à l'opération « *Rösselsprung* »)...

Avec le lever du jour le 26 mai, les « assiégés » reprennent espoir : la Luftwaffe effectue des attaques ciblées au sol contre les communistes yougoslaves. Un net soulagement, car la pression contre la « *Zitadelle* » s'en trouve largement diminuée. En arrière-plan, on distingue une sorte de bunker fait de béton et de pierres, sans doute aménagé en hâte par les partisans face aux indices croissants d'une frappe allemande.

Civils et partisans sont regroupés par les *SS-Fallschirmjäger*. Le 2e à droite est équipé de groupes de cartouchières du modèle général en cuir, sans doute a-t-il donc atterri en planeur. Quant à lui, le 2e à gauche porte une cape imperméable claire qui, manifestement, est un effet d'origine britannique.

Dans une ruine, à l'angle nord-ouest du cimetière, des *Fallschirmjäger* sont postés avec une mitrailleuse anti-aérienne de prise (déjà installée là par les partisans avant l'opération), de fabrication italienne. Devant l'entrée de cette position se trouve un conteneur et, au premier plan, quelques paras semblent attendre de nouveaux ordres.

Dans le visage de ce partisan prisonnier, on lit l'horreur vécue dans la nuit du 25 au 26 mai : les prisonniers, eux-aussi, ont douloureusement subi les tirs nourris de leurs compatriotes. Certains semblent occupés à dégager des corps ; l'on distingue d'ailleurs un cadavre au centre de l'image. Sur la gauche, un soldat allemand occupé à régler un appareil-photo.

Un soldat scrute attentivement le ciel : les bruits des moteurs annoncent-ils un vol ami d'approvisionnement, ou bien l'intervention tant redoutée de l'aviation alliée ? Un manque de réactivité peut très vite coûter la vie. Au croisement, légèrement en avant et à droite de la bâtisse en bois, on distingue une pièce d'artillerie sans recul LG.40 de 7,5-cm ou de 10,5-cm. Cette bâtisse est celle visible à la page 184.

Dans la « Zitadelle », au bord du chemin reliant le cimetière à l'église, une bâtisse est volatilisée.

Depuis les positions allemandes renforcées par quelques blocs de pierre, on observe une explosion. Le 26 mai, les partisans relâchent sensiblement leur « ceinture d'encerclement » autour du cimetière et se replient dans le maquis et les bois.

Ci-dessus et ci-contre.
Ces deux photos présentent des membres de la mission militaire des États-Unis (et peut-être aussi de celle britannique). Après leur capture, ils sont rassemblés dans la *Zitadelle* par les aéroportés allemands.

Ci-contre, en haut.
Les hommes exténués reprennent vie dans la matinée du 26 mai 1944. Ils savent que les troupes de l'*Entsatz* approchent : les bruits de combat et les nuages de fumée en sont des signes fiables. Depuis le fossé bordant le cimetière,ils observent vers l'ouest.

Les assiégés, massés dans le « fameux fossé » retrouvé sur d'innombrables clichés, semblent désormais assez détendus. Le parachutiste au milieu porte son sac de transport de *Gasmaske* en position de saut, sur la poitrine. Sur la droite, posée sur le haut de la tranchée, l'on aperçoit un pistolet-mitrailleur britannique Sten dépourvu de crosse, sans aucun doute pris aux partisans.

Deux *Fallschirmjäger* terrés derrière un tas de pierre observent attentivement, avec méfiance, ce qui se déroule autour d'eux. L'homme de gauche porte un casque présentant un camouflage peint de plusieurs tons, et celui de droite, armé d'une MP.40, porte en haut de sa manche gauche la marque distinctive des *Gruppenführer* (une barre).

La situation s'est apaisée, comme l'attestent les *Karabiner 98k.* posés contre le mur (s'agit-il encore du cimetière ?). Cela permet à un assaillant de s'accorder un court repos bien mérité. Au vu de l'insigne cousu sur la manche de sa combinaison du type transitoire de 1940, s'agit-il de la barre d'un *Gruppenführer* (chef de groupe) ou alors de l'aile d'un *Oberjäger* (*Unteroffizier*) de la Luftwaffe ?

La fatigue, l'énorme tension de la nuit du 25 au 26 mai 1944 ont eu raison de ce Fallschirmjäger, accoudé sur le bord du fossé, mais tenant quand même – par précaution – sa MP.40, qui reste *griffbereit* – à portée de main – ! Même si la relève arrivera d'un moment à l'autre, qui sait ce qui peut survenir…

Le pilote de planeur (LSFF), *Leutnant* de la Luftwaffe Hans Sieg pose à l'entrée de son engin, bien après l'atterrissage, alors que les circonstances se prêtent désormais à la réalisation de telles photos-souvenir. Sieg n'a pas pour autant retiré son équipement, où l'on distingue nettement les porte-magasins pour munitions de MP.40. Le 25 mai, il a servi comme chef de la *Kampfgruppe 'Panther'*, forte de 160 hommes, qui a débarqué dans la cuvette de Drvar avec seize planeurs. Leur mission : s'emparer de la « *Zitadelle* », dans laquelle était supposée la présence de Josip Broz Tito.

Petit coup d'œil sur le matériel de vol : le poste de pilotage du DFS 230 avec son tableau de bord, les commandes (manches, pédales). Il saute aux yeux que tout y est incroyablement rudimentaire.

Une fois la mission de combat (Kampfauftrag) accomplie, le tableau de bord peut être aisément désolidarisé du poste de pilotage par quelques maniements seulement. Au final, l'engin sera dynamité ou brulé. Seuls resteront sur place des morceaux calcinés de l'armature tubulaire du fuselage.

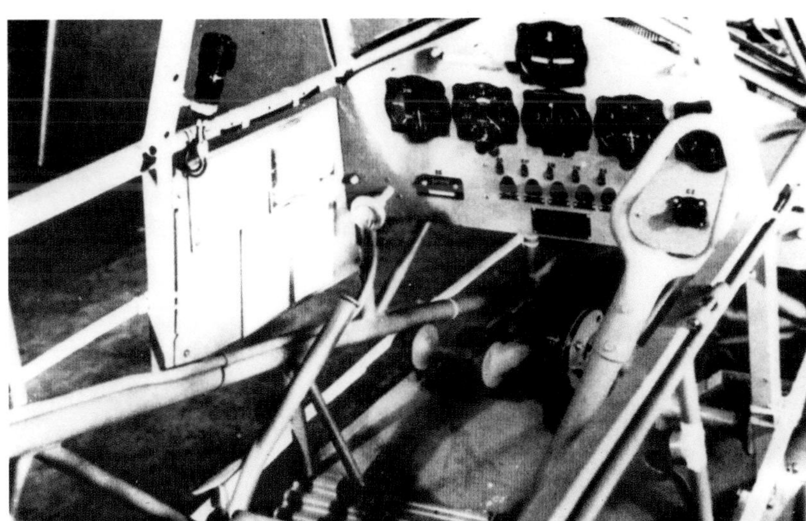

1

2

1-2. Vue depuis le cimetière en direction de la ville de Drvar. Près d'une haie, on distingue les restes de planeurs et, au loin, une nuée montante de fuméetout près du *«Westkreuz»*. Ce long sillon témoigne de l'atterrissage d'un planeur, on en aperçoit d'ailleurs plusieurs et, en arrière-plan, des maisons de Drvar et une nappe de fumée.

3. Un autre DFS 230 B-1 git au milieu d'un champ de céréales, pris sous deux angles différents. Il a visiblement atterri sans difficultés, les occupants ont pu s'en extraire sans dommages. Les maisons visibles en arrière-plan sont peut-être celle du carrefour occidental *(Westkreuz)* de Drvar.

4. On note bien le système de patins d'atterrissage *(Kufe)*. Bien qu'encore en excellent état, lui-aussi sera volontairement détruit.

3

4

Depuis la cour ou le jardin d'une maison de la « Zitadelle », le photographe a pu immortaliser le crash d'un Spitfire venu troubler la vallée de l'Unac aux mains des Allemands... toutefois, l'engin est atteint par leur feu de riposte, il se met à fumer copieusement et ne parviendra pas à retourner à son aérodrome de décollage. En bas à droite, derrière les arbres, on distingue le clocher de l'église de Drvar. Notons en arrière-plan la route, de même que le tracé de la voie ferrée, reliant Drvar à Bosanski Petrovac, à flanc des pentes du Lunjevača.

Ci-dessous.
La même colline au printemps 2018, au nord de Drvar. *(Photographie Paul Cherrier, droits réservés)*

Une file de sautants entassée dans un Junkers 52, les uns en face des autres, assis sur les banquettes en toile. Chacun maintient son arme auprès de lui, comme si elle pouvait donner de l'assurance et de la prise. Ils portent leurs parachutes et les gants de saut en cuir. Ils semblent apprécier diversement ce moment passé dans les airs...

Ci-dessous.
Le même incident, pris quasiment au même instant mais depuis l'intérieur du cimetière de Drvar. Les aéroportés y observent le crash de cet appareil de la RAF. De tels spectacles redonnent courage aux hommes.

Ce Fallschirmjäger pose avec sa MP.40 sous le bras. L'homme regarde avec un sourire timide vers l'objectif, mais on lit dans son visage la fatigue des combats passés. Il éprouve peut-être aussi une certaine mélancolie, car bien trop de *Kameraden* ont laissé la vie dans cet « enfer de Drvar ».

Ci-dessus. Douze des seize pilotes de planeur (LSFF) de la Luftwaffe ayant transporté la *Kampfgruppe* « *Panther* » jusqu'à Drvar au matin du 25 mai 1944. Photo évidemment prise après la fin des combats. Ceux qui ont pu être identifiés sont Winter (à droite, tenant ses jumelles et portant un casque d'un ton très clair), le chef de la *Kgr.* Hans Sieg (à côté de Winter, souriant et tête de biais), et à sa gauche l'*Uffz.* souabe Batschauer.

Après ces combats éprouvant, tout est sous contrôle. Les blessés peuvent être pris en charge et évacués, comme ici au moyen d'un Ju 52.

Avis de décès d'un soldat *(SS-Schütze)* du *SS-FJ-Btl. 500*, Heinrich Reingruber, qui a pu survivre aux furieux engagements des 25/26 mai 1944 mais qui, trois jours plus tard, est décédé à cause d'un bombardement aérien *(Bombenangriff)* de l'aviation alliée.

Christliches Andenken

an unseren lieben, unvergeßlichen Sohn und Bruder

Schütze einer SS-Fallschirmjäger-Gruppe

Heinrich Reingruber

welcher am 29. Mai 1944 bei einem Bombenangriff im 24. Lebensjahre den Heldentod fand.

So plötzlich kam die Trauerkunde,
Gebrochen sei dein gutes Herz.
Mein Gott, wie schwer war diese Stunde,
Wie unaussprechlich groß der Schmerz.
Auf Wiederseh'n! So stand in jedem Briefe,
Auf jeder Karte, die du schriebst.
Du bist zu früh von uns geschieden
Und läßt im Schmerz uns nun allein zurück.

In unseren Herzen wirst du unvergeßlich bleiben!

L'engagement sur Drvar est terminé. Les Allemands ne laissent derrière eux que les tombes des camarades tombés et des épaves irrécupérables de planeurs.

lisant la victoire sur l'occupant fasciste. Dorénavant seul le vent souffle sur les tombes collectives nivelées. *Das war Drvar* – Ainsi fut Drvar.

Relatons encore une brève anecdote... Après l'attaque, le *Generaloberst* Rendulic a annoncé entre autres au *Generalfeldmarschall* Keitel (chef du haut-commandement de la Wehrmacht de 1938 à 1945) que l'on avait capturé la jeep et l'uniforme de maréchal de Tito.

Puis, lorsque Wilhelm Keitel est allé transmettre cette information à Hitler, ce dernier a répondu : « *Cet uniforme nous aurait coûté moins cher si nous l'avions fait confectionner nous-mêmes. Envoyez-le donc à Vienne, d'où Rendulic est originaire !* ».

Dernière chose à préciser : dans de nombreuses publications, il est toujours affirmé que c'est le *SS-Sturmbannführer* Skorzeny qui a dirigé « *Rösselsprung* », qu'il l'a appuyée directement

En bordure de Drvar, un groupe de *SS-Fallschirmjäger* s'accorde une pause à l'ombre d'un bouquet d'arbres, auprès d'un carrefour retrouvé sur d'autres clichés d'époque. A quelques centaines de mètres de cet endroit se trouve la zone industrielle. Certains bâtiments terminent de se consumer.

dans la conduite des opérations... et même qu'il se trouvait sur place.

C'est faux ; comme cela a été vu, Otto Skorzeny avait d'emblée écarté toute participation, car les résultats de certaines de ses reconnaissances semblaient nettement montrer que Tito et son état-major de commandement étaient au courant de nombreux détails d'une opération allemande en cours de préparation qui le visait.

En outre, quant à l'action secrète, restreinte et de type coup-de-main que Skorzeny avait envisagée en avril-mai 1944, il avait trouvé très peu d'échos favorables au sein du *XV. Gebirgs-Armeekorps*, si ce n'est même une certaine hostilité.

Précisons également qu'au moment de l'opération *Rösselsprung*, le *SS-Fallschirmjäger-Bataillon 500* n'appartient pas encore aux « unités de chasse » (*Jagdverbände*) de Skorzeny, et ne se trouvait même pas sous sa subordination, contrairement ce qui peut être lu dans divers ouvrages ou revues.

Dans le tome suivant, le lecteur pourra découvrir de nombreux témoignages, très prenants, de l'opération aéroportée sur Drvar.

NOTES

1. Rivière du nord-ouest de la Bosnie, s'écoulant sur 140 kilomètres.

2. Ville à 45 kilomètres au nord-est de Drvar.

3. Ou Mlinište, village de Bosnie situé à 60 kilomètres au sud-est de Banja Luka.

4. Ou Jajce, à 70 kilomètres à l'est de Drvar.

5. Ou Savica Glavica, à 70 kilomètres au nord de Drvar, entre Bosanska Krupa et Bihać.

6. Plateau karstique de l'ouest de la Bosnie.

7. De nos jours, village-frontière entre la Croatie et la Bosnie, à la pointe nord-est de la Bosnie.

8. Respectivement à 80 et 60 kilomètres au sud-est de Drvar.

9. Village bosniaque frontalier de la Croatie, à 20 kilomètres au nord-ouest de Drvar.

10. Village serbe à 10 kilomètres à l'ouest de Drvar.

11. Bosanski Petrovac, bourgade à majorité bosniaque à une vingtaine de kilomètres au nord de Drvar.

12. Village-frontière à environ 35 kilomètres au nord-ouest de Drvar.

13. Bourgade située à mi-chemin entre Bihać et Drvar.

14. Village bosniaque à environ 25 kilomètres au nord-ouest de Drvar.

15. Sur l'Una, à environ 80 kilomètres au nord de Drvar.

16. « Verst. » correspond à « verstärkt », signifiant « renforcé » NDT.

17. Municipalité croate située entre Zagreb et Banja Luka (à une cinquantaine de kilomètres au sud-est de Zagreb).

18. DFS est l'abréviation de *Deutsche Forschungsanstalt für Segelflug*, institut de recherche allemand du vol à voile NDT.

19. 2e groupe de la 1re escadre aéroportée.

20. Bourgade croate située à une soixantaine de kilomètres au nord de Banja Luka.

21. Varnbühler est un officier ayant participé à l'élaboration du plan d'engagement des planeurs NDT.

22. En allemand: „III. Gruppe des Luftlande-Geschwaders 1" NDT.

23. Appareils de prise d'origine tchécoslovaque.

24. En allemand: „II. Gruppe des Transport-Geschwaders 4" NDT.

25. Situé en Voïvodine, entre Belgrade et la frontière roumano-serbe.

26. Ville serbe située à une cinquantaine de kilomètres à l'est de Kraljevo.

27. Terrain militaire du sud de l'agglomération strasbourgeoise.

28. En allemand: „*II. Gruppe des Schlachtgeschwaders 151*".

29. Appareils biplans et monoplace de récupération de fabrication tchèque datant de l'Entre deux-guerres NDT.

30. Banlieue sud-est de Zagreb.

(31. Ou Velica Gorica, bourgade limitrophe de Zagreb.

32. A quelques kilomètres au sud-ouest de Zagreb.

33. Cf. discours prononcé par Tito à Drvar en 1974, page Numéro Page.

34. Aleksandar Ranković (1909-1983), d'origine serbe, l'un des chefs de partisans communistes NDT.

35. Veliki Sator, culminant à 1875 mètres.

36. Région de Bihać et de Banja Luka.

37. Nom d'une région du centre de la Croatie qui adonné son nom à cette division.

38. 2e bataillon du 1er régiment « Brandebourg » NDT.

39. Donje Peulje, à une trentaine de kilomètres au sud de Drvar.

40. Né à Pola en 1888, Aldrian a combattu dans l'artillerie austro-hongroise durant la Première Guerre mondiale, et commande la *373. Inf.-Div.* d'août 1943 à octobre 1944. Il meurt en 1955 NDT.

9 COMMANDANTS DANS LES BALKANS

Le *Generalfeldmarschall* von Weichs (1881-1954)

Le *Generalfeldmarschall* von Weichs

Né le 12 novembre 1881 à Dessau (Saxe-Anhalt), décédé le 27 septembre 1954 près de Bonn. Du 26 août 1943 au 25 mars 1945, le maréchal Maximilian Reichsfreiherr von und zu Weichs est commandant en chef (*Oberbefehlshaber*) des forces allemandes pour la zone « *Südost* » (Sud-est de l'Europe, les Balkans).

Von Weichs a pris le commandement de l'*OB-Südost* à un moment où, en Serbie, la direction allemande des opérations a déjà été contrainte de basculer sur une logique défensive. Les partisans, devenus sous la conduite de Tito et avec l'aide des Alliés une véritable « Armée de Libération de Peuple » dotée d'une force de frappe de moins en moins négligeable, reprennent peu à peu l'initiative et obligent la puissance occupante allemande à une riposte presque exclusivement basée sur la « réactive » : rendre simplement coup pour coup. En outre, depuis le retrait de l'Italie de son alliance avec le Reich, la suprématie toujours plus forte des Alliés dans les airs se révèle être un nouveau facteur de vulnérabilité pour les Allemands.

Le *Generaloberst* Lothar Rendulic

Né le 23 novembre 1887 à Wiener Neustadt (Basse-Autriche), décédé le 17 juillet 1971 à Linz-an-der-Donau. Du 26 août 1943 au 25 juin 1944, le *Generaloberst* Rendulic sert comme commandant en chef de la *2. Panzerarmee* dans la Péninsule Balkanique.

Lorsque Rendulic reprend la direction du théâtre d'opérations serbo-croate, il se retrouve dans une situation semblable à celle du GFM. von Weichs. Son armée doit assurer de nombreuses missions de diverses natures, comme le désarmement et l'expulsion des Italiens (dont le gouvernement de Badoglio a choisi de devenir en septembre 1943 ennemi du Reich), ainsi que la défense des côtes de l'Adriatique dès lors dégarnies de troupes italiennes contre un possible débarquement anglo-américain. En outre, il doit organiser avec ses forces hétérogènes des interventions « de nettoyage » contre les partisans qui ne cessent de se renforcer. Notons d'ailleurs que certaines unités sous ses ordres sont encore en cours de constitution, donc pas entièrement *einsatzbereit*. En bref, sa *2. Pz-Armee* n'est pas en mesure d'accomplir toutes les tâches qui lui incombent.

Dès l'été 1943, Lothar Rendulic, est contraint à une « défensive tactique », se limitant principalement à la préservation de la « vieille Serbie » (en gros, celle des frontières de 1914). Uniquement au niveau opérationnel, lors par exemple de l'*Unternehmen « Rösselsprung »*, il parvient dans son secteur à reprendre l'initiative face aux rebelles yougoslaves, toutefois à chaque fois pour une courte durée.

Rendulic est également confronté à un autre problème : deux des généraux sous ses ordres détenant d'importants commandements ont des visions différentes des siennes. Arthur Phleps, commandant du *V. SS-Gebirgs-Armeekorps*, soutient une tactique « extensive » *(Ausweitung)*. Ernst von Leyser, commandant du *XV. Gebirgs-Armeekorps*, exige une délimitation spatiale encore plus importante de la zone d'opération de chaque unité. Toutefois, en raison des forces totales disponibles et de l'absence de réserves opérationnelles (qui devraient si possible se monter à au moins deux divisions de montagne à effectifs complets), l'une comme l'autre de ces deux conceptions ne peuvent être mises en pratique. Durant ses mois de présence dans les Balkans, l'Autrichien Rendulic ne pourra qu'enregistrer des succès limités et temporaires. Il capitule le 7 mai 1945 avec ses unités en Autriche et, là-bas, part en captivité du côté américain. Il mettra ses souvenirs par écrit après la guerre.

Le *Generaloberst* Lothar Rendulic (1887-1971)

Le *SS-Obergruppenführer* Arthur Phleps (1881-1944)

Le *SS-Obergruppenführer* Arthur Phleps

Né le 29 novembre 1881 à Birthälm (Transylvanie), assassiné le 21 septembre 1944 à Arad, dans le Banat roumain, immédiatement après sa capture par des soldats de l'Armée Rouge. Dans les Balkans, le *SS-Obergruppenführer* Arthur Phleps sert comme *Kommandeur* du *V. SS-Gebirgs-Armeekorps*.

En raison de ses origines (*Volksdeutscher* des Carpates) et de ses expériences militaires variées (d'abord dans l'armée k.u.k. austro-hongroise, puis au sein de l'armée de la monarchie roumaine dans l'Entre-deux-guerres), Phleps fait preuve d'excellentes aptitudes dans la conduite de la guerre anti-partisans et autres actions de « contre-guérillas ».

Il connaît parfaitement les zones montagneuses de Bosnie et du Monténégro et maîtrise sans difficultés les techniques de la guerre en montagne. Ainsi tente-t-il, au cours des vingt mois où il sert comme *Divisions-* et *Korps-Kommandeur* sur le théâtre d'opérations yougoslave, de mettre en pratique toutes ses expériences par une série d'opérations. Ses propositions (pourtant prometteuses au départ) visant à axer la lutte anti-partisane sur une « flexibilisation » des interventions par la constitution d'une dite « *freie Jagd* » (« chasse libre », autrement dit des groupes « de chasse » très mobiles opérant indépendamment, séparément), ont échoué face à une situation générale toujours plus défavorable au *Deutsches Reich* au fur et à mesure du conflit, allant de paire avec une insuffisance des forces amies disponibles. Pour mener à bien ses conceptions, l'*Ogruf.* Phleps aurait absolument nécessité au minimum deux divisions de montagne, qui ne pourront lui être concédées. Certes « en avance » sur ses contemporains dans la compréhension des luttes antiguérillas et des moyens proposés pour parvenir à juguler ces insurrections, en raison de la situation globale du conflit il ne sera qu'en mesure d'enregistrer des succès restreints, circonscrits à des aires géographiques limitées.

Josip Broz, dit Tito, chef des partisans antifascistes yougoslaves puis Président de la République Socialiste Fédérative de Yougoslavie

Josip Broz est né le 25 mai 1892 dans la petite bourgade croate de Kumravec (située à l'époque en Transleithanie), fils d'un couple de paysans, et est décédé dans sa résidence le 4 mai 1980 à Ljubljana.

Durant la Première Guerre mondiale, Josip Broz sert dans l'armée de l'Empire Austro-hongrois et, comme *Wachtmeister* (adjudant) du *23. k.u.k. Landwehrregiment*, il est blessé et se retrouve prisonnier de l'armée russe de Nicolas II. Remis sur pied et libéré de sa captivité lors de la première révolution russe de février 1917, il assiste quelques mois plus tard directement à la Révolution d'Octobre 1917, il choisit d'entrer sans la Garde Rouge. A partir de ce temps-là, Lénine et Léon Trotski sont les têtes dirigeantes qui influenceront fortement sa vision philosophique, politique, économique et sociale du monde.

Une fois de retour dans sa patrie (intégrée entre-temps au nouveau Royaume de Yougoslavie), il devient chef du Parti Croate des Travailleurs. Déployant une activité d'agitateur communiste, il est arrêté à plusieurs reprises et même incarcéré, entre autres, en raison d'effractions et d'agressions. Finalement, Josip Broz passe en arrière-plan et entreprend plusieurs voyages, muni de faux papiers, à travers l'Europe pour propager les idées du bolchevisme.

Au cours de cette période, il s'est d'abord paré du nom de code « Walther », puis durant son activité illégale comme secrétaire général du Parti Communiste Yougoslave en 1937, du pseudonyme « Tito », celui-là même avec lequel il entrera un peu plus tard dans l'Histoire. C'est l'acronyme de « Tanja Internacionaira Terroristicha Organizacija » (Organisation Terroriste Secrète Internationale).

Un nom digne d'intérêt, et même instructif : *Nomen est omen* – le nom est présage! Dans l'Entre-deux-guerres, Tito échappe à chaque fois avec une habileté et « ruse paysanne » aux poursuites de la monarchie yougoslave, des républiques de France et d'Autriche, de l'Italie mussolinienne et même de l'URSS. Il serpente avec tact entre les intrigues

Portrait bien connu du maréchal Josip Broz, dit Tito. *(Collection particulière, droits réservés)*

Tito est blessé au bras lors de la bataille de Sutjeska, sud-est de la Bosnie, en juin 1943. *(Collection particulière, droits réservés)*

nouées par ses propres camarades et ses nombreux adversaires politiques. Avec une ruse analogue, il parviendra plus tard à esquiver les tentatives du commandement allemand pour s'emparer de lui... et toujours à la dernière minute !

Son activité menée durant des années dans l'ombre au nom du Parti Communiste de Yougoslavie est interrompue par des séjours répétés au siège de la IIIe Internationale Communiste, ou «Komintern », à Moscou, où il fait la connaissance de nombreuses têtes dirigeantes de l'Union Soviétique, mais aussi de dirigeants de partis communistes de nombreuses autres régions du globe. D'ailleurs, se fiant à sa chance, à son esprit de roublardise, à son intelligence et à son flair, il échappe aux purges répétées et généralisées opérées sur ordre de Staline dans les années 1936/38. En 1938, durant la guerre civile espagnole, il fait montre de ses talents organisationnels en mettant sur pied une Brigade Internationale...

Mais l'heure d'entrée de Tito dans l'Histoire mondiale ne sonne qu'au plus tôt en juin 1941, au moment de l'attaque « préventive » du Reich et d'autres membres de l'Axe contre l'URSS. En fait, l'entrée des troupes allemandes, italiennes et bulgares sur le sol de sa patrie yougoslave deux mois auparavant, en avril 1941 – il réside alors dans un quartier de belles villas de Belgrade – le laissent... entièrement froid[1].

En 1943, de concert avec des membres et sympathisants du Parti Communiste Yougoslave passé depuis dans l'illégalité totale, Tito parvient à constituer un « Comité de Libération Nationale » regroupant les différentes ethnies de Yougoslavie, doublé d'une armée de partisans (elle aussi de « libération nationale »), dans le but d'organiser la libération de la Yougoslavie, de chasser – pour reprendre le vocabulaire anticommuniste du temps – les « hordes occupantes fascistes ». Cela entraîne une généralisation à tous les Balkans d'affrontements amers, épouvantables, très couteux et ne respectant aucune règle (comme il en a été donné plusieurs exemples dans le présent ouvrage).

Tito, entre-temps avancé au grade de maréchal, attribue toujours plus d'importance à la lutte contre ses adversaires internes (royalistes, fascistes croates ou bosniaques, séparatistes, etc.), peut-être même encore davantage qu'au combat contre l'« occupant allemand ».

Toutefois, il parvient en permanence à dissimuler ce fait aux yeux de ses alliés britanniques, américains et soviétiques, et engrange volontiers l'aide allouée par ces derniers sous de multiples formes, aide qui devient très importante au début de l'année 1944.

Déjà lors du combat de 1941/1945 contre la Wehrmacht, mais également après mai 1945 et la fin de la Seconde Guerre mondiale, le maréchal communiste se débarrasse sans aucun égard, avec brutalité, de ses adversaires personnels et politiques. En cela, il suit les pas du « petit père des peuples » Josef Staline.

---

1. cela s'explique par le fait qu'à cette période, Staline, ayant constitué un pacte avec Hitler en août 1939, avait donné la stricte consigne aux membres du Komintern, et donc de tous les partis communistes du globe aux ordres du Kremlin, de ne pas entraver les actions allemandes NDT]